U0564877

本书系教育部人文社科研究项目《传闻证据规则的理论与实践》（项目批准号：12JJD820007）的最终成果

传闻证据规则的
理论与实践

刘 玫 等◇著

THEORY AND PRACTICE
OF HEARSAY RULE

中国政法大学出版社

2017·北京

CONTENTS 目 录

传闻证据规则概述

传闻证据规则是英美证据法上"最古老、最复杂和最令人感到迷惑的一项证据排除规则"[1]，从诞生之初到现在，历经若干世纪的演进，其体系非常庞大。

一、传闻证据概述

（一）传闻证据的概念

传闻证据规则是英美证据法中特有的证据概念，[2]其所调整的是证据能力的问题，也就是决定证据是否有资格被呈现在陪审团面前而接受控辩双方质证。作为一项古老的证据规则，传闻证据规则最早起源于英国，在16世纪就有其作用于司法审判的记载，到18世纪达到了鼎盛时期。经过了几百年的发展，到如今传闻证据规则已经成为英美法系证据规则体系

---

〔1〕 See Rupert Cross, *Cross on Evidence*, Sixth edition, London Butter-worth, 1985, p. 453; Andrew L. -T. Choo, *Hearsay and Confrontation in Criminal Trials*, Oxford: Clarendon Press, 1996, Preface.

〔2〕 卞建林主编:《证据法学》，中国政法大学出版社2002年版，第347页。

中最重要的证据规则之一。

对传闻证据进行定义是理解传闻证据规则的前提和关键，在该规则不断发展的过程中，出现了多种传闻证据的定义，有美国学者曾经统计，在美国《联邦证据规则》颁布前，对于传闻证据的定义达到上百种之多。[1]可见，对传闻证据作准确的定义并不容易。美国证据法学家华尔兹（Waltz）教授认为，传闻证据是指"在审判或听证时，作证的证人以外的人所表达或做出的，被作为证据提出以证实其所主张的事实的真实性的，一种口头或书面的主张或有意无意地带有某种主张的非语言行为"[2]。英国证据学家墨菲（Murphy）认为，传闻证据是"证人提供的、以他人先前所作陈述（口头的、书面的或者诸如手势之类的其他表达方式）为内容的证据"[3]。这两者观点都认为传闻证据包括口头陈述、书面陈述和行为，属于对传闻证据的广义解释。与此相对，也有学者认为应对传闻证据作狭义的理解，如英国证据法学家麦考密克（McCormick）认为传闻证据是指在法庭之外做出的、在法庭之内作为证据使用的陈述，或者是口头的，或是书面的，用于证明该陈述本身所声明的事件的真实性，[4]这种定义将传闻证据缩小至口头或书面陈述。而与其同胞的证据学家克劳斯（Cross）则认为传闻证据是指一项事实陈述，不是一个人在诉讼程序中使用口头证据做出的，并把它作为其所主张的事实的

---

〔1〕 王茂松："传闻法则之研究"，载《中兴法学》1990年总第30期。

〔2〕 ［美］乔恩·R.华尔兹：《刑事证据大全》（第2版），何家弘等译，中国人民公安大学出版社2004年版，第102页。

〔3〕 江伟主编：《证据法学》，法律出版社1999年版，第180页。

〔4〕 樊崇义主编：《证据法学》，法律出版社2001年版，第308页。

证据,[1]这种定义进一步将传闻证据缩小至口头陈述。

我国台湾地区有学者也将传闻证据分为广义、狭义两种。如有言传闻证据"本有广狭二义,从狭义言,系专指言词而言,即证人并非陈述自己亲身经历之事实,而仅就他人在审判外所为之陈述(原供述),代为提出以作自己之供述者而言;从广义言,则除上述言词外,书面之陈述亦包括之,通常所谓传闻证据,系指广义而言,其范围包括口头陈述与书面陈述"[2]。此学者并没有将行为纳入传闻证据的范围内。

除学理解释外,相关成文法也对传闻证据作出了定义。由美国法律协会起草的《模范证据法典》(*Model Code of Evidence*)第 501(1)、501(2)条规定,某种意在表达一定事项的陈述(言词或其他行动),其向法院提出的目的是证明所表达的事项是真实的,但该陈述并非由有关证人到庭作证时提出,而是依赖其他证明方法向法院指证以前曾经有过该项陈述,这一陈述就称为"传闻陈述"(hearsay statement)。第 501(3)条规定,如果某一传闻陈述的陈述人对所陈述的事项有亲身感知,并且曾经亲自到案作出陈述,则其作出的陈述就失去传闻性质,成为通常应当被允许使用的证言,又称此类陈述为"传闻叙述"(hearsay declaration)。第 501(4)条规定,作出传闻陈述或传闻叙述的人,称为"陈述人"(declarant)。第 501(5)条规定,被陈述的事实是陈述人在传闻陈述或传闻叙述中

---

[1] 齐树洁主编:《英国证据法》,厦门大学出版社 2002 年版,第 451 页。

[2] 刁荣华主编:《比较刑事证据法各论》,汉林出版社 1984 年版,第 218 页。

所提出的主张，或已经主张的事实。第 501（6）条规定，用以证明传闻陈述或传闻叙述的证据，称为"传闻证据"（hearsay evidence）。美国《联邦证据规则》第 801 条规定，传闻证据是指不是由陈述者在审判或听证中作证时作出的陈述，在证据上将它提供来证明主张事项的真相。[1]美国 1999 年《统一证据规则》第 801（c）条规定，传闻证据是指除陈述者在审理或听证时所作陈述外的陈述，行为人提供它旨在用作证据来证明所主张事实的真实性。[2]

尽管以上对传闻证据的学理定义及法律定义并不完全一致，但从中我们依然可以找出构成传闻证据的一些共同要素。笔者认为，构成传闻证据包含以下几方面因素：

1. 传闻证据涉及两个行为主体、两个环节

两个行为主体中一个为庭外陈述者，一个为出庭陈述者，二者大多情况下不是同一个人，但在少数情况下也可能是同一个人。两个环节：一个为庭外陈述，一个为出庭陈述。通常表现为庭外陈述者事先向出庭陈述者讲述一项事实，而后出庭陈述者在庭上向法官讲述庭外陈述者向他（她）讲述的这一事实。如张某在和李某吃饭的时候告诉李某他在某时某地看见王某杀人，而李某之后出庭作证说张某曾经告诉自己看见王某杀人。

---

〔1〕 卞建林：《美国联邦刑事诉讼规则和证据规则》，中国政法大学出版社 1996 年版，第 119 页。

〔2〕 何家弘、张卫平主编：《外国证据法选译》（增补卷），人民法院出版社 2002 年版，第 43 页。

2. 传闻证据是为了证明主张事实的真实性

传闻证据是一项主张，其提出是为了证明主张的真实性。传闻证据不得用来证明陈述内容的真实性，但如果是用来证明除此之外的其他目的，则不是传闻证据。如前述李某出庭作的陈述是用来证明王某杀人这一事实，则其陈述是传闻证据，但如果是用来证明张某和他一起吃过饭则不是传闻证据。

3. 传闻证据须是一项陈述，其表现形式包括口头陈述、书面陈述及非语言行为

用于证明主张事实真实性的庭外陈述是传闻证据。此种庭外陈述可以是庭外陈述人的口头陈述，如前述张某直接告诉李某的话；也可以是固定在文本上的陈述，如提交到法院的书面目击证人证言。有学者认为下列情形下书面陈述是传闻证据：①未到庭的评估人为损害赔偿或修理费用作出的书面评估意见；②未到庭的估价人为被盗抢者提供的财产估价单；③第三人提供的账单作为要求赔偿的唯一证据；④未到庭证人对事故作出的书面陈述；⑤用报纸上的报道证明被报道的事件；⑥立遗嘱人的第二个妻子在遗嘱中作出同意将财产分给立遗嘱人的儿女的陈述，用这一陈述来证明存在这样一个协议；⑦未到庭医生作出的证明原告在后续事故中已遭受损害的医疗报告；⑧用以证明产品可靠性的制造商的广告。[1]除口头和书面陈述，非语言行为也可以成为传闻证据，前提是这种非语言行为构成一项主张来证明事实的真实性，如前述张某和李某一起吃饭时谈到一起杀人案，李某问张某是否看见王某杀人，张某点

---

〔1〕 ［美］约翰·W. 斯特龙主编：《麦考密克论证据》，汤维建等译，中国政法大学出版社 2004 年版，第 486 页。

了点头，而后李某出庭作证，那么李某以张某点头行为的陈述就属于传闻证据。

（二）传闻证据和传来证据

我国证据法理论根据证据来源的不同，将证据分为原始证据和传来证据。原始证据是指直接来源于案件事实或原始出处的证据，如刑事犯罪现场发现并提取的各种痕迹、物证等。传来证据是指经过复制、复印、传抄、转述等中间环节形成的证据。也就是说，传来证据不是直接来源于案件事实或原始出处，而是经过了中间环节的转手，从原始证据派生而来的证据，如根据原始物证制作的模型、书证的复印件、现场刑事摄影照片、证人转述的他人感知事实的证言等。

我国学者证据分类中的传来证据并不简单等同于传闻证据，二者的不同点在于：

1. 二者的划分标准、内涵和外延不同

传来证据相对于原始证据而言，以是否直接来源于案件事实作为划分标准。但传闻证据以陈述者是否出席法庭、能否当庭宣誓和接受交叉询问作为区分标准。"传闻证据是庭审中心主义的产物，凡亲自感受了案件事实的人都应当以言词的形式当庭提供证言，以传闻，即以转述他人的证言或者以书面的陈述代替当庭陈述，除具备法定例外条件，一般是不具有证据能力的"[1]，因此，了解案件情况的证人在法庭外所做的证人证言、书面证言及非语言行为都属于传闻证据，但未必属于我国证据法理论中的传来证据。

---

[1] 刘金友主编：《证据法学》，中国政法大学出版社 2001 年版，第 200~
202 页。

2. 适用的证据规则不同

传来证据关乎证据的证明力，我国法律对传来证据的规范较少，适用的规则也较粗疏简单，一般情况下，其证明力小于原始证据，审判实践中更多是根据实际情况判定。传闻证据关乎证据的证据能力，其适用的传闻证据规则经过几百年的发展已经成为一个庞大复杂的体系，除法定的例外情况，传闻证据不得作为定案的根据。

二、传闻证据规则

（一）传闻证据规则的概念

传闻证据规则（the hearsay rule）又称传闻证据排除规则、传闻法则、反传闻规则，是英美证据法中最重要的规则之一，美国法学家约翰·H. 威格莫尔（John H. Wigmore）称它"是英美证据法上最具特色的规则，其受重视的程度仅次于陪审团，是杰出的司法体制对人类诉讼的一大贡献"[1]。《元照英美法词典》对传闻证据的解释是：指证人不是以自己对某项事实的亲身感知为基础，而是就自己从别人那里听说的事实所作出的陈述。因此，其内容通常最初是在法庭外未经宣誓而作出的，而在庭审时被作为证据提出来证明其所称之事实为真实。[2]美国《联邦证据规则》第802条规定，传闻证据，除本证据规则或其他联邦最高法院根据立法授权或国会立法所确

---

〔1〕 ［美］约翰·W. 斯特龙主编：《麦考密克论证据》，汤维建等译，中国政法大学出版社2004年版，第484页。

〔2〕 参见刘玫：《传闻证据规则及其在中国刑事诉讼中的运用》，中国人民公安大学出版社2007年版，第5页。

认的规则另有规定外，不得采纳。

刑事诉讼中之所以要排除传闻证据，基于以下原因：

1. 传闻证据的虚假性

首先，传闻证据并非最佳证据。人对客观事物的认知由多方面的因素所主导，如记忆能力、观察能力和理解能力等，不同的人又存在能力的不同。哈佛大学心理学教授胡戈·曼斯特伯格（Hugo Munsterberg）曾经做过一个实验，在未警告学生的情况下突然在教室里开枪，再问刚才发生了什么情况，结果学生们的答案各异。该实验表明，即使是目击证人的指证，也存在错误的可能。[1]而传闻证据是对原证据的转述，其中不可避免地会掺杂转述人的个人意识，能否还原原陈述人的意思值得怀疑。除个人客观认知能力外，个体的诚实信用程度也有所不同。人是有感情的动物，做事情说话都包含一定的动机，在不同动机的驱使下，其陈述的可信性易打折扣。

其次，传闻证据未经宣誓作出。宣誓是英美法国家法庭审判中一项重要的程序。基于信仰，宣誓被认同为向上帝作良心的保证，如若有假，要受上帝的惩罚，宣誓通过道德的潜在震慑防止出庭证人作伪证。美国《联邦证据规则》第 603 条规定，作证前要求每个证人声明如实提供证词，通过宣誓或虽不宣誓但以某种旨在唤醒证人良知和加深证人责任感的方式来进行。[2]传闻证据只是出庭陈述者转述庭外陈述者的陈述，由

---

〔1〕（台）王兆鹏：《刑事诉讼讲义》（二），元照出版公司 2003 年版，第 49 页。

〔2〕卞建林译：《美国联邦刑事诉讼规则和证据规则》，中国政法大学出版社 1996 年版，第 111 页。

于庭外陈述者并没有在法庭上宣誓，其所作证言可能存在随意性和虚假性。曼斯菲尔德勋爵（Lord Masfield）在判决中就曾经宣布："按照一般原则，任何人所说的话必须是在双方诉讼当事人面前以宣誓说出的，才能作为证据。"[1]不过，宣誓是否确有实际效用也引人质疑，如 1972 年英国法律改革委员会指出："宣誓无法防止法庭充斥大量的假证言。"后来，法律委员会对此作出总结："没有明显的证据表明通过宣誓能够确保证人证词的真实性。"[2]

再次，传闻证据未经交叉询问。交叉询问（cross-examination），又称反询问，是指由一方当事人向另一方当事人所提供的证人提出的诘问，一般是在提供证人的一方首先向自己的证人提问后进行的。英美法系实行对抗式诉讼模式，控辩双方平等武装，通过相互对抗共同揭示案件事实。交叉询问是平等对抗的一个重要环节，交叉询问允许控辩双方向出庭证人提出问题，在不断的询问中探寻证言的真实性，发现证言虚假的地方，检验证人的品格，还原案件真实。美国证据法学家华尔兹教授认为对证人进行交叉询问能够发现以下六种情况：感觉缺陷；证人的品格；证人的精神状态；证人的重罪前科；该证人以前的自相矛盾的陈述；证人一方的利益或者偏见。[3]传闻证据的庭外陈述者并不出庭，控辩双方也就无法对其进行交叉询问，不能在询问的过程中进行观察，从而检验其证言的真

---

〔1〕 沈达明编著：《英美证据法》，中信出版社 1996 年版，第 99 页。

〔2〕 齐树洁主编：《英国证据法》，厦门大学出版社 2002 年版，第 461 页。

〔3〕 ［美］乔恩·R. 华尔兹：《刑事证据大全》，何家弘等译，中国人民公安大学出版社 1993 年版，第 130 页。

伪。正如有学者所言："交叉询问的机会是一项重要的安全措施，这是通常排除传闻陈述的主要根据。"〔1〕

最后，传闻证据的庭外陈述者不出庭。对抗式诉讼模式鼓励控辩双方积极对抗，这种对抗并不是在法庭上作秀，也不是控辩双方的"自娱自乐"，而是要"演"给法官和陪审团看，最后由他们作出裁判。如何保证法官和陪审团作出正确的裁判，有学者指出："在英国，由于陪审团成员的非专业化，使法庭不得不建立起许多规则，以排除某些看来容易使不善于逻辑思维的人受到错误引导的证据。"〔2〕"证据规则的发展看起来似乎受到这样一种事实的影响：法官逐步发现，有些证据很容易为那些没有经验的陪审员所不适当地接受。因此，主要是在由陪审员们来衡量证据的情况下，证据规则才得到反复的强调。而在法院单独行使职权的时候（如在为被判定有罪的被告人确定刑罚时），那些未被按照严格的证据规则确立的事实也经常被考虑进去。"〔3〕传闻证据的庭外陈述者并不出庭接受法官和陪审团的"审视"，他们无法对庭外陈述者进行理智和经验上的判断，仅仅凭着"二手"证言显然会加大他们出错的概率。

2. 传闻证据规则的程序价值

传闻证据规则要求排除传闻证据，除了传闻证据本身的虚

---

〔1〕 ［美］约翰·W. 斯特龙主编：《麦考密克论证据》，汤维建等译，中国政法大学出版社 2004 年版，第 45~46 页。

〔2〕 ［英］J. W. 塞西尔·特纳：《肯尼刑法原理》，王国庆、李启家等译，华夏出版社 1989 年版，第 485 页。

〔3〕 ［英］J. W. 塞西尔·特纳：《肯尼刑法原理》，王国庆、李启家等译，华夏出版社 1989 年版，第 503 页。

假性外，规则本身还彰显了独立的程序价值，是刑事诉讼原理的体现。

第一，传闻证据规则与程序公正。司法公正包括实体公正和程序公正，实体公正是指案件处理结果与客观事实相契合，罪责刑相适应；程序公正是指相关利害关系人都能参与到诉讼中来，提出对自己有利的主张，质证对方的证据，也即当事人享有质证权。质证权要求证人宣誓而作出陈述，使被告人对证人有质问的机会，使陪审团能亲自观察评估证人的行为举止。[1]传闻证据规则排除传闻证据恰恰是落实质证权的表现，也是保障人权实现程序公正的体现。

第二，传闻证据规则与诉讼效率。刑事诉讼首要追求的是公正，公正是刑事诉讼的灵魂，但如果一味追求公正而不计效率，又会导致"迟来的正义非正义"。当有限的司法资源面对不断涌现的刑事案件时，效率便愈加重要，真正理想的状态是司法公正和诉讼效率兼得。诉讼效率包括时间和成本，用最少的时间和最小的成本解决案件，效率就越高。如果不限制传闻证据，"则可能会为谎言、谣言及欺诈陈述制造机会。因此法庭要花时间去判断所述是否属实"[2]。"排除传闻证据的规则也有缩短聆讯时间的好处。要是没有这规则，众多来源的证据可能令审讯拖得更长。"[3]然而在一些情况下，传闻证据规则

---

〔1〕 参见（台）王兆鹏等：《传闻法则的理论与实践》，元照出版公司2004年版，第17页。

〔2〕 李宗锷主编：《香港日用法律大全》（第1卷），商务印书馆1996年版，第257页。

〔3〕 香港法律改革委员会：《民事法律程序中的传闻证据规则研究报告书》，1996年7月，第1章第25页。

会在客观上限制一些对解决案件有实际意义的证据，反而拖延了诉讼，降低了效率，这是为追求公正必须付出的代价。随着该规则的不断发展完善，出现了越来越多的例外，以实现公正和效率的平衡。

（二）传闻证据规则的历史发展

传闻证据规则产生于英国，与其陪审团制度有密不可分的关系。最初的陪审团为"知情陪审团"，由 12 名了解案情的居民组成，他们在庭上并不审查证据，而是向法庭提供自己知道的案情，法庭根据他们对案情的了解作出判决。在这种审判方式下，法律没有必要规定陪审团必须听取证人的陈述；但是也没有必要规定他们绝对不能听取证人的陈述，他们自己就是证人，而且可以从任何人那里去收集与案件有关的情况。[1]在这种方式下，传闻证据可以被用来作为判决依据。随着城镇的兴起，人口流动性增强，在案件中找到 12 名了解案情的人逐渐变得困难，"知情陪审团"也向"不知情陪审团"转变。亨利四世时，陪审团成员和证人开始分离，到 15 世纪，陪审团在法庭审理时普遍听取证词。到了 16 世纪，证人出庭作证虽然不是唯一的证据来源，但证人的当庭证言已经成为最常见的和最重要的证据来源。[2]这时传闻证据仍然可采，直至 17 世纪上半叶。但随着一些案件采用传闻证据带来的负面影响，以及当事人和律师等对传闻证据的抨击和质疑不断加强，人们

---

〔1〕 何家弘、张卫平主编：《外国证据法选译》，人民法院出版社 2000 年版，第 13～15 页。

〔2〕 ［美］约翰·W. 斯特龙主编：《麦考密克论证据》，汤维建等译，中国政法大学出版社 2004 年版，第 480 页。

开始思索传闻证据规则的可行性。具体来说，1675～1690 年是传闻证据规则正式的形成时期。[1]18 世纪初，人们普遍确定地接受了传闻证据规则，并将之视为法律的一个基本组成部分。[2]在此之后，传闻证据规则不断得到巩固。

大英帝国的坚船利炮不仅给其他国家带去了屈辱，客观上也带去了文明，作为司法文明一部分的传闻证据规则也在英国的殖民地生根发芽渐渐成长，并结合当地原有的法律制度形成了各具特色的传闻证据规则，如美国的传闻证据规则受其宪法修正案的影响很大，发展出很多例外，还形成了系统详细的规定（如美国《联邦证据规则》中关于传闻证据的规定）。除英美法系国家，传闻证据规则在二战后也在一些大陆法系国家得到移植演变。采取混合式诉讼模式的意大利在 1988 年通过的《刑事诉讼法》第 514 条规定，在法庭上禁止宣读特定的笔录，类似于传闻证据规则的内容；移植英美法的日本在其《刑事诉讼法》中规定了传闻证据规则；我国台湾地区在 2003 年修订的"刑事诉讼法"也明确规定了传闻证据规则。

设立传闻证据规则的初衷是为了防止虚假性较大的传闻证据进入法庭，减少陪审员和法官错误裁判的概率。科学技术的进步以及日益增多的刑事案件，一方面让部分传闻证据的可靠性得到保障，另一方面也需要接纳一些传闻证据来保证案件审理的不拖延。进入 20 世纪后，英美法系国家对传闻证据规则

---

[1] Lempert & Saltzburg, "A Modern Approach to Evidence", *Colorado Lawyer*, 2 (1983), 348.

[2] Arthur Best, *Wigmore On Evidence Supplement*, ASPEN Publishers, 1997, p. 28.

进行了反思，无论在法学理论上还是法律规定上都做了调整。例如，麦考密克认为，在原始的陪审团下采用口头主义原则，传闻法则具有充分的合理性。但是随着社会的发展，诉讼前总有一定的准备、调查。这使诉讼前做成的笔录或书面陈述有必要向法庭提出。我们当前的工作应当是把这众多传闻法则的例外归纳为相应的原则。之后，首先是由法官判断是否符合特定例外所含的原则，即证据是否有证明力的保证和必要性，而非判断是否符合特定的例外。其次在法官裁判时，在可以依裁量排除证明力大小的传闻证据和认定事实必须依据有实质证明力的证据的条件下才可以容许有传闻证据。1964 年发生在英国的迈尔斯案件（Myers v. Director of Public Prosecutions）对传闻证据规则的发展起了重大影响，[1]该案中的皮尔斯勋爵（Lord Pearce）和多诺万勋爵（Lord Donovan）两名大法官认为商业记录可以作为传闻证据规则的例外。尽管最终该意见被否决，但体现出来的精神使人振奋。英国法律委员会在 1972年建议修改刑事诉讼中的传闻证据规则，并于 1995 年提出了具体的修改意见，该意见主张确立自动例外情形。之后，英国法律委员会又在 1997 年提出第 245 号报告书——《刑事程序中的证据：传闻及相关议题》，该报告导致了英国 2003 年《刑事审判法》的制定，从而对传闻证据规则进行了全面而且广泛的改革。美国在 1942 年曾有学者建议废除传闻证据规则，美国《模范证据法典》第 503 条规定，如果无法让陈述者作为证人在法庭上亲自提供证言或者出庭接受交叉询问，那么传

---

〔1〕 See Andrew L. -T. Choo, *Hearsay and Confrontation in Criminal Trials*, Oxford: Clarendon Press, 1996, p. 7.

闻陈述都具有可采性；美国《联邦证据规则》第803条规定了二十多种传闻证据的例外情形。澳大利亚1995年《证据法》虽然保留了传闻证据规则，但同时也规定了例外。[1]在各国都关注和借鉴别国立法的全球立法互融趋势下，走在前列的国家其立法举动会给其他国家以启示和警示，传闻证据规则正越来越多地被重新审视。

（三）传闻证据规则的例外

理想很丰满，现实却很骨感。传闻证据规则要求排除一切传闻证据的做法，虽然能减少不可靠证据对诉讼的污染和对陪审员的误导，但也在客观上导致一部分案件因为缺乏证据而无法查明，并且这种一刀切的方式降低了诉讼效率，尤其在一些传闻证据是可信的情况下。诉讼价值的多元化促使人们思索挣脱传闻证据规则的机械束缚，结合司法实践和诉讼经验去创设规则的例外。美国证据法学家威格摩尔曾述："传闻规则理论是：庭外陈述应当摒弃，因为它是由不能到庭、不能受到反询问的人在法庭外作出的……但是，假设证人出庭并受到了反询问，则有充分的机会就其庭前陈述的基础对其进行考验，传闻规则的全部目的都得到了满足。因此，没有什么能够阻止法庭把对证言的信任给予庭外陈述。"[2]英国的理论界认为，传闻证据规则的例外应具备两个基本条件：其一，具有"可信性的情况保证"（circumstantial guarantee of trustworthiness），即传

---

〔1〕　何家弘、张卫平主编：《外国证据法选译》（增补卷），人民法院出版社2002年版，第43页。

〔2〕　郭志媛：《刑事证据可采性研究》，中国人民公安大学出版社2004年版，第221页。

闻证据从各方面的情况来看具有高度的可信性，即使不经过当事人的交叉询问，也不至于造成损害当事人利益的后果；其二，有设置的必要性（necessity），即在客观上存在着无法对原始证人进行交叉询问的情形，因而不得已而使用传闻证据，例如原始证人已死亡等情况。[1]19 世纪后，大量的例外得以确立，传闻证据规则变得愈加复杂和庞大起来。

1. 普通法中的例外

普通法中的例外情况主要包括以下几种：死者的陈述（statements of deceased persons）；作为事实一部分的陈述（statements as part of the res gestae）；公共文书记载（statements in public documents）；出版物中的记载（statements in works）；在先前程序中的陈述（statements made in former proceedings）。

死者的陈述能够作为规则的例外，是因为它无法再去向死者求证，没有其他证据能够比死者的陈述更好。其中对己不利的陈述（declarations against interest）、履行义务中的陈述（declarations in the course of duty）和临终陈述（dying declarations）是死者陈述中典型的陈述例外。作为事实一部分的陈述可以被采纳，是因为这些陈述本身就是陈述者行为的天然组成部分，与事实不可分割，代表了陈述者的内心活动。该陈述例外主要包括本能陈述（spontaneous statements）、伴随行为的陈述（statement accompanying an act）、同步身体状态的陈述（contemporaneous physical condition）和当时意图的陈述（present intention）。公共文书是为服务公众而制，由公务人员根据相关

---

[1] 齐树洁主编：《英国证据法》，厦门大学出版社 2002 年版，第 457 页。

规定制作，掺杂在其中的个人因素很小，其可靠性较大；对于有些问题又很难提供相应的口头证据。英国 1988 年《刑事审判法》第 24 条规定，政府文书都可以被采纳为证据。出版物中的陈述是指在出版物中论述公共事务（public nature）的陈述，如涉及古老公共事务的历史书籍、涉及地理事项的已出版地图以及相关科技出版物（如涉及病状的医学出版物）等。[1]该例外不要求陈述内容必须是在公务人员履行职务时作出，这是与公共文书例外的最大区别。在先前程序中的陈述作为例外需要具备几个条件：其一，证人在先前诉讼程序中接受过交叉询问；其二，证人在提供证据之后，因为死亡、疾病等原因无法参加以后的诉讼活动；其三，诉讼仍然在原诉讼的当事人之间进行；其四，前后诉讼活动的证明对象相同；其五，对证人先前陈述记录进行适当的鉴别。

2. 成文法中的例外

英国 1965 年《刑事证据法》将有关贸易或商事的记录纳入到例外的范围内，1984 年《警察与刑事证据法》对传闻证据规则的例外作了更广泛的规定，其不仅延续 1965 年《刑事证据法》关于贸易或商事记录的规定，还将例外范围扩大到任何记录文件中的陈述，甚至包括计算机文件（需满足该法第 69 条规定）。1988 年《刑事审判法》则进一步拓展了例外情形，该法第 23 条规定，符合以下情形之一的，记载在文书中的陈述可以作为证据使用：①陈述者已死亡或者其身体精神状况不适合出庭作证；②陈述者不在国内，且让其出庭并不合

---

〔1〕 See Andrew L. -T. Choo, *Hearsay and Confrontation in Criminal Trials*, Oxford：Clarendon Press, 1996, pp. 140~141.

理；③陈述者向警察或者类似职责的人作出陈述，且出于害怕
而不愿提供口头证据或者被排除使用此种方式作证。但是也存
在着例外：分别是1984年《警察与刑事证据法》第76条规定
的被告人所作供述不具备可采性时以及在治安法庭预审法官调
查犯罪的诉讼程序中；该法第24条规定，如果符合下列条件，
文书中的陈述可以被用来证明任何待证事实：文件由一个从事
贸易或商业的专业人士或其他职业的人，或者是有报酬或无报
酬的职务的持有人所制作或收到；文件所含信息是由一个本身
了解，或可以合理地假定其了解文件所涉及事务的人提供的
（无论其是否作出陈述的人）。对于上述规定，如果文件所含
信息是间接提出的，则每一个经手文件的人都必须是：从事贸
易或商业的专业或其他职业人士；或领取或不领取报酬的职务
的持有人。[1]该法第30条还规定，专家报告都应当采纳为证
据，不论制作报告的专家是否出庭。[2]1996年《刑事诉讼与
侦查法》第68条以及附件二第1条和第2条规定，如当事人
对于宣读审判程序中已提出过的证据无异议，控辩双方都可以
不传唤本方的证人而直接提交经过治安法官审查后的证人的书
面证言。辩护方对此也可以提出反对，法官如果可以依据司法
利益在不对被告人不公的情况下驳回该反对，则继续采纳该书
面证言。[3]2003年《刑事审判法》又扩大了例外情形，该法

---

[1] 参见刘玫：《传闻证据规则及其在中国刑事诉讼中的运用》，中国人民公安大学出版社2007年版，第135页。

[2] 参见何家弘、张卫平主编：《外国证据法选译》（增补卷），人民法院出版社2002年版，第288页。

[3] 卞建林主编：《证据法学》，中国政法大学出版社2002年版，第482~483页。

第 114 条第 2 款从七个方面规定了法官在行使自由裁量权时应当考虑的因素，可以概括为：证人因客观情况不能到庭（生病、失踪、死亡等）；商业或其他文件；普通法中保留的可采性信息（声誉、公共信息、既定事实等）；前后不一致的陈述及满足一定条件的先前陈述；满足法定条件的多重传闻；满足法定条件的录像；用来唤起证人记忆的文件。[1]

美国《联邦证据规则》集中规定了传闻证据规则的例外情形，可以概括为无须出庭的例外和无法出庭的例外。无须出庭是指证人可以出庭作证也可以不出庭作证，传闻证据都可被采纳。根据该规则第 803 条规定，这种例外情形有 24 种：①陈述者当场表达的感觉印象；②在极度兴奋状况下所作的陈述；③陈述者关于当时存在的心理状态、感情、知觉或身体状态的陈述；④出于医疗诊断或治疗目的的陈述；⑤被记录的回忆；⑥关于日常行为、活动的记录；⑦在第 6 项规定的记录中缺乏记载；⑧公共记录或者报告；⑨重要统计资料；⑩缺乏公共记录或者没有记载；⑪宗教组织的记录；⑫婚姻、洗礼和类似证明；⑬家庭记录；⑭反映财产利益的文件记录；⑮文件中反映财产利益的陈述；⑯在陈年文件中的陈述；⑰市场报告、商业出版物；⑱学术论文；⑲关于个人或家庭历史的名声；⑳关于边界和一般历史的名声；㉑性格方面的名声；㉒先前定罪的判决；㉓关于个人、家庭或一般历史或边界的判决；㉔其他例外。无法出庭是指基于客观情况证人不能出庭作证，传闻证据可以被采纳。无法出庭包括以下几种情形：陈述人享有免

---

〔1〕 参见孙长永：《英国 2003 年〈刑事审判法〉及其释义》，法律出版社 2005 年版，第 104、592 页。

予作证的特权并拒绝作证的；陈述人虽无免予作证特权，但宁愿受处罚亦不作证的；陈述人由于死亡，或患身体上或精神上的疾病，或健康状况不佳不能出庭或不能作证的；陈述人声称对自己所作陈述的内容已记不清的；通过传票或其他合理手段无法通知陈述者出庭作证的。根据该规则第 804（b）条规定，此类例外有：①先前证言；②临终陈述；③违反利益的陈述；④关于个人或家庭的历史的陈述；⑤其他例外；⑥因不法行为而丧失。[1]该规则第 805 条规定了传闻之中的传闻，根据传闻证据规则不需要排除，如果这些结合在一起的陈述中的各个部分均符合以上规定的传闻证据规则的例外情况。[2]

（四）传闻证据规则与直接言词原则

直接言词原则是大陆法系国家实行的审判原则。欧洲大陆在中世纪盛行书面审理，书面审判一方面不能保证证据的可靠性且不能对证人进行质证，另一方面需要向法庭移交大量的案卷，大大增加了工作量。19 世纪德国率先进行改革，确立以直接言词原则取代书面审理。直接言词原则的引入，是为了弥补侦查的法官及审判的法官进行书面审理程序（邮递传送卷宗）所带来的重大缺失。[3]

直接审理原则又称为在场原则，是在程序上对于法官的审判行为作出的外在要求，它要求法官必须亲自参加诉讼，亲自出席法庭调查、听取诉讼双方的言词交锋，并且判决的作出必

---

〔1〕 沈德咏、江显和："变革与借鉴：传闻证据规则引论"，载《中国法学》2005 年第 5 期。

〔2〕 何家弘主编：《外国证据法》，法律出版社 2003 年版，第 222 页。

〔3〕 ［德］克劳思·罗科信：《德国刑事诉讼法》，吴丽琪译，三民书局 1998 年版，第 491 页。

须是基于其在法庭上形成的对于案件的直接印象。如德国学者克劳思·罗科信（Claus Roxin）就认为："直接原则乃指法官以从对被告人之讯问及证据调查中所得之结果、印象，才得作为其裁判之基础。"[1]德国《刑事诉讼法典》第 250 条规定："对事实的证明如果是建立在一个人的感觉之上的时候，要在审判中对他询问。询问不允许以宣读以前的询问笔录或书面证言而代替。"[2]言词原则又称口头原则，是指在法庭上提出任何证据材料均应以言词陈述的方式进行，诉讼各方对证据的调查应以口头方式进行，如以口头方式询问证人、鉴定人、被害人等，以口头方式对实物证据发表意见，任何未经在法庭上以言词方式提出和调查的证据均不得作为法庭裁判的根据。[3]如法国《刑事诉讼法典》第 452 条的规定："证人以口头作证。但是，作为例外，经审判长允许，证人也可以通过书面文件作证。"[4]直接原则强调法官在审判程序中亲力亲为，要采纳原始证据；而言词原则强调向法庭提交的证据形式。

1. 传闻证据规则和直接言词原则的共同点

第一，两者都有利于保障公正审判，实现程序公正。传闻证据规则和直接言词原则都要求证人出庭接受质证，这是保障

---

[1] 卞建林："直接言词原则与庭审方式改革"，载《中国法学》1995 年第 6 期。

[2] 李昌珂：《德国刑事诉讼法典》，中国政法大学出版社 1995 年版，第 103 页。

[3] 陈瑞华：《刑事审判原理论》，北京大学出版社 1997 年版，第 183~184 页。

[4] 余叔通、谢朝华译：《法国刑事诉讼法典》，中国政法大学出版社 1997 年版，第 157 页。

当事人对质权的表现。对质权是当事人尤其是被告人享有的天然诉讼权利，是被告人获得公正审判的保证。美国宪法第六修正案明确规定在刑事诉讼中被告人享有对质权；国际刑事司法准则中，联合国《公民权利和政治权利国际公约》第 14 条第 3 款第 5 项、《美洲人权公约》第 8 条第 2 款第 6 项和《欧洲人权公约》第 6 条第 3 款第 4 项都规定了被告人的对质权，且认为这是确保公正审判的最低限度保证。两者都是从程序上保障被告人的诉讼权利，体现了程序公正。

第二，两者都有利于发现案件真实，实现实体公正。我国台湾地区学者林山田认为，直接言词原则能够让"负责审理之法官……听取言词陈述，并且能够察言观色，而得以获取正确之心证，形成确信"。而传闻证据规则则是基于以下考虑：一是传闻证据是重复报告，可能会发生偏差或转述错误，不利于发现案件真实；二是传闻证据未经宣誓，不受交叉询问，其真实性无法保证；三是传闻证据不是在裁判者面前作出，裁判者不能获取陈述人的神情、言谈、举止等情况以判断证据的真假。[1]所以，两者都是通向案件真实、实现实体公正的路标。

2. 传闻证据规则和直接言词原则的区别

对于二者的区别，有台湾学者作了准确的阐述："在程序方面，直接审理主义与传闻法则有不同。因直接审理主义乃属职权主义下之原理，故其所著重者，乃审判官与证据之关系。亦即，为避免误判起见，直接审理主义乃要求于审判时，原证人必须到庭在审判官面前做供述，而不得以传闻证据作为证

----

〔1〕 宋英辉、吴宏耀："传闻证据排除规则——外国证据规则系列之三"，载《人民检察》2001 年第 6 期。

据。而传闻法则因属当事人主义下之原理，故其所著重者，乃当事人与证据之关系。亦即，因人的证据未经过推敲，其可靠性无保障，故为避免误判起见，传闻法则乃要求于审判时，原证人必须到庭在审判官面前由当事人来对其作反对询问。凡是未给予对造当事人反对询问机会之供述证据，原则上，不得作为证据。……于实体方面，直接审理主义与传闻法则系相同；此两者只不过在程序方面有差异而已。亦即，在程序方面，传闻法则多了当事人之反对询问权，而直接审理主义则无当事人之反对询问权之问题。此以另一种表述言之，则直接审理主义加反对询问权即成传闻法则。"概述起来，两者在以下几方面存在着区别：

首先，二者的内在机理不同。传闻证据规则诞生于英美法系国家，脱胎于陪审团审判，服务于对抗制诉讼模式。为了防止陪审团成员受到传闻证据的误导而错误裁判，保证进入法庭的证据都是最佳证据，在证据过滤环节中先排除掉传闻证据。对抗制诉讼模式鼓励控辩双方平等对抗，通过对抗共同发现案件真实，这就需要证人出庭接受质证。直接言词原则产生于大陆法系国家，大陆法系国家实行职权主义诉讼模式，强调法官在发现案件真实中的职权作用，法官只有亲自参加审理审查证据才能充分发挥职权作用，这就进一步要求提交给法官的证据的可靠性以及证人出庭接受法官的讯问，口头调查不可避免。

其次，二者的适用范围和方式不同。传闻证据规则是证据规则，规范证据的可采性，并不直接规范法官的审判行为。传闻证据规则以当事人动议方能适用，如果当事人不提出异议要求排除传闻证据，该证据就可以进入法庭，法官并没有主动排除的义务。直接言词原则是审判规则，规范法官的审判行为，要求法官在法庭上以言词方式调查证据。相比传闻证据规则，无论当事人是否对证据提出异议，法官进行审判都必须按照法定程序遵守直接言词原则审理。

最后，二者对证据效力的约束不同。根据传闻证据规则，只要证据没有经过对方当事人的质证或同意，该证据就不能被采纳，无论是否经过法官审查。而根据直接言词原则，只要证据以言词方式提交给法庭，经过法官调查，该证据就有效，具备可采性，可以作为认定案件事实的依据。

三、传闻证据规则与我国刑事诉讼

（一）传闻证据规则与我国立法

新中国成立以来的三部《刑事诉讼法》（1979 年、1996 年和 2012 年）都没有确立传闻证据规则，但个别规定以及相关司法解释条文体现了传闻证据规则的精神。2012 年《刑事诉讼法》第 59 条规定："证人证言必须在法庭上经过公诉人、被害人和被告人、辩护人双方质证并且查实以后，才能作为定案的根据。法庭查明证人有意作伪证或者隐匿罪证的时候，应当依法处理。"《刑事诉讼法》第 60 条规定："凡是知道案件情况的人，都有作证的义务。生理上、精神上有缺陷或者年幼，不能辨别是非、不能正确表达的人，不能作证人。"2012 年《最高人民法院关于适用〈中华人民共和国刑事诉讼法〉的解释》（以下简称《高法解释》）第 63 条规定："证据未经当庭出示、辨认、质证等法庭调查程序查证属实，不得作为定案的根据，但法律和本解释另有规定的除外。"这些规定都要求证据应当在法庭上接受质证，体现传闻证据规则的基本内涵。为了保障证人出庭作证，《刑事诉讼法》第 61 条的规定还进一步完善了证人保护制度："人民法院、人民检察院和公安机关应当保障证人及其近亲属的安全。对证人及其近亲属进行威胁、侮辱、殴打或者打击报复，构成犯罪的，依法追究刑事责任；尚不够刑事处罚的，依法给予治安管理处罚。"除了在证据一编中强调证据要接受质证，刑诉法还在审判程序中多次规定证人要出庭作证，如《刑事诉讼法》第 182 条第 3 款规定："人民法院确定开庭日期后，应当……通知辩护人、诉讼代理人、证人、鉴定人和翻译人员……"；第 189 条"证人作证，审判人员应当告知他要如实地提供证言和有意作伪证或者隐匿罪证要负的法律责任……"；第 192 条"法庭审理过程中，当事人和辩护人、诉讼代理人有权申请通知新的证人到庭，调取新的物证，申请重新鉴定或者勘验……"

虽然以上规定与传闻证据规则的基本精神相契合，但我国刑诉法和司法解释的其他一些规定又与传闻证据规则的精神存在冲突。《刑事诉讼法》第 48 条规定了证据共有 8 种，本条同时规定证据必须经过查证属实，才能作为定案的根据。鉴于证据只在审判阶段经过质证后才能判断是否可以作为定案的根据，也就是说只要符合法定规定的形式，证据就可以进入法庭，如此一来即使有契合传闻证据规则精神的规定也起不到过滤证据的作用。传闻证据与非传闻证据不分，都可以进入法庭调查，经过控辩双方的质证后，只要是查证属实的，最后都能被采纳作为定案的根据。《刑事诉讼法》第 190 条规定："公诉人、辩护人应当向法庭出示物证，让当事人辨认，对未到庭的证人的证言笔录、鉴定人的鉴定意见、勘验笔录和其他作为证据的文书，应当当庭宣读……"这条规定肯定了未到庭的证人证言笔录、鉴定人意见等具有与这些人员出庭作证同等的证据能力和证据效力。《高法解释》第 205 条规定，"公诉人、当事人或者辩护人、诉讼代理人对证人证言有异议，且该证人证言对定罪量刑有重大影响，或者对鉴定意见有异议，申请法庭通知证人、鉴定人出庭作证，人民法院认为有必要的，应当通知证人、鉴定人出庭"，可以理解为证人出庭需要的条件是：公诉人、当事人或者辩护人、诉讼代理人有异议；且该证据对定罪量刑有重大影响；人民法院认为有必要。言下之意是证人、鉴定人一般情况下是可以不出庭的，除非少数特殊情况。另外，司法实践中还存在着大量地将案件情况用作证据的情形，例如抓捕情况、自首情况、侦查情况等，这些显然属于传闻证据，但我国刑事诉讼并不禁止，甚至有时还被法官当作定案的依据。

（二）我国是否需要确立传闻证据规则之探讨

我国有学者认为并不需要移植英美式的传闻证据规则，理由概括如下：其一，我国法文化传统、民族心理与英美传闻证据规则相抵触，很难要求所有证人出庭作证，且传闻证据规则过于繁琐复杂，难以移植模仿；其二，我国是大陆法系国家，采用的职权主义模式与传闻证据规则相斥；其三，我国缺少相关的法律制度支撑，证人不必出庭、不敢出庭及不愿出庭；其四，我国承受不了确立传闻证据规则带来的司法高投入和低效率；其五，传闻证据不一定会比非传闻证据的证明力低[1]。还有学者认为，"普通法系设立传闻证据规则主要是出于对传

---

[1] 汪容："传闻证据规则若干基本问题研究"，载《中国刑事法杂志》2005 年第 2 期。

闻证据真实性的担心，但是随着时代的发展，这样的担心越来越被证明可能是多余的。多数大陆法系国家都没有设置传闻规则，但这对它们判决的准确率似乎并没有特别的影响。……我国法律在这方面的规定基本上是合理的，完全没有必要借鉴或照搬普通法中传闻证据规则"[1]。

以上学者的观点有一定道理，我国移植传闻证据规则的确存在着诉讼模式、法律传统、诉讼文化、司法资源及配套制度缺失等诸因素的障碍，但如果仅仅因为这些障碍的存在就否定传闻证据规则，也有因噎废食之嫌。放眼域外，同为大陆法系国家的日本以及我国台湾地区都移植了传闻证据规则，以期促进刑事诉讼法治的发展。

也有相当一部分学者认为，我国应当确立传闻证据规则。概括来说，认为确立传闻证据规则的必要性如下：

首先，有助于保障人权，实现程序公正。刑事诉讼是国家和个人的角力，在力量对比上存在着天然失衡，为了让国家权力在适度合法的轨道上平稳向前，不肆意横行伤害公民，一方面要为权力划出界限，构建"牢笼"，抑制公权力；另一方面要提供给公民"私人武器"，使其能和公权力平等对抗，这就要赋予被告人各种诉讼权利。辩护权就是一项非常重要的对抗手段，在辩护权中，对质权又是重中之重。国际刑事司法准则中，不少文件都将被告人的对质权规定为一项最基本的人权[2]，保障

---

〔1〕 刘国清、刘晶：《刑事证据规则实务》，上海社会科学院出版社2001年版，第353~354页。

〔2〕 如《公民权利和政治权利国际公约》第14条第3款第5项、《欧洲人权公约》第6条第3款第4项及《美洲人权公约》第8条第2款第6项等。

被告人的对质权是对各国刑事司法的最低限度要求。我国正在积极地进行司法改革，应当以国际刑事司法准则中的标准为尺度，保障被告人的各项诉讼权利，而且我国也加入了部分包含国际刑事司法国际准则的公约，应恪守承诺，积极履行义务。但即使被告人的诉讼权利都得到了保障，也未必能达到理想的效果，否则就不会看到在司法成熟、权利保障做得很好的国家也出现冤假错案。保障被告人诉讼权利的独立价值在于这不是一项"面子工程"，不是作秀，而是通过程序，使其感到其受到了公正的待遇，不仅能促使其心平气和地接受裁判结果，也能帮助其真心悔罪，早日回归社会，这也是程序公正的价值。

其次，有助于发现案件真实，实现实体公正。刑事诉讼的根本任务是查明案件事实，惩罚犯罪。现代诉讼中的查明事实其实就是在法庭上查明事实，而且是由裁判者查明事实。裁判者由于其中立位置，不能像侦查机关那样主动出击，只能被动地接受证据，依据证据查明案件事实，这是审判中立的要求，也是证据裁判原则的要求。传闻证据规则排除传闻证据，力求进入法庭审判的都是最佳证据，在一定程度上增强了据以定案证据的可信性；该原则同时还要求证人出庭作证，作证前的宣誓或法庭的庄严气氛会给证人以心理震慑，让其更加体会作证的严肃性，以督促其认真地提供证词。据此，传闻证据规则是实现查明案件事实、实现实体公正的重要保障。

最后，有助于强化庭审功能，推进审判改革。我国1996年修改《刑事诉讼法》时，大量引入了当事人主义审判模式，加强了控辩双方的对抗性，我国的审判程序在形式上发生了很大变化。但是经过一段时间，人们发现积重难返，改革的实际效果并不理想，比如证人、鉴定人等出庭率极低，辩护律师辩护难，法庭审判"走过场"，审理裁判相分离，当庭宣判率低，裁判文书不说理等，[1]有点"换汤不换药"的尴尬。2012年《刑事诉讼法》及相关司法解释虽然增加了证人出庭作证的强制性规定，但根本上依然认可了证人不出庭的常态化，证人必须出庭作证也有前提条件，即公诉人、当事人或者辩护人、诉讼代理人对证人证言有异议，且该证人证言对定罪量刑有重大影响，人民法院认为有必要的，应当通知证人出庭。这种模糊不清的规定在司法实践中对证人出庭作证能起多少实质作用值得怀疑。且新刑诉法又恢复了卷宗移送，让法官提前接触证据，不利于法官通过庭审确立内心确信。目前，我国正进行着新一轮的司法改革，其中审判改革备受瞩目。2013年10月，第六次全国刑事审判工作会议提出，全国各级人民法院要切实转变和更新刑事司法理念，突出庭审的中心地位，有效发挥审判对侦查、起诉的制约和引导作用，确保刑事司法公正。要认真落实证人、鉴定人出庭作证制度，发挥庭审质证特别是对质、交叉询问制度的作用，切实履行证据审查把关职责。传闻证据规则把证人"赶"到法庭上，与当事人对质，接受交叉询问，促使法官提高审判技能，让庭审真正开得起来，开得有用。传闻证据规则对诉讼模式也有影响，没有传闻证据规则的约束，大量书面的传闻证据通过侦查、公诉机关畅通无阻地进入庭审，导致法官一方面受到公检的干扰，一方面又依赖公检的侦查能力，损害了法院的中立，对法官自身的审判技能有害无益。

---

〔1〕 参见陈瑞华：《刑事诉讼的前沿问题》，中国人民大学出版社2000年版，第371页。

我国如想移植借鉴英美法系的传闻证据规则，必须结合自身国情取其精华、去其"糟粕"。传闻证据规则发展了若干世纪，现今的体系异常庞杂，一股脑地全部引入，不现实也没有必要。况且采用传闻证据规则的国家也在不断改革修正，使传闻证据规则变得简单易用。从外在形式上看，源于普通法判例的传闻证据规则正在逐步法典化，[1]增强了规则的机动性。法官的自由裁量权也在增大，增强了规则的灵活性。较之英美，我国没有传闻证据规则的原生土壤，结合实际国情，应认识到其要在我国发挥功效并非一朝一夕之事，其确立需要做好配套制度，不能抱一蹴而就的幻想。

---

〔1〕 郭志媛、蔡溦："传闻证据规则变革评述——兼谈对我国确立传闻证据规则的启示与借鉴"，载《证据科学》2009 年第 2 期。

英国传闻证据规则的立法和司法变化

传闻证据规则在英国的趋势是越来越宽松[1]。1968 年，英国通过了制定法，规定在民事审理中，第一手的传闻是可采的[2]。1995 年，立法规定，在民事案件中完全废除传闻证据规则[3]。2003 年，立法规定，如果陈述的原始作出者无法在审理中作证，那么刑事案件中第一手传闻在很多种情况下是可采的。[4]本文将以英国 2003 年《刑事司法法》为基础，介绍英国刑事诉讼中传闻证据规则的立法变化、司法变化、学术界的争论以及其对人权问题的影响。

一、立法变化的背景

对传闻证据的担心，特别是对刑事审理中不利于被告人的传闻证据的担心，是可以理解的。虽然任何陈述都有不真实的

---

〔1〕 David Alan Sklansky，"Hearsays's Last Hurrah"，2009 *Sup. Ct. Rev.*，1，28~29.

〔2〕 Civil Evidence Act，1968，c 64，§2（UK）.

〔3〕 Civil Evidence Act，1995，c 38，§1（UK）.

〔4〕 Criminal Justice Act，2003，c 44，§116（UK）.

可能，但一般认为，在法庭上就某事件所作的陈述更可信，因为能够通过对证人言行举止的观察以及通过反询问来进行验证[1]。当这些检验方法不存在的时候，如果庭外陈述被提出作为证明其内容真实性的证据，那么，对这样的证据其可靠性持谨慎态度就是有理由的。

在当代，人们对"观察言行举止"和"反询问"这两种检验方法的有效性产生了怀疑，也有实证研究表明，陪审团没有衡量传闻证据证明力的能力这一假定并不成立。[2]因此，第一手的证据并不一定总是比传闻证据好很多。

英国上议院在 1991 年的基利判例 ［R. v. Kearley（No. 1）］[3]中指出，传闻证据规则的改革不能通过法院判例的方式，而应当通过立法机关制定法律的方式。这意味着传闻证据规则的其他例外，例如因足够可靠而可采的例外，将由议会通过立法的形式创立。虽然 1995 年的民事证据法废除了民事诉讼中的传闻证据规则，但刑事诉讼中的改革要慢一些。法律委员会（Law Commission）对该专题的报告最终成为 2003 年《刑事司法法》中关于传闻的规定。这些规定于 2005 年生效，其一般规则是：一份法庭外陈述用来证明其内容的真实性，如果陈述作出者的目的是使他人相信该陈述，那么这样的陈述不

---

〔1〕　Andrew L. -T. Choo, "Criminal Hearsay in England and Wales: Pragmatism, Comparativism, and Human Rights", 17 *Can. Crim. L. Rev.*, 227（2013）, 228.

〔2〕　Roger C. Park, "Visions of Applying the Scientific Method to the Hearsay Rule", *Michigan State Law Review*, 1149（2003）.

〔3〕　［1992］2 A. C. 228（U. K. H. L.）.

可采。[1]这一规则有四类例外，分别是：

第一，制定法例外，包括 2003 年《刑事司法法》本身以及其他制定法规定的例外。[2]其中，两个重要的制定法例外是：证人无法到庭口头作证（第 116 条）和商业记录（第 117 条）。

第二，2003 年《刑事司法法》第 118 条明确保留的普通法例外，[3]包括激动言词（res gestae）例外。

第三，各方当事人均同意该证据可采。[4]

第四，法院认为采纳该证据更符合公正的要求（in the interest of justice）。[5]第 114（1）（d）条规定的基于公正的要求采纳传闻证据，与之前的理论相比，是最为新奇和激进的创制。

对于多重传闻，还必须符合第 121 条第 1 款的要求。

二、新法规定的传闻证据规则解读

在 2003 年《刑事司法法》中，英国议会试图对刑事诉讼中的传闻证据规则进行简化、明确和理论化。总体上说，这种努力是成功的，该法成为合理采纳传闻证据的"制定法"。但是，制定法改革的一个核心问题就是重新定义和明确传闻概念本身，[6]这很有必要。多年来，法院一直努力提供一个明确

---

〔1〕 Criminal Justice Act 2003, c 44, Section 115（3）.

〔2〕 Criminal Justice Act 2003, c 44, section 114（1）（a）.

〔3〕 Criminal Justice Act 2003, c 44, section 114（1）（b）.

〔4〕 Criminal Justice Act 2003, c 44, section 114（1）（c）.

〔5〕 Criminal Justice Act 2003, c 44, section 114（1）（d）.

〔6〕 Criminal Justice Act 2003, c 44, Diane Birch & Michael Hirst, "Interpreting the New Concept of Hearsay", *C. L. J.* 2010, 69（1）, 72~97.

的、不含糊的普通法上的传闻定义。然而，在过去几年中，新的传闻概念并不令人满意，也没有比旧的更容易理解。

更加糟糕的是，该法对定义的改变似乎是不幸的，几乎是未能预见的。改革的一个首要目标是无意的暗示陈述（上议院的基利判例），但实际上却未能实现。

（一）普通法中的传闻证据规则

在普通法中，一般规则是传闻证据不可采。如果要采纳传闻证据，必须符合一个已经被承认的例外。这些例外构成了一个纷繁复杂的集合体，这样一来，可靠的证据就可能面临很大的不可采风险，包括对定义的解读和案例的寻找。

1. 基本规则

普通法上传统的传闻证据规则的定义是罗伯特·克罗兹（Rupert Cross）爵士提出的，并被上议院在夏普判例（R. v. Sharp）中予以支持[1]：一份陈述被用来证明其内容的真实性，但原始作出者并没有在法庭上亲身作证，那么该证据原则上不可采。

这实际上是排除二手证据的规则。证人通常被要求在法庭上口头作证，并且内容仅限于他们亲身感知的第一手事项。这种证言被称为"原始证据"（original evidence）或者"直接言词证据"（direct oral evidence）。当需要第一手证据时，对庭外陈述的重复是不够的。克罗兹爵士表示，这样的陈述原则上不能作为证明其陈述内容具有真实性的证据予以采纳是正确的，但该规则的真正宗旨是要求提供一手证据。

---

[1] Diane Birch & Michael Hirst, "Interpreting the New Concept of Hearsay", *C. L. J.* 2010, 69 (1), 72~97.

在罗思韦尔判例（R. v. Rothwell）中这一点很显然。在该案中，警官格鲁姆（Groom）作证说，他看见 R 把小包的海洛因给一系列已知的海洛因上瘾者，其中包括 L。表面上看，这个证言并不存在传闻问题。格鲁姆没有提及任何庭外陈述，只是描述他亲眼看到的事实。但是，其中的推理部分是，小包里是海洛因，接受者是海洛因上瘾者。进一步的询问表明，格鲁姆的证言只是部分地基于亲身感知。特别是，他并不了解 L 的海洛因上瘾史，他是听别人说的，以及听其他警官说的与 L 接触时产生的印象。换句话说，格鲁姆只是在重复他听到的话，并且希望法庭相信他的转述。

上诉法院判定，格鲁姆不应当被允许提供那部分证据。他所说的 L 吸食海洛因的内容，并不因为他不提及信息源就不是传闻了。这一点的证言不可采，理由是他对之没有直接的亲身感知，因而不能宣誓确保其证言是真实的。

2. 传闻和可靠性

当然，认定格鲁姆的证据是传闻，并不等于说格鲁姆的信息来源必然是不可靠的。普通法中对传闻证据排除的理由是，通常来说，这样的证据潜在的具有错误理解和错误转述的风险，原始陈述作出者没有经过宣誓，而且法庭上转述的人没有亲身感知，难以质疑其真实性和准确性。当控方依赖这样的证据时，被告人几乎无法有效地挑战，因而在有些时候违反《欧洲人权公约》第 6 条规定的公正审理权利。在另外一些案件中，基于传闻的定罪可能是既公正又安全的。在普通法中，传闻证据经常导致控方的可靠证据被排除，并且由于该规则同样适用于辩方，辩方可信的无罪证据也可能被排除。

3. 普通法中的定义问题

普通法中传闻证据规则及其例外的呆板性仅仅是问题的一部分，法院对传闻概念的解读方式也引起了不满。例如，法院曾判定，对犯罪人的外貌描述并不是陈述，因此不适用传闻证据规则。对抢劫犯的画像表明犯罪人有上唇须，此证据被判定可采，因为该证据相当于照片，虽然属于言语描述（抢劫犯有上唇须），但将其作为传闻证据予以排除。仔细思考一会儿会发现这是不合理的，因为该画像是证人陈述的产物。但这就是 2003 年《刑事司法法》之前的法律。

定义问题中，问题最大的是"暗示陈述"（implied assertions），该法也没有完全解决。

4. 暗示陈述的问题

如果为了证明某一事实，例如 D 实施了某一犯罪，证人 W 作证说 X 曾明确告诉他这一事实，在普通法上 W 的证言显然是传闻。同样地，如果 W 作证说 X 曾故意暗示了这一事实，或者 X 在谈话中无意泄露了这一事实，那么也属于传闻。在两种情况下，W 都是依赖 X 告诉他的事项是真实的，并且希望法庭也相信。在基利判例[1]中，警官听到不明身份的人打电话要求上诉人照常提供毒品。这种请求包含着一个暗示的陈述，即上诉人以前曾提供毒品，作为证明此事为真的证据是不可采的。

有些支持"暗示陈述"原理的人走得更远。任何关于 X 行为的陈述，即使他既没有宣称也无意宣称任何这样的事实，只要法庭推论其知悉争议事实，都是传闻。例如，W 作证说 X

---

〔1〕 ［1992］2 A. C. 228（HL）.

出现在 D 的住处，试图买毒品，这就是 X 关于 D 是毒贩的"暗示陈述"。这些争论持续了很多年，即使是上议院的基利判例仍然没有解决。在该判例中，上诉委员会的多数法官支持这种对暗示陈述原理的宽泛解释。

对基利判例的不满，是 2003 年《刑事司法法》中对传闻改革之前的争论的一个重要方面。制定法定义的目的是保留普通法定义，同时把它限于故意陈述，规定非故意陈述不受该规则调整。在该法之外的普通法传闻证据规则不再存在，这一点已经被法院判例确认。[1] 确认什么是传闻，什么不是传闻，只能看该法本身的规定，但这不意味着可以忽略普通法的传闻定义。相反地，该法有些规定必须结合普通法定义才容易理解。

（二）2003 年《刑事司法法》改革仍然需要界定传闻

除了对传闻的定义加以界定以外，该法对传闻在何种情形下可采作出了重大修改。第 114 条创制了广泛的新的可采性路径：对制定法和普通法例外整合，创设了经双方协议可以采纳的新路径，以及第 1 款第 4 项规定的兜底条款，即如果根据公正的要求需要采纳，那么基于自由裁量权可以对本不可采的传闻证据予以采纳。这些例外放在一起，致使审理中证人没有第一手感知的二手证据被采纳的机会大大增加。例如，在罗思韦尔判例中，如果法院被说服，行使采纳的自由裁量权，被拒绝采纳的证据现在可以采纳了。这种自由裁量权可能考虑格鲁姆信息来源的可靠性，那些人是已知的上瘾者的重要性，以及 R

---

〔1〕 R. v. Singh（Sukadeve）〔2006〕EWCA Crim 660;〔2006〕1 W. L. R. 1564; R. v. Nation〔2008〕EWCA Crim 220.

在挑战二手证据时遇到的困难。[1]

这样一来，关于是不是传闻的问题，可能不像以前那样重要了——如果该证据将被采纳，重要的问题将是确保事先给予充分的通知表明要使用该证据，以及事实审理者充分意识到该证据的缺点。在这种情况下，法庭或者法官可能会论证"该证据是否是传闻已经不再重要"。但是，仍然有充分的理由来试图对该概念进行界定。

（1）如果该证据是传闻，要想被采纳，必须找到制定法或者保留的普通法上的理由；相反地，如果证据是原始证据，那么就不需要考虑这些。

（2）如果证据是传闻，但是根据该法的新规定是可采的，在提出该证据前必须依照《刑事诉讼规则》第 34 编的规定给予事先通知。

（3）如果是多重传闻，还需要满足第 121 条的要求。如果只有一重传闻陈述被涉及，则可以忽略。

（4）第 122~124 条（关于将传闻文件作为展示物，以及传闻陈述作出者的能力和可信性）的规定，如果争议中的证据不是传闻，则这些规定都可以忽略。

（5）第 125 条规定，法院有权在控方基于不可信的证据时终止审理，以及第 126 条，法院有权排除非常不令人满意且耗时费力的证据，也只有证据是传闻的时候才适用。无论是否是传闻，控方的证据都可能被法院排除，但是对辩方证据则不适用。[2]这意味着法院有权自由裁量排除辩方证据，但是只

---

〔1〕 Criminal Justice Act 2003, c 44, Section 114 (2).

〔2〕 Police and Criminal Evidence Act 1984, s. 78.

有在证据是传闻的情况下才行。

（6）第 133 条，允许使用经过真品性验证（authenticated）的书证副本，只有在文书包含陈述的情况下才适用，并且必须限于包含第 115 条第 2 款规定的一个人的一项陈述的书证副本。这种陈述在作为其内容真实性的证据提出时属于传闻。

（三）新的传闻概念存在的问题

新的传闻概念带来了一系列的问题。有些是该法规定造成的，有些是法院对该法的不正确解释造成的。

1. 基利判例的相关性和传闻

在律师看来，该法的首要目标是解决"基利问题"，但是基利在很多方面都是一个有问题的判例，该法仅仅涉及了其中的一个问题。

该判例的事实是众所周知的：K 的房子被警察搜查，找到了少量冰毒。首要的问题是，K 到底是一个毒贩，还是吸食冰毒者。控方试图证明他是一个毒贩，并提供警官的证言，内容是在 K 被捕不久，至少有 18 人通过电话或者敲门找他，叫他的名字（Chippie 在吗？），显然是想从他这里买毒品。上议院判定这样的证据是不可采的。

上诉法院在辛格判例（R. v. Singh）[1]中，以及近期的内申判例（R. v. Nation）[2]中，假定基利判例中争议的证据不可采的原因，仅仅是因为其形式是暗示陈述，这种陈述因2003 年《刑事司法法》的规定不再是传闻因而是可采的。正如罗斯（Rose）大法官在辛格判例中指出的："在基利判例中

---

[1] [2006] EWCA Crim 660, [2006] 1 W. L. R. 1564.

[2] [2008] EWCA Crim 220.

那些来找被告人的人所说的话，现在可以作为直接证据用来证明该房屋是贩毒场所。基于此，可以推断该房屋的住户具有卖毒品的故意。基利判例中的多数法官关于传闻的意见，已经被2003年法推翻。"

虽然对上诉法院的判决应该足够尊重，但是该判决忽略了这样的事实，即基利判例首先是关于相关性的判例。在该案中，上诉委员会五名法官一致认为，从来电来访人的行为上可以推断某些事实：这些来找 K 的人是吸毒者，他们相信 K 能够提供他们需要的毒品。他们的行为也证明，存在一个 K 想要卖冰毒的市场。上诉委员会的少数法官认为，这些已经足以说明该证据可采。但是多数法官不同意。阿克纳（Ackner）法官指出："当然，每一次请求都是提出请求的人其主观状态的证据。他希望买到毒品，并认为上诉人能够卖给他。这不是上诉人已经卖给或者将要卖给这些人的证据。请求人的主观状态并不是本案审理的争议点，因此请求买毒品的证据没有相关性而不可采。如果控方试图通知这些请求买毒品的人作证，仅仅提供试图买毒品的证据，用来证明他们毒瘾发作并且他们相信上诉人能够提供毒品，这样的证据也不能被采纳。传闻证据规则的适用在本案中不予考虑。该证据因无相关性而不可采，就这样简单。"奥利弗（Oliver）和布里奇（Bridge）法官同意上述观点，布里奇指出："请求买毒品的人的主观状态与被告人是否是毒贩这个问题根本没有相关性。"换句话说，控方仅仅通过证明其他人相信 K 是毒贩，或者证明有足够多的人能够成为 K 的顾客，都无法证明 K 是毒贩。奥利弗法官明确反对"成熟市场"（ready market）的说法，指出："虽然毫无疑问该地点提供毒品这一点必然意味着存在顾客急着买毒品，但是这并不能反过来证明。也就是说，存在顾客并不意味着存在贩毒。只有证明了顾客确信能买到，才得到了证明。在证明买到的真实性时，这种确信不能被假定。"

根据多数法官的意见，只有当求购毒品的请求包含"上诉人确实是一个毒贩"的明示或者暗示陈述时，才需要考虑传闻证据规则。布里奇法官指出："求购者说的话，仅有的、可能的相关性是通过表明说话者确信被告人是毒贩，说话者暗示地宣称了该事实。"特别是求购者中的两名请求"照常"供货，这暗示地宣称 K 以前卖给过他们毒品。就这些陈述而言，如果这样解读，与争议问题有一些明显的相关性，它们应当以传闻为由被反对。布里奇法官这样写道："如果求购者明确对警官说，被告人曾经卖给其毒品，那么这显然是传闻而不可采。当说过的话的相关性仅仅在于其暗示被告人是一个毒贩，是否同样也因传闻被排除？"布里奇法官对这个问题的回答是肯定的，克纳和奥利弗法官也是如此。在这个范围内，2003年的改革对该判例有影响。求购者提到"照常供货"无疑是假定接听电话者知悉过去的交易，否则无法解释。2003年《刑事司法法》对暗示陈述规定的首要原则，是传闻仅限于以"使他人相信陈述事项"为目的而作的陈述；本案中的求购者没有这样的目的，所以该电话是相关的非传闻证据，暗示正在进行的毒品交易。

基利判例中指出的相关性问题并没有被2003年《刑事司法法》所修改。证明成熟交易市场存在的证据本身并不能证明那个人以前的交易，或者他将来打算卖出毒品。在没有进一步证据的情况下，我们无法知道为什么基利案件中的求购者认为 K 是一个毒贩。如果其中一名求购者亲身作证，陈述说他从 K 处买过毒品，那么按照多数法官的意见，这一证据因无相关性而不可采。正如奥利弗法官指出的那样："如果作为直接证据是不相关的和可反对的，那么作为传闻证据同样是不相关的和不可采的。"

对该法应当进行立法目的解读，但是只能解读到这个程度。该法并没有包含对相关性的规定。

在该法生效前的一些判例中，比较著名的是康奈尔判例（R. v. O'Connell）[1]。上诉法院正确地辨别了基利判例的理由，但是在辛格和内申判例中，上诉法院似乎忘记了这些，对该法进行了错误的解读。

2. 暗示陈述问题

考虑到该法的目的是替代普通法的传闻证据规则，令人惊奇的是，在该法中这个术语并没有被清楚地定义。第114条第1款规定，非口头陈述证明其内容真实性时只有在下列情形才可采，之后列举了四种情形。这一定义与克罗斯（Cross）的著名定义相一致，在霍恩卡斯尔判例（R. v. Horncastle）[2]中上诉法院明确认为，该规则继续对二手证据进行约束，因为证人基于亲身观察和感知并口头作证证明事项的真实性通常是至关重要的。

在维持现状的情况下，霍恩卡斯尔判例假定"陈述事项的证据"引入了普通法中对传闻证据的界定，即陈述是用来证明其内容的真实性。这个假定显然是正确的。第121条第2款规定，传闻证据是指非口头作证的陈述，被作为其陈述内容

---

〔1〕 ［2003］EWCA Crim 502.
〔2〕 ［2009］EWCA Crim 964.

的证据。这个定义应该适用于整个 2003 年《刑事司法法》。

然而，该法未能明确传闻的概念是不幸的，而且是特别危险的，因为第 115 条第 3 款中的"陈述事项"获得了更多的关注。该款规定，只有作出陈述的人具有特定目的——使人相信该事项，那么陈述事项才适用传闻一章的规定。这样，焦点变成了作出陈述的人的目的，而不是试图接受该证据真实性的听者。这样做的目的，如上所述，是把无意暗示陈述从传闻证据规则中解放出来，例如基利案中要求"照常供货"的那两个求购者所说的那样的陈述。

但是，第 115 条第 3 款和第 114 条第 1 款就成了一个陷阱。当陈述作出者的目的是说服另一个人某一事实时，他的陈述必须是传闻才能作为证明陈述事项真实性的证据，不管它是否被用来证明争议事实的真实性。例如，辩护方想要证明，一个没有被通知作证的人，告诉被告人一座桥梁在暴风雪中倒塌。假设提出这项证据的目的是解释被告人为什么绕了很远的路，从而证明被告人不在现场。在这个例子里，陈述的事项是大桥垮塌，但是该证据不是传闻，因为辩方提出证据的目的与原始作出者的目的并不相同，辩方的目的是解释被告人接收到相关信息后的行为。这样的证据可能是相关的且可采的，虽然事实上该大桥根本没有倒塌。

在普通法上，可以找到很多例子，某些陈述因其真实性以外的原因而相关，并且为了某个目的而采纳并不与传闻证据规则相关的证据。经典的例子是苏巴玛廉案件（Subramaniam v. Public Prosecutor），[1] 在该判例中，S 试图证明他是因为受

---

〔1〕 ［1956］1 W. L. R. 965.

胁迫而犯罪，告诉法庭说他受到的威胁。枢密院认为，这些威胁的真实性并非争议点。唯一的争议点是，这些威胁导致 S 受到胁迫而实施行为。因此，最为关键的是，传闻的检验标准并没有改变。

从以上论述可以预见，混淆最有可能发生的情形是，陈述作出者的目的与提出证据的当事人的目的有联系，但是实质上不同。在伦纳德判例（R. v. Leonard）[1]中，L 被认定以贩卖为目的持有 A 级毒品，但是上诉法院判定，审理法官错误地采纳了控方提出的近期交易的证据，即 L 收到的两条手机短信。在一条短信中，未知发送人感谢 L 货物质量好。另一条短信中，未知发送人抱怨说付了 10 英镑才给了 5 英镑的货。上诉法院认为这两条短信都是传闻，并且不符合例外，因而该证据的采纳是错误的。

上诉法院的这个判决，意味着忽略了两者的实质性区别：一是发送人想要宣称的事项，一是控方想要依赖的事项。在每条短信中，发送者意图使 L 相信某事项——货物质量好，或者缺斤少两。然而，发送者并没有意图说明控方所要依赖的事项，即 L 向他们两个人分别提供过毒品。发送者的假定是 L 已经知道了这一点，所以并没有试图让他相信这个事项。一份陈述明显是宣称某事项这一事实，例如大桥垮塌，并不排除基于其他非传闻的目的依赖该陈述。

这一区别的界限是很难划清的，特别是当一方当事人提出证据的意图是从陈述中推理出没有明说的假定。这似乎已经成为法院的难题。值得注意的是，信息发送者是在宣称毒品的质

---

〔1〕 ［2009］EWCA Crim 1251.

量和数量，法院认定控方在提出该证据时具有不同的目的，即要求陪审团推论 L 近期曾给发送者提供过毒品。法院指出："要想使陪审团作出这种推论，控方首先要证明短信中陈述的事项的真实性。控方对这些陈述的解读，第一条是发送者对毒品满意，第二条是不满意。"

控方其实并不想证明顾客的满意程度，而是想要陪审团推论这些言论无论真假，必然是由从 L 处买毒品的人发出的。唯一可以反对接受该证据的理由是依赖的事项——近期卖毒品——是信息发送人宣称的，或明示或暗示。但是对于这一事项，信息发送人并没有让接收人相信的意图，因此不属于第115 条第 3 款规定的"陈述的事项"。

参考法律委员会最初提出立法建议的目的，可以看出伦纳德案件中法院理解错了。根据法律委员会的建议，原始陈述作出者的意图并非是宣称内容的真实性，其语言和行为不能归类为传闻。排除传闻证据的理由是陈述作出者有说谎的危险，当作出者相信听者已经知道该事实时危险通常就不存在了。例如，只有之前存在过交易，基利案件中的两个求购者才会要求"照常供货"。求购者可能是误会，但是如果排除了故意说谎，法律委员会认为错误的危险不足以使该陈述成为传闻。

在其建议中，法律委员会没有接受基利判例中少数派的意见，即从求购者的行为可以推论出市场或者机会，从而推论出作出者的确信。相反地，该立法建议是参考澳大利亚和美国，以及英国学者的著作。法律委员会最终选择了"使他人相信"这样的表述，理由有两个：第一个理由是为了避免混淆，一项宣称可以被说成是故意的，但是并没有说服任何人任何事的意图（"我来拿我的照常供货了"）。第二个理由是避免这样的理解，即只有暗示的陈述才不是传闻。这样，向毒品贩子说的"你上周卖给我的东西不好"对于毒品的质量来说是传闻，但对于上周的交易来说不是传闻，因为从作出者的角度看，毒贩已经知道了这一点，所以在这里没有宣称的意图。

回过头看，结合伦纳德判例，法律委员会应该这样区分两个概念，一是作出者的意图，二是提出证据者的意图。

3. 证明、合同和操作语言

一个类似的批评来自于西米德兰兹郡缓刑委员会的案件（West Midlands Probation Board v. Darren French，以下简称弗伦奇案件）。[1]但是想要了解该案错在哪里，有必要先介绍法律委员会认为的陈述作出者必须具有"使他人相信"的意图。有时陈述作出者不是说服他人陈述为真，而是让他人依照其行事，不管听者是否相信其真实性。例如，陈述作出者关于费用的说法其目的是让听者支付费用，至于顾客是否相信则并不关心。所以，第115条第3款b项规定："陈述的事项作为根据，让他人据以行事，或者让机器运行。"

这些具体化的规定在实践中还没有遇到。但是，在欺诈法中，两种情况都已经被规定在立法中，用来处理不同形式的谎言。把这些情况规定在暗示陈述中，会造成巨大的困惑。身份不明的求购者，是否具有使他人依据其陈述行事的意图？这不是上述引用的立法所涵盖的范围，但是需要复杂的方法来判断陈述的事项到底是什么。在这个例子中，仅仅是求购的请求，并没有包含陈述任何"事项"。如果身份不明的求购者要求"照常供货"，则可能属于上述法律规定的范围。但是，这里

---

〔1〕 ［2008］EWHC 2631（Admin）.

就产生了一个矛盾：法律委员会本来想把这种暗示陈述作为非传闻对待，结果又成了传闻。

现在来分析一下弗伦奇案件。F 被依照 1991 年《刑事司法法》第 40 条 A（4）起诉，起诉的事实是他违反了假释条件。具体来说，他在缓刑官约见他的时候没有到场。

F 不承认他受这样的假释条件的限制，也不承认有人告知他向监督官报到的条件，因此假释委员会需要证明上面这一点。委员会提出了"假释监督通知"这份文件的复印件。这份通知的收件人是 F，并且上面有 F 和代表国务大臣的警察的签字。该文件写明："你将被假释三个月。你将处于假释监督官或者社工的监督之下。你必须遵守本通知的规定。你的假释自 2007 年 5 月 1 日起。"接着，上面写着 F 必须到指定地点向其监督官报到，并且之后保持定期的汇报。

由于某些原因，委员会认为该通知是传闻证据。根据2005 年《刑事诉讼规则》第 34 编的要求，需要事先通知使用该证据的意图。在审理结束时，治安法官判定，该通知不仅是传闻，而且不可采。在上诉中，上诉法庭也认为该通知是传闻，但可以根据两个法律规定中的任何一个予以采纳：一是2003 年《刑事司法法》第 117 条，二是 1868 年《文书证据法》中关于经证明的命令副本的规定。

弗伦奇案件中法院的推理有两处错误。其一，通知中作出陈述的人的目的与委员会提交该证据的目的是不同的。法院认为，控方提出的证明争议事实的证据属于非口头陈述，原始作出者的目的要么是让监狱官员相信记载内容的真实性，要么是让他人依照其行事。因此，法院认为，该通知属于 2003 年《刑事司法法》第 114 条规定的范围。然而，该结论是错误的，因为委员会提出该证据的目的是为了表明通知上的内容告知了 F 并且 F 签了字。对于这些陈述是否真实，并没有争议。其二，签署该通知的官员的目的，并不决定该通知的传闻属性，提出该证据的当事人的目的才是至关重要的。无论如何，法院未能认识到签署该通知的官员的目的，不是让他人相信条件的真实性，也不是让别人依照其行事，其目的仅仅是在表格中填写以便于让 F 签字。

所以，使用该通知证明争议事实并不涉及任何传闻问题。实际上，提供该通知的原件，不仅与传闻无关，而且是委员会能够提供的最好的原始证据。"这是那份通知，这是那些条件，这是被上诉人的确认签字。"正如书面合同一样，提供该书证本身，比任何口头证据都要好。

弗伦奇判例中的错误，早在沃克案件（R. v. Walker）中就有预兆。该案关涉第 121 条的"多重传闻"（multiple hearsay），但是经过认真分析，只涉及一重传闻。W 被指控开枪打死了一个人，其表弟 B 作证说，在枪击发生后不久收到 C 交给他的一把枪（事后证明就是谋杀所用枪支），C 对 B 说"你表哥让你拿着，他早晨来取。"法院认为，C 对 B 说话的目的是使 B 依照言语行事，即"拿着枪，暂时替 W 保管"。这是第一重传闻。由于 C 是 W 的同案被告人，他无法被控方通知到庭来证明 W 对他说了什么，因此应当适用多重传闻的规定。但是，B 的证言仅仅涉及一重传闻。对于 W 想要他做什么这一点 B 是听 C 说的，是传闻。对于 C 告诉他替 W 拿着枪这一点，他作证的是第一手证据。不能仅仅因为说话的人希望别人做某事，就简单地认为该言语是传闻。而且，对于 W 对 C 说的话的真伪一直没有争议。W 第二天未能到 B 处拿枪，也无关紧要。如果 C 能够作证，他关于 W 如何处置枪的指示的证言，也将是原始证据。

如果按照弗伦奇和沃克判例，很多应该视为非传闻证据的证据，会被当作传闻证据。要约与承诺的言语被用来证明合同的存在，并不违背传统的传闻证据规则，因为其真实性并不存在争议。这种言语在法律上的效力，独立于当事人的真实意图。对于这些事项，谁拥有第一手的感知？当然是听到这些话的人。

在伍德豪斯诉霍尔案件（Woodhouse v. Hall）中，争议问题是：一家按摩院是否实际上是妓院。通过与合同法比较，法庭判定，由于妓院是多个女性向他人推销性服务，因此秘密侦查的警察在听到推销后证明推销存在的证据不是传闻，不需要通知那些妇女作证。该结论被后来的基利判例肯定。

这一分析没有被 2003 年《刑事司法法》修改。但是，如果像法院在沃克案件中对该问题的分析那样，会导致不同的答案。该妇女推销性服务时是否有让他人依照行事的目的？当然她有这个目的，否则推销就没有意义了。相似地，运用弗伦奇案件中的逻辑，她是否想让顾客相信该推销是真实的并且依照其行事？答案是肯定的。只有听者认为如果接受了该推销，那么该妇女将会履行推销的内容，这些话才有意义。即使该妇女的真实意图是拿了钱就跑，她仍然希望顾客相信推销是真实的。但是，她的目的并不决定该证据是否是传闻。第 115 条第 3 款的目的，是把某些陈述不作为传闻对待。对弗伦奇和沃克判例的错误理解，以及对"使依照行事"范围的过大理解，导致该条款适用范围过大。这威胁到把关注重点从真正的传闻证据可采的问题转移到不重要的问题上。

（四）传闻、叙述和供述

1. 作为叙述和传闻的陈述

对先前陈述作为证据使用的规定，不仅仅是传闻证据规则的功能，也是禁止叙述规则（the rule against narrative）[1]的功能。根据后者，当事人通常不得通过引用证人先前的一致陈述来强化庭审证言。在有些方面两个规则有重合，但是两者也有区别。禁止叙述规则所依据的原理不同，并且例外的范围也不同。

对传闻的担心，基本上不适用法庭或者陪审团听取证人先前陈述的情形。即使争议中的陈述不是宣誓后作出的，证人以宣誓作证并且可以就陈述的真实性、准确性接受反询问。禁止叙述规则的理论基础是先前陈述仅仅是对法庭陈述的重复而已。这种证据的唯一用处，就是增强宣誓后作证的证言的可信性，通过强调两者的一致性来实现。也许有人认为这个目的可采，理由是一致性对可信性有帮助。但是，在普通法中，只有在特定情况下才承认这个逻辑。叙述规则所根据的假定是证人的一致性陈述证明不了什么。在罗伯茨判例（R. v. Roberts）[2]中，汉弗莱斯（Humphreys）法官指出，被告人曾告诉别人他的辩护理由是什么这一点，对法庭衡量其真实性没有什么帮助。善于说谎的人会一直说谎，但他（她）说的仍然是谎。

虽然传闻证据规则和禁止叙述规则有不同的理论根据，并

---

〔1〕 这是独立于传闻规则的一个证据规则，但是并不著名，仅仅在英国的文章和判例中出现过，英美证据法教材大多没有将其单独列为一个证据规则。

〔2〕 [1942] 1 All E. R. 187.

且各自有不同的例外范围，但是当一名证人出庭作证证明另一个人陈述的一致性时，两者有重合的地方。例如，W 作为强奸案被害人，作证说她立即告诉了她的姐姐 X，那么有必要通知 X 出庭作证来确认是否真的告诉了她。X 作证的内容只能是 W 是否真的告诉了她犯罪事实的发生。禁止叙述规则的一个普通法上承认的例外，就是强奸后立即告诉的例外。但是，传闻证据规则禁止 X 就 W 所说的指控是否真实作证。如果由于某些原因 W 无法口头作证，那么 X 关于该指控的证言就没有什么用了，因而也是不可采的，除非能够找到可适用的传闻例外。

同样的原则适用于证据采纳的目的是反驳证人的某一暗示或近期的编造，或者表明证人先前曾正确地对被告人进行辨认。在西利案件（Sealey v. Trinidad and Tobago）[1]中，赫顿（Hutton）法官接受了 2002 年《布莱克斯通刑事法实践》一书中的这一段话："通常来说，如果证人在审理中充分地对被告人进行了辨认，审前辨认可以用来证明证人在公平客观的情形下辨认过被告人。换句话说，它可以被采纳，因为符合禁止先前一致性陈述的例外。如果负责列队辨认的警官出庭就辨认程序作证，他可以为了支持辨认人的可信性目的而作证，但他的证言不能涉及被告人有罪这一点，因为他没有第一手的感知。在辨认问题上，没有特别的传闻例外。"[2]

第 120 条在很大程度上消除了关于事实的可采证据和仅仅涉及可信性证据之间的区别，第 119 条在关于证人先前不一致

---

〔1〕 ［2002］UKPC 52 at［21］.

〔2〕 ［2002］UKPC 52 at［21］.

陈述方面发挥了类似的功能。例如，第 120 条第 2 款规定："如果证人的先前陈述被采纳为证据来反驳其口头陈述是编造的这一暗示，该陈述可以作为证据采纳，证明该事项的证人口头证据是可采的。"

正如大卫·克拉克（David Clarke）法官在 R. v. T. 案件[1]中指出的那样，这本身并不是关于可采性的规定："该款的目的是规范这种证据一旦可采后的作用。它可以被采纳作为其内容真实性的证据，而不仅仅是一致性的证据。"

根据上诉法院在阿特瓦尔案件（R. v. Athwal）[2]中的观点，在某种意义上，这把本来不属于传闻范畴的证据纳入了传闻。但是，必须注意不能反着理解。该法在这个方面放松了旧法的严格规定，使过去依照禁止叙述规则可采但是依照传闻证据规则不可采的证据，依照传闻规则可采。

在实践中，对于第 119 条规定的先前不一致陈述，这一改变更为重大。当证人在法庭上作证，但是有证据表明他以前说过同样的事情，实际的效果是证明其一致性。但是，在例如乔伊斯案件（R. v. Joyce）[3]中那样，证人改变了陈述的内容，并且或真或假地失去了记忆（"我不记得了"、"我没看到"、"我一定是搞错了"），第 119 条规定的先前不一致的陈述可以向法庭提出。并且根据第 119 条，如果控方缺乏这一证据就无法证明指控成立，法庭或者陪审团可以根据先前陈述作出有罪判决。

---

〔1〕 ［2008］EWCA Crim 484, at〔18〕.

〔2〕 ［2009］EWCA Crim 789, at〔61〕.

〔3〕 ［2005］EWCA Crim 1785.

2. 无意的后果——日记

第 115 条第 3 款没有预想到的一个后果是：即使某些法庭外陈述被提供给法庭来证明其内容为真实的，但不再被认为是传闻。在奈特案件（R. v. Knight）[1]中，C 控告其不到 16 岁时遭受了性侵害，并且她的姑姑 A 可以印证，因为 A 读过 C 详细记载的 C 与 K 关系的日记（C 发现日记被人阅读后烧毁了日记）。在上诉中，A 对日记内容的回忆是否可采成为争议。在该法以前，这个问题的答案很明确：A 关于日记内容的证言同时违反了禁止叙述规则和传闻证据规则。但是根据 2003 年法，因对"陈述事项"的界定，日记不再是传闻证据规则的范围。C 写日记仅仅是给自己看的，没有让别人相信该事项的意图。判决中没有涉及禁止叙述规则，可能是因为 A 就其看到的事实作证，属直接证据，类似于看到他人逃离的证言。

把私人日记归类为直接证据是遵循以前的 R. v. N（K）案件[2]。在该案中，被害人 L 的私人日记的内容被辩护方提出，声称 L 是一个善于想象的人，用以支持被告人 N 关于性行为不存在的证言。因此，四项内容被提交给陪审团，其中的一项 L 写道她曾经为了钱与 N 发生性行为，这一证据被用来反驳被害人关于性行为发生时男方采用暴力手段和女方反抗的证言。

关于第 119 条的适用，L 的先前不一致陈述一旦被采纳就可以作为陈述事项真实性的证据，上诉法院的结论是，日记的私人属性意味着 L 写日记的目的不是为了让他人相信该事项，

---

〔1〕 [2007] EWCA Crim 3027.

〔2〕 [2006] EWCA Crim 3309.

根据第 115 条第 3 款不是传闻。由于"陈述事项"的定义也扩展到第 119 条，该条不能被用来判断这种不一致陈述是否可采。法院继续指出，日记中的不一致陈述证明价值不应当被低估。因此法院判定，由于日记不是传闻，其内容在普通法上可以被采纳为事实，从中可以推论出性行为确实发生了，就像有人看到她与人接吻一样。

这个路径是危险的。不能仅仅因为陈述不是陈述事项的证据，陈述就变得不再是陈述了。根据第 115 条和第 119 条关于传闻的规定，陈述是指一个人以任何方式表达的对事实或者意见的反映。L 日记中的记载，仍然是陈述，是关于她或真或假的想法的反映。虽然第 115 条第 3 款似乎规定自言自语的陈述不是传闻，但常识告诉我们日记可能是狂想的产品，特别是青春期的人的日记。而且，由于其在某些方面有陈述的性质，这种证据在传统上是可采的，像 N（K）这样的案件中，与 L 的证言一起来突出证明不一致性。如果那时该陈述是用来证明其内容真实性的证据，这仅仅是因为防止这一点的普通法传闻证据规则已经不再存在。

然而，如果反映的是陈述作出这一事实，那么在像奈特这样的案件中，结果是禁止叙述规则和禁止传闻证据规则的错误适用。把奈特案件中的日记内容看作陈述，只有日记具有控告价值时才构成禁止叙述规则的例外，可以采纳为控方证据。当然，该内容也可以用来反驳近期的编造，但是辩方会把这样的攻击作为备选方案对待。

这样的内容是否构成控告？普通法对此是模糊的。在一个案件中，被害人写了一张纸条说受到虐待，误把纸条给了一个

朋友，被认定为属于控告，虽然不存在向他人交流的明显意
图。[1]在另一个案件中，被害人以治疗的目的给自己写信，
描述了受到被告人的虐待，被认定不可采，由于整个案件完全
依赖于两个证人其证言的可信性，该信件用来支持被害人证言
的可信性是错误的。[2]这样，私人日记的内容，在普通法上
最多是作为对声称的性犯罪的指控。

该法继续保留了禁止叙述规则，同时存在一系列例外。在
第 120 条第 4 款、第 7 款规定，控告一旦被采纳为一致性的证
据，也可以作为内容真实性的证据被采纳。这首先要求日记的
内容被认定为"控告"，尽管第 7 款扩展了普通法规则，但仍
然很令人怀疑。通过否定其陈述性质，奈特判例试图将日记内
容作为间接证据采纳，可以同时实现两方面的作用。

3. 私人日记中的供述

如果日记是被告人的，包含对指控罪行的承认，又会怎
样？关于供述的法律是否适用？其答案是肯定的，关于供述的
法律确实适用，因为日记内容符合《警察与刑事证据法》第
82 条第 1 款的定义，供述包括"一个人作出的不利于己（完
全或者部分地）的任何陈述，无论是否向当局作出，也无论
是否以语言的方式作出"。该日记可以采纳为不利于被告人的
证据，除非属于第 76 条第 2 款规定的不可采的情形。

这样，根据《警察与刑事证据法》第 82 条第 1 款该日记
属于陈述，但根据 N（K）和奈特判例则根本不是陈述。但
是，供述证据从来没有直接受制于制定法上的传闻定义。在

---

[1] R. v. B [1997] Crim. L. R. 220.
[2] R. v. B [2003] EWCA Crim 1204.

《警察与刑事证据法》中，起草者拒绝在第82条第1款中引入同一法律的第68条中文书传闻例外的陈述的定义，这种平行的立法是合理的。该法还避开了是否需要"陈述的事项"问题。可以争论说，2003年《刑事司法法》中的"供述"，与关于先前一致或者不一致的陈述不同，其没有引入那个概念。这样，第118条保留了普通法中关于供述和承认的规定，是关于供述的法律规则，而不是供述是否属于陈述的事项的证据规则。第128条第1款；对于《警察与刑事证据法》增加了第76条 A，以便于规定同案被告人供述的使用问题，其采用了与第76条一样的表述，即只要供述与任何争议事项相关，就可以作为证据提出。当然，证明供述的目的是证明其内容的真实性，但是不要求其符合第115条第3款的条件。

如果一个人认为供述证据仅仅是传闻证据规则的一项例外——而且是最大的一项例外，以上解读就会出现一些问题。显然这种理解是正确的，大多数供述是传闻，被用来证明陈述事项的真实性，因此2003年法的相关规定可以适用。这样，向一个人作出的供述被接受为证据，而那个人没有出庭作证，根据第116条，应当适用第121条规定的多重传闻。但是，如果只有符合传闻规定的供述才能适用《警察与刑事证据法》第76条，那么证明有罪的日记连第一关都通不过，因为在 N（K）和奈特判例中日记是作为相关事实采纳，而没有提及是否符合第76条第2款的规定。因此，日记应当归类为其他证明有罪的行为，属于非供述证据，其排除只能根据《警察与刑事证据法》第78条。

很多学者希望这些证据不受第76条的限制，或者难以确定被告人在作出不利陈述（而行为却是这个意思，例如哭出来或者逃跑），或者即使是作出了陈述也难以确定是不利的（例如说谎、表面上看起来证明无罪的陈述但是后来被证明虚假）。对于日记内容，常识告诉我们，不利的陈述已经作出，其证明价值取决于是否是被告人自由意志的产物。

即使在 N（K）和奈特判例中错误地把陈述当作事实，日记中的供述仍然不属于传闻证据规则中的"陈述的事项"，因此认为供述规则仅仅适用于传闻陈述是不恰当的。

在亨顿案件（R. v. Henton）[1]中，经验丰富的审理法官采纳的证据是，H 在向自己的宠物猫供述杀死了其生意伙伴时，被秘密录音。在该案中，仅仅按照常规考虑了《警察与刑事证据法》第 76 条的规定，其他均未考虑。

证明自己有罪的言语，本不想被任何人看见或者听见，同时又可以依照第 76 条第 2 款予以质疑，这样的情况应该不多见，但也是可能的。例如，D 在服用致幻剂之后，在私人日记中记载了证明其有罪的内容。再比如，被害人使用秘密录音设备偷录了两个人之间的谈话，但是在获得其承认之前使用了胁迫手段。另外，如果 D 说了他以为 E 知道的事项（例如"好吧，我强奸了你，但是我们当时都喝醉了"），第 76 条是否适用？根据第 115 条第 3 款，这不是传闻，但是属于供述。

根据《警察与刑事证据法》第 78 条，控方以不公平手段获得的证据应当予以排除，这些问题似乎都可以得到解决。第 76 条和第 78 条规定了被告人向警察作出的陈述的处理方法，因此没有必要为了保护被告人不被以其他方法强迫、引诱作出供述，而把供述的定义扩展到其自然含义之外。

---

〔1〕 Unreported, 13 March 2008.

但是，如果言语不是供述，并且是同案被告人试图提出证据，那么第 78 条就不能适用了。这时就需要适用第 76 A 条，这种区别仍然有必要。

4. 私人日记中有利于己的内容

第 115 条第 3 款和奈特案件还导致了其他的问题。如果奈特判例是正确的，被告人应当有权提出私人日记中所有有利于己的内容，条件是在书写这些内容时并没有这样使用的打算。根据奈特判例，这样的内容并不是陈述，而是事实，所以传闻证据规则和禁止叙述规则都不能排除它。

（五）第一手传闻的例外

第 116 条规定了新的"第一手传闻"的例外，与文书传闻一起，扩展到口头传闻和非语言行为传闻。新规定的后果是，一个身份明确的人所作的传闻陈述，如果原始作出者死亡、丧失作证能力、在国外以至于无法出庭，或者采取了各种方法都无法找到，那么该传闻可以采纳为证据，用来证明他本来可以口头作证的事实。第 123 条规定，如果他在作出陈述时缺乏"所需的能力"，则不可采。所需的能力是指在诉讼中口头作证的能力。身份不明的人的陈述可以依照其他例外采纳，但是身份不明这一点意味着第 124 条的保障条款将发挥作用，并且法庭将听取不利于作出者可信性的证据。

（六）基于公正的要求例外

2003 年《刑事司法法》第 114 条第 2 款规定，在确定一份传闻应当根据"公正的要求"标准可采时，法院必须考虑下列因素（以及法院认为有关的任何其他因素）：①诉讼中争议事实的证明价值，或者理解案件中的其他证据其必要性；②争议事实的其他证据已经提出或者可以提出；③就案件整体看来，该争议事实或者证据的重要性；④该陈述作出的具体情形；⑤陈述作出者的可靠性；⑥证明该陈述作出的证据的可靠性；⑦该事项能否提供口头证据及不能的原因；⑧质疑该陈述的困难；⑨该困难将会给不利的一方当事人带来的损害。

在对第 114（1）（d）条进行评论时，上诉法院力图在两个因素间寻求平衡：一是强调证据并不总是根据该规定可采；二是该规定并非只能用于极特殊情况。

尽管一系列判决认为"公正的要求"条款是有限的采纳证据的自由裁量权，只适于用特殊情况，该条本身并没有暗示这样的狭窄的解释方法。不过，该规定确实不能随意适用。[1]

在另一个案件中，认为第 114（1）（d）条应当被谨慎适用，否则第 116 条规定的条件就会被规避。但是，也不能谨慎到该认为条文没用的程度。[2]

这些评论对于审理法官决定究竟是谨慎适用还是防止该例外被闲置的可能性的帮助并不大。上诉法院理论中有一个观点是明确的，即至少在确保第一手的证据优先这一原则上，谨慎仍然是必要的。上诉法院指出："公正的要求标准以及第 114（2）（g）条都要求关注口头证据能否提出这个问题，而不是依赖该传闻陈述。我们期待的做法是，在得出依公正的要求采纳传闻陈述时，法官必须非常认真地考虑了替代性办法。替代性办法中包含把不愿作证的人带到法庭上作证。这样的证人并不一定到庭后仍拒绝作证。如果万一他拒绝作证，可以考虑让他

---

〔1〕 Sak v. Crown Prosecution Service，〔2007〕EWHC 2886（Admin），at para. 20（Div. Ct.）.

〔2〕 R. v. Z，〔2009〕EWCA Crim 20，at para. 20.

出现在陪审团面前，就先前的陈述进行反询问，而不是简单地让陪审团衡量该陈述的可信性。经过以上过程，如果有足够的因素支持该陈述的可靠性，则可以根据第 114（1）（d）条决定可采。"[1]

英国上诉法院愿意让审理法官在评价相关因素时有较大的自由空间，不要求对每一个因素得出结论。"对审理法官的要求是，对这些因素予以考虑。制定法的表述并没有要求法官对每一个或者任何一个因素得出具体的结论。他必须考虑这些列明的因素以及他认为有关的其他因素。之后，他的任务是衡量这些因素的重要性，即每一个因素的权重以及相互之间的影响。这样衡量了以后，他将能够依照制定法的规定，对该证据是否应当被采纳得出恰当的结论。"[2]

同样地，上诉法院不愿意干涉审理法官依照第 114（1）（d）条或者第 114（2）条作出的决定，例如："这种情况需要审理法官来进行判断。本法院只有在他基于错误的原则行使时，或者得出的结论超出其职权范围时，才予以干预。我们认为他的决定不属于上面列举的情况。"[3]

近期英格兰和威尔士上诉法院的 R. v. CT 判决[4]，拒绝了对第 114（1）（d）条的适用。该案是一起故意伤害案件，审理中争议的焦点是被害人的陈述以及她的报警电话录音的可采性。上诉法院判定，该证据的采纳不正确，特别对审理法官处

---

〔1〕 R. v. Y，〔2008〕EWCA Crim 10, at para. 60.

〔2〕 R. v. Taylor（Stuart），〔2006〕EWCA Crim 260, at para. 39.

〔3〕 R. v. Finch（David Barry），〔2007〕EWCA Crim 36, at para. 23.

〔4〕 〔2011〕EWCA Crim 2341.

理第114（2）（c）条和第114（2）（g）条提出了批评。法院指出："我们认为，本案的情况属于规避立法机关在第116条中列明的情形。在审理中，被害人亲身作证是可能的。如果采取了合理的步骤，她将可以被找到，对其签发传票并送达。没有理由相信被害人将不按照传票的要求到庭。这样，第114（2）（g）条中列明的要素应当导致这样的结论：被害人的口头证据可以被提出，如果没有被提出，其原因是控方未能采取合理的步骤保证被害人出庭……没有证据表明被害人无法被找到，没有采取合理的步骤来找到她表明她能够被找到。认为她将一定会因惧怕被告人而拒绝提供证言属于法官的猜测。法官也有必要考虑第114（2）（c）条。争议中的证据在该案属于最为重要的证据。没有这项证据，控方就无法继续起诉。只有在罕见的情况下，在没有采取合理步骤保证证人出庭的情况下才能采纳如此重要的证据。在本案中，采纳该证据没有正当理由。我们认为，法官未能对第114（2）（c）条中列明的事项赋予恰当的考虑，并且他对（g）项的理解是错误的。"

三、特殊保障措施

首先，依照2003年《刑事司法法》规定的四种情形而可采的传闻证据，实践中仍然可能不可采。这种不可采的理由，可能是普通法上的理由，即控方证据的偏见效果超过了其证明价值而被自由裁量地排除[1]。也有可能是1984年《警察与刑事证据法》第78条第1款规定的对控方证据的排除，即在

---

[1] R. v. Randall（Edward Peter），[2003] UKHL 69.

任何诉讼程序中，如果法庭认为综合考虑各种因素，包括证据取得的具体情形，证据的采纳将会对诉讼程序的公正性产生严重的不良影响以至于法庭不应当采纳，那么法庭可以拒绝采纳控方想要依赖的该证据。

其次，2003 年《刑事司法法》本身规定了具体的保障措施。根据第 126（1）（b）条，如果法庭有充分的理由相信，采纳传闻证据会导致不合理浪费时间的风险实质性地超过了该证据的价值，法庭可以拒绝采纳。

再次，上诉法院曾经指出，考虑到这些排除工具，审理法官可以考虑第 114（2）条列举的因素："无论是根据第 114（1）（d）条、《警察与刑事证据法》第 78 条还是其他规定考虑传闻证据的可采性，第 114（2）条列举的非穷尽性因素都是法官的备忘录。"[1]这意味着，即使一项证据符合传闻证据规则的明确例外，如果考虑到第 114（2）条因素，公正的要求会导致其被排除。

最后，2003 年《刑事司法法》第 125（1）条规定，在法官和陪审团审理的刑事案件中，如果在控方举证完毕后，法庭有充分的理由相信，指控被告人的证据完全或者部分地依赖于非口头陈述，或者该陈述提供的证据是如此不可信，以至于考虑到其对案件的重要性，对被告人定罪将是不安全的，那么法庭或指示陪审团判决被告人无罪，或解散陪审团命令重新审理。

上诉法院已经明确指出，该规定并非简单重复普通法上

---

〔1〕 R. v. Riat（Jaspal），〔2012〕EWCA Crim 1509, at para. 22.

"无辩可答"（no case for the defendant to answer）规则[1]，即法官可以终止诉讼、从陪审团撤回案件以及指令无罪裁决。[2]

四、欧洲人权法的影响

1998 年《人权法》于 2000 年 10 月在英格兰和威尔士正式生效，将《欧洲人权公约》转化为国内法，使某些公约权利可以直接在国内法院适用。[3]该法第 6 条要求公共机构包括法院，应以与公约兼容的方式行事，除非法律另有规定。该法第 2 条第 1 款规定："法院在判定与公约权利相关的问题时，必须参考欧洲人权法院与争议事项相关的判决意见。"

1998 年《人权法》规定可以直接在国内适用的公约权利是第 6 条。对证据法具有重要意义的是第 6 条第 1 款，规定的是公正审理的权利。另外，第 6 条确定了一系列具体权利，都是与公正审理权紧密相关的。与传闻证据规则最为相关的是第 6 条第 3 款 d 项规定，即被指控刑事犯罪的人，有权对不利于己的证人反询问或者先前赋予充分的反询问机会。[4]这可以与美国宪法第六修正案中明确规定的权利相比较，即"在所有的刑事指控中，被告人应当有权与不利于己的证人对质。"

---

[1] R. v. Riat（Jaspal），[2012] EWCA Crim 1509, at para. 28.

[2] "无辩可答"规则起源于 R. v. Galbraith（George Charles），[1981] 1 W. L. R. 1039 [C. A.（Crim. Div.）].

[3] Andrew L. -T. Choo, "Criminal Hearsay in England and Wales: Pragmatism, Comparativism, and Human Rights", 17 *Can. Crim. L. Rev.*, 227（2013），236.

[4] John Jackson and Sarah Summers, "Confrontation with Strasbourg: UK and Swiss Approaches to Criminal Evidence", *Criminal Law Review*, (2013), 114.

（一）英国最高法院对欧洲人权法院司法理论的拒绝

在欧洲人权法院作出来自其他国家案件的判决之后，赫瓦贾与塔哈瑞案（Al-Khawaja and Tahery v. UK）[1]是其审查英国刑事诉讼中传闻证据规则的第一个判例。赫瓦贾是一名医生，被指控犯有两项猥亵罪，被害人分别是 ST 和 VU。ST 提供了一份证人陈述，但是在审理前 ST 死亡。关于第一项猥亵，ST 的书面证言被采纳，根据是当时的英国法；同时，ST 的两个朋友就听说过 ST 的陈述而出庭作证。关于第二项猥亵，包括 VU 在内的多名证人出庭作证。塔哈瑞被指控故意伤害 S。S 当庭作证了，但是证言价值不大。T 作为目击证人提供了书面陈述，但由于恐惧无法当庭作证，T 的证言被采纳。对这两个人的定罪引起了欧洲人权法院的注意。该法院认为存在这样一个规则，即一项传闻陈述被作为不利于被告人的唯一证据或者决定性证据，违反 1998 年《人权法》第 6 条第 3 款 d 项规定的权利；而且，除非被告人先前有充分的反询问机会或者被告人恐吓导致证人不敢作证，否则违反第 6 条第 1 款规定的公正审理的一般权利。[2]运用这一理论，欧洲人权法院判定，在这两个人的案件中，结合对第 6 条第 3 款 d 项的解读，其违背了第 6 条第 1 款。

几个月后，英国最高法院在霍恩卡斯尔案［R. v. Horncastle（Michael Christopher）］[3]判决中对欧洲人权法院的这项判决进行了评价，菲利普斯（Phillips）法官代表七名法官发

---

〔1〕［2009］ECHR 26766/05 and 22228/06.

〔2〕［2009］ECHR 26766/05 and 22228/06, at para. 37.

〔3〕［2009］UKSC 14,［2010］2 A. C. 373.

表了判决意见，拒绝遵从赫瓦贾与塔哈瑞案的判例。其理由是，虽然考虑欧洲人权法院的判决理由这一要求通常会导致国内法院对欧洲人权法院明确确立的原则予以适用，但是本案属于罕见的特例，因为国内法院担心欧洲人权法院的判决未能充分理解国内法的某一特定方面。在这种具有正当理由的情况下，国内法院可以拒绝遵从欧洲人权法院判例。[1]

菲利普斯法官列明拒绝遵从该判例的理由有以下几个方面：其一，菲利普斯法官认为，2003年《刑事司法法》是系统性的、确保只有在公正的前提下才采纳证据的法典，法院在适用时是谨慎的。[2]虽然"唯一或决定性标准"的理由似乎是依照唯一或决定性的传闻证据定罪不可靠的危险是如此之大，以至于这种定罪根本不能被允许，2003年《刑事司法法》的规定提供了一个比这更宽松的防止错判的方法。[3]其二，不允许根据唯一或决定性的传闻证据定案的规则在加拿大、澳大利亚和新西兰并不存在。其三，英格兰和威尔士的刑事诉讼程序与大陆法系国家不同，在英格兰和威尔士不存在司法调查程序，因此证人和嫌疑人之间没有当面对质的机会。这种调查是由警察进行的，而警察并不是司法官员。其四，在一个特定案件中，确定传闻证据是否属于不利于被告人的决定性证据可能是不容易的。法官将不得不将证明决定性的证言裁定为不可采，这不是一个简单的任务。如果决定性的含义是认定被告人有罪或者无罪的证据，那么所有的传闻证据都将是不可采的。

---

〔1〕［2009］UKSC 14, at para. 11.

〔2〕［2009］UKSC 14, at para. 39.

〔3〕［2009］UKSC 14, at para. 92.

其五，对欧洲人权法院认定为违反第 6 条第 3 款 d 项判例的分析表明，如果英格兰和威尔士的法律被运用到这些案件中，几乎在所有的案件中相关的证据都将被宣布不可采，被告人将不会被定罪。这意味着英国为被告人提供的可采性规则保护至少与大陆法系提供的保护是相当的。

所以可以得出这样的结论：在仔细考虑了欧洲人权法院的判决理由之后，希望欧洲人权法院将来也能考虑在本案中我们没有适用"唯一或决定性"标准的理由。

英国最高法院断然宣称"考虑"欧洲人权法院判决并不必然意味着遵从，如果存在充分理由，不这样做符合英国律师的利益，特别是证据法学者的利益。最高法院坚定地确认，不存在禁止控方提交被告人从来没有足够的反询问机会的关键传闻证据的规则，显然有可能导致英格兰和威尔士法律与欧洲人权法院的理论分道扬镳。然而，进一步考虑的机会也出现了。在霍恩卡斯尔案后，欧洲人权法院同意了英国关于将赫瓦贾与塔哈瑞案件移送欧洲人权法院大法庭（the Grand Chamber）的请求，并于 2011 年 12 月作出了新的判决。[1]

（二）最后的结论

欧洲人权法院大法庭判定，在这样的案件中判断是否符合《欧洲人权公约》的要求，需要三个步骤：

1. 采纳传闻证据是否存在"合理的理由"

大法庭认为，无论证据多么重要，首要的问题是当证人不出庭时采纳该证据必须存在合理的理由。未能表明采纳证据的合理理由将会自动导致违背公约，无论该证据是否是唯一的或

---

〔1〕 ［2011］ECHR 26766/05 and 22228/06.

决定性的。[1]

2. 如果存在合理的理由, 传闻证据是否是唯一或决定性的证据

对于英国最高法院在霍恩卡斯尔一案中表达的"证据是否是唯一或决定性"难以判断的观点, 大法庭提出了有力的反驳。其要旨是:"一旦控方结束了举证, 审理法官可以根据不利于被告人的其他证据, 来衡量传闻证据的重要性和证明力。在普通法系, 控方举证完毕时, 审理法官通常要考虑控方证据是否充分达到需要被告人答辩的程度。作为该程序的一部分, 他们经常需要衡量控方证据的证明力和可靠程度。实际上, 欧洲人权法院注意到 2003 年《刑事司法法》第 125 条明确要求, 如果审理法官考虑到某传闻证据不利于被告人的重要程度, 该证据是如此的不可信以至于定罪将是不可靠的, 那么审理法官应当终止诉讼。"[2]

大法庭认为,"决定性"一词应当被理解为, 证据是如此的关键或者重要, 以至于很有可能决定案件的结果。反过来, 大法庭的推理和论证并不同意英格兰和威尔士上诉法院的意见。上诉法院认为, 当审理法官考虑是否有辩可答时, 其任务并不包括审查证据的证明力和可靠程度, 他只是需要决定控方是否因缺乏证据而败诉, 或者证据整体上如此薄弱以至于经过恰当指示的陪审团不可能基于这样的证据作出有罪裁决。[3] 上诉法院认为更有用的检验标准可以是该陈述是导致案件进入

---

〔1〕 [2011] ECHR 26766/05 and 22228/06, at para. 120.

〔2〕 [2011] ECHR 26766/05 and 22228/06, at para. 134.

〔3〕 R. v. Ibrahim (Dahir), [2012] EWCA Crim 837, at para. 77.

审理的必要前提条件，或者缺失该证据案件就没法进行下去的核心证据。[1]

正如在很多其他场合那样，试图给出一个严密的定义将是徒劳的，最终还是交给具体审理法官来裁量。给"决定性的"下一个非常狭义的定义，将会在很大程度上削弱第6条第3款d项。毕竟，如果争议中的证据被认为不属于"决定性的"，第6条第3款d项提供的保护就彻底不存在了。审理法官把任何能够对陪审团产生实质性影响的证据倾向于认定为"决定性的"。也许有用的类比是《警察与刑事证据法》第77条第1款，该条规定，在陪审团审理中，如果不利于被告人的证据完全或者实质性地依赖于其供述，并且法庭确信他精神有缺陷且供述时没有独立身份的人在场，那么法庭应当警告陪审团，在依赖该供述对被告人定罪之前必须特别谨慎。在坎贝尔案件[R. v. Campbell（Oliver Keith）]中，上诉法院指出，如果没有该供述，那么控方证据将被实质性削弱，不利于该被告人的证据就属于实质性地依赖于供述。[2]这一判决可以为我们提供参考。如果缺乏该传闻证据将导致控方证据"实质性地削弱"，那么该证据应当被认定是决定性的。

3. 如果如此，是否尽可能考虑了相反的因素

最为重要的，大法庭在赫瓦贾与塔哈瑞案件中接着写道，即使证据是"唯一或决定性的"，其采纳"将不会自动导致违反公约"，但是法院必须尽最大努力来审查程序。由于采纳这种证据的危险，这一点将构成达到平衡的非常重要的因素，因

---

[1] R. v. Ibrahim（Dahir），[2012] EWCA Crim 837, at para. 78.

[2] (1994)，[1995] 1 Cr. App. R. 522, p. 535.

此，需要充分的反平衡因素，包括强有力的程序性保障。在每一个案件中，问题在于是否存在充分的反平衡因素，包括允许对证据的可靠性进行恰当评价的方法。这将允许定罪仅仅依赖这样的证据，条件是考虑到其对案件的重要程度其足够可靠。[1]

（三）原则的适用

把这些原则适用于手头案件的事实，大法庭认定，在两个案件中采纳证人陈述存在"合理理由"。在赫瓦贾案件中，ST的死，导致必须考虑采纳其先前陈述，而在塔哈瑞案件中，虽然作出证明有罪的陈述的 T 其身份已经向公众公开，T 确实不敢提供口头证言，即使在审理中采取特殊措施也不会作证。

另外，两个案件中的证据都是决定性的。在赫瓦贾案件中，审理法官认为，没有该证据，对罪状一的起诉就不可能成功；在塔哈瑞案件中，该证据明显具有很强的证明力，没有该证据，定罪的可能性就会大大削弱。

因此，最后一个问题是：是否存在足够的反平衡因素。在这个问题上，赫瓦贾案件中大法庭判定，考虑到法官给予陪审团的指示，并考虑到控方支持该传闻证据可靠性的证据，陪审团能够对 ST 的先前证词进行公正和恰当的衡量。这样，虽然采纳证据给辩方带来不便，并且有可能存在风险，但是有足够的反平衡因素导致这样的结论，即采纳 ST 的先前陈述并不违反公约第 6 条第 1 款、第 6 条第 3 款 d 项。在塔哈瑞案件中，大法庭认定违反公约第 6 条第 1 款、第 6 条第 3 款 d 项，因为 T 的陈述的决定性没有有力的补强证据予以支持，这意味着陪

---

〔1〕 ［2011］ECHR 26766/05 and 22228/06, at para. 147.

审团无法对 T 的陈述的可靠性进行公正和恰当的衡量。从整体上审查程序的公正性，法院认为，对于采纳 T 的陈述给辩方带来的不便，没有足够的反平衡因素予以补偿。

（四）关于该案判决的反思

大法庭在赫瓦贾和塔哈瑞案中的判决，是否合理，是否是一种实用性的妥协？对该判决可以进行一系列的反思[1]。

1. 证据是"唯一或决定性"是否仍然是一个重要的考量因素

虽然证据是"唯一或决定性"这一事实并不是确定性因素，与最高法院在霍恩卡斯尔一案中不同，大法庭认为其仍是非常重要的因素，会导致最为详尽的审查。大法庭所使用的术语意味着不能理解为较低的保护。

2. 充分的反平衡因素的界定

显然，"充分的反平衡因素"是否能够被界定，可能会对案件结果造成至关重要的影响。赫瓦贾和塔哈瑞案件中持不同意见的法官采取了不同的方法，强调他们希望尽可能坚持第 6 条第 3 款 d 项的字面意思，认为那是一项明示的受保护的公约权利。他们指出，要求被告人有足够的机会进行反询问，在某一点上，仅仅要求"唯一或者决定性"的原始陈述作出者接受反询问已经是一个让步，因为该项规定本来就要求对所有的传闻陈述作出者都有反询问机会，不管证据是否唯一或决定性。这样，持反对意见的法官认为，额外地允许考虑反平衡因

---

[1] Andrew L.-T. Choo, "Criminal Hearsay in England and Wales: Pragmatism, Comparativism, and Human Rights", 17 *Can. Crim. L. Rev.*, 227（2013），243.

素是太大的让步。

持反对意见法官的立场显然是简单的逻辑。而且，有充分的理由支持以规则为依据的方法，从而避免在认定证据是否足够可靠时考虑反平衡因素。

3. 庭外取证

最为理想的反平衡因素，并且已经被欧洲人权法院接受的，是先前已经给予被告人充分的反询问机会。这种程序是指庭审时可能无法作证的证人可以用笔录、录音、录像的形式固定，法官在场主持，被告人及其辩护人可以提出问题。在英格兰和威尔士，关于庭外取证没有规定。但是在苏格兰的 1995 年《刑事诉讼法》第 272 条 1 款规定，可以指派一名法官在英国的任何地点对因疾病体弱原因无法出庭的证人进行询问。在 M 案件（HM Advocate v. M. ）[1] 中，被告人被指控的罪名中有诈骗和盗窃。控方申请对五名被害人进行庭外取证，这几名证人的年龄分别是 83、71、82、87 和 92 岁。更重要的是，他们都无法离开住处。辩护方争论说这些证人应当通过双向视频方式作证。控方争论说，私人住宅与法院之间的视频连接不可实现，因为法院建设的网络只能是特定的地点。法院批准了控方的申请，准许庭外取证。

英格兰和威尔士应当向其他司法管辖区学习。即使庭外取证的情况需要限制，规定这种方法将保证采纳的传闻陈述的可靠性，并防止对传闻证据的不必要采纳。这样，除非有充分的理由不进行庭外取证，否则控方依赖传闻证据就是不合法的。

---

[1] ［2009］HCJ 5.

4. 是否只考虑认识论方面的因素

需要注意的是，大法庭对第 6 条第 3 款 d 项的解释仅仅限于认识论层面，其价值仅仅被看作是防止采纳不可靠的证据。在该判决中，没有提及可靠性以外的、非认识论方面的因素。但是，由于指控他人的证人，受到反询问并且由事实审理者观察其言行举止，是公正程序的一个重要标志。[1]

5. 赫瓦贾和塔哈瑞案件的后续影响

该案表明，基础性的两难可以这样表达：传统理论认为，控方提出的证据应当给予辩方反询问或先前反询问机会加以检验，替代性的对这种证据的检验方法是应当在非常有限的范围内准许，还是可以彻底不要？大法庭从实用的角度，认为应当在非常有限的范围内准许，允许英格兰和威尔士的法院正常处理案件，只要更加谨慎即可。

五、结语

英国 2003 年《刑事司法法》并没有解决所有与传闻证据规则有关的问题。经验表明，下次对传闻证据规则的改革将是很多年以后的事情。在以后的司法实践中，法官将越来越习惯于使用"基于公正要求的例外"，因为该规定更加灵活。当前，制定法的指导思想是排除规则加固定的例外，所以自由裁量地采纳传闻证据将是不可避免的特征。为了采纳关键的辩方证据，符合 1998 年《人权法》的要求，即使不规定灵活条

---

[1] Andrew L. -T. Choo, "Criminal Hearsay in England and Wales: Pragmatism, Comparativism, and Human Rights", 17 *Can. Crim. L. Rev.*, 227（2013）, 247.

款，法官也会创制出一个。也许再过二十年，这种采纳的自由裁量权会彻底改变刑事证据法的面貌。

通过去除传统的对抗制的证据阻碍，某些问题可能会得到解决，例如向第三人所作的供述、拒绝出庭作证的被害人陈述等。至于皇家委员会对传闻证据规则的批评，"极端的复杂并且很难解读"，恐怕还会继续存在。

在公平审判权的对质权这一内容上，虽然《欧洲人权公约》和《公民权利和政治权利国际公约》中都有规定，但是严格执行字面上的对质权，即必须赋予被追诉人当庭反询问的机会（除非先前充分询问过），是不可能的。无论是美国、英国还是欧洲其他国家，如何平衡案件审理中的证据可用性和程序的公平性，将是不得不面对的问题。可以预见，每个国家都会尝试自己的方法，并在实践中不断实验和调整。

专题三
美国传闻规则的新发展

一、2000 年后判例法的新发展

2000 年之后，美国有关传闻规则的判例法发展主要是围绕传闻证据规则之例外的合宪性展开的，亦即宪法第六修正案下的对质权条款与传闻例外之间的张力关系。

（一）2000~2004 年：罗伯茨案（Ohio v. Roberts）及其后续判例

2000 年至 2004 年之间，这一领域的主导性判例仍然是 1980 年罗伯茨案（Ohio v. Roberts），相关的判断标准是罗伯茨案确立的两项内容以及随后几个相关判例对该标准的进一步解读和阐释。由于罗伯茨标准在后续司法实践中带来的争议与矛盾，一场变革已在酝酿之中。在即将进入新世纪的 1999 年，布雷耶大法官（Justice Breyer）在利利案（Lilly v. Virginia）中认为，已经到了最高法院应当重新检视对质权条款与传闻规则关系的时刻。[1]尽管该案并未作出相关变革，但已经在一定

---

〔1〕 527 U. S. 116（1999）.

程度上表明了最高法院在相关问题上的态度与关切，并且引发了 21 世纪之初最高法院在克劳福德案（Crawford v. Washington）中对两者关系的重新探讨。

1. 1980 年的罗伯茨案

1975 年 1 月 7 日，俄亥俄州警方逮捕了赫舍尔·罗伯茨（Herschel Roberts），检方指控其假借伪造支票和持有被盗信用卡。罗伯茨称支票和信用卡是失主的女儿安妮塔·艾萨克斯（Anita Isaacs）给自己的，但没有告诉自己她这样做未经过父母同意。在预审程序中，辩护律师传唤安妮塔作为唯一的辩方证人出庭，但安妮塔作证说自己并非授权罗伯茨使用父母的支票和信用卡。辩护律师没有申请将安妮塔转为敌对证人，亦未要求对其进行反询问（cross-examination）。1976 年 3 月此案开庭审理时，安妮塔已离开俄亥俄州，不知所踪。控方根据俄亥俄州证据法中有关先前陈述作为传闻例外的规定[1]，将安妮塔在预审程序中的证言提交法庭。辩方认为这违反了宪法中的对质权条款，但法庭还是采纳了安妮塔的先前证词，陪审团认定罗伯茨所有罪名成立。俄亥俄州上诉法院推翻了该判决，理由是检控方没有尽"善意努力"去寻找安妮塔出庭作证，因而不能认为满足传闻例外中证人无法出庭作证（unavailable）的条件。1978 年，俄亥俄州最高法院同意上诉法院的裁决结果，但基于其他理由，认为安妮塔的情况属于传闻例外中证人无法出庭作证的情形，但其先前证词仍然是不可采的，因为被告人的辩护律师在预审程序中没有对证人进行反询问，侵犯了被告人的对质权。最终，因该案涉及如何处理对质权条款与传闻规

---

[1] Ohio Rev. Code Ann. § 2945. 49（1975）.

则例外之间关系的重要问题，联邦最高法院发出调卷令，决定审理此案。

1980 年 6 月，联邦最高法院在其判决中表示：近三百年来，传闻规则在其发展过程中已经逐渐充满了众多例外；而宪法第六修正案的对质权条款要求被追诉人应当享有与对其不利的证人对质的权利。若按照字面理解，根据该条款，应当排除掉所有的庭外陈述，然而这样一来将意味着废止所有的传闻例外，因此这种做法长期以来被认为过于极端而无法接受。无疑，根据对质权条款，有一些传闻应当加以排除，但并非所有传闻均须排除。根据该条款背后的政策，其强调的利益是庭上当面对质，而反询问的权利是其主要保障；要求陈述者当庭陈述并接受反询问，目的在于让陪审团和法官能够据其表现来判断陈述的可信性。对质权条款通过两条途径来限定可采的传闻范围：其一，控方需提供不利于被告人证言的陈述者到庭作证，否则要说明此人不能出庭的理由；其二，在证人不能出庭的情况下，仅当该传闻具备与让被告人有效检测相当的可信性时，才是可采的。陈述者不能到庭时，"可靠性标记（indicia of reliability）"是用来判断是否可以将其陈述呈现于陪审团面前的决定因素；而传闻规则的某些例外能够符合这一要求，采纳它们作为证据与宪法的对质权条款所保护的实质利益并不矛盾，传闻规则与对质权条款"本是同根生"，其保护的价值是相似的。在罗伯茨一案的判决中，联邦最高法院将是否满足"可靠性"要求的标准分为两支表述，即该庭外陈述：①要么属于根深蒂固的传闻例外；②要么具备特殊保障的可信性。在本案中安妮塔属于不能作证的情况，并在预审程序已经给予了辩方反询问的机会（尽管辩方并未进行反询问），这便满足了对质权条款的要求；辩方律师在预审中对安妮塔的提问，在性质上可以认为等同于反询问，已经足以帮助裁判者判断其陈述的可信性。[1]

联邦最高法院在罗伯茨案的判决中分析了传闻规则与对质权条款的关系，认为两者的内涵和价值目标是一样的，都是为了保证陈述的可靠性。有学者将最高法院的这一论断称为"对质权条款与传闻规则的联姻"[2]。然而，罗伯茨案只是提出了原则性标准，没有进一步阐释除了该案的情况外还有哪些传闻证据属于根深蒂固的例外，或者怎样才能够被认定为其可信性具有特别保障。后续的相关判例对上述两项标准进行了解读，但存在着争议与矛盾，并在一定意义上弱化了传闻规则本身的作用，使之在某种程度上处于虚置地位。

2. 罗伯茨案的后续判例

李案（Lee v. Illinois）[3]和威廉森案（Williamson v. United States）[4]都涉及同案犯庭外作出的陈述，该陈述既对被告人不利，也对陈述人不利。在李案中，尽管同案犯的庭外陈述符合"违反刑事利益的陈述"这一传闻例外的要求，但联邦最高法院没有将该陈述用作证据，理由是法院认为同案犯的陈述需要满足更高的可靠性要求。在威廉森案中，联邦最高法院认为同案犯庭外作出的对己不利的陈述中，涉及该陈述者的

---

[1] 448 U. S. 56 (1980).

[2] Thomas J. Reed, "Crawford v. Washington and the Irretrievable Breakdown of a Union: Separating the Confrontation Clause from the Hearsay Rule", 56 *S. C. L. Rev.*, 185 (2004).

[3] 476 U. S. 530 (1986).

[4] 512 U. S. 594 (1994).

部分具有可采性，而涉及被告人的部分是不可采的。总体看来，在刑事案件中，即便某一传闻陈述是可靠的，只要是不利于被告人的，最高法院似乎就想通过某种方法将之排除掉，在其解释之下，对质权条款相关的问题中的可靠性标准已经高于传闻规则例外所要求的可靠性，这便在一定程度上架空了罗伯茨标准中的一部分，亦即，根据罗伯茨案，根深蒂固的传闻规则例外是符合对质权条款要求的，因为此种例外之中的传闻是可靠性有所保障的传闻，而最高法院在李案和威廉森案两案中的态度可以认为是对罗伯茨标准的部分否认。

赖特案（Idaho v. Wright）[1]和怀特案（White v. Illinois）[2]都涉及儿童性侵犯案件中被害儿童庭外指认犯罪人的陈述的可采性问题。在赖特一案中，控方援引的传闻规则例外是当时的《联邦证据规则》第803条第24项[3]，满足该例外需要符合此条文中的三项条件。联邦最高法院认为该案中被害儿童的庭外陈述不具有可采性，因为第803条第24项所规定的例外不属于在传闻规则中"根深蒂固的例外"，控方如要提出该传闻为证据，就必须为其可信性提供特殊保障。因此，综合各项因素判断，最高法院认为该案中的陈述并不可靠，不具有可采性。尽管第803条第24项所规定的"满足该例外需要符合的三项条件中的两项"是为可信性提供实质性特殊保障，但最高法院却没有论及这一点。在传闻规则与对质权条款被紧密"联姻"之后，法院对传闻可采性的判断基本通过分析其可靠

---

〔1〕 497 U. S. 805（1990）.

〔2〕 502 U. S. 346（1998）.

〔3〕 该项内容后来被移至第807条。

性来进行一般性的检测。怀特一案的检控方采用了另一策略，援引的传闻规则例外是"自然流露的表达"和"为医疗目的所作的陈述"，这两项例外在伊利诺伊州的法律中有其悠久历史，联邦最高法院据此认为该案中的相关传闻陈述是可采的，因为根深蒂固的传闻例外符合对质权条款要求。赖特案与怀特案中的证据情况类似，但两者的检控方选择了不同的传闻例外加以援引，最终导致了相反的结果，前一案件的传闻被排除，后一案件的证据获得了采纳。

1999 年的利利案[1]预示着一场对传闻规则与对质权条款关系的重新检视。在该案中，本杰明·利利（Benjamin Lilly）、马克·利利（Mark Lilly）和加里·巴克（Gary Barker）涉嫌入室盗窃、抢劫等犯罪。其中本杰明·利利还因涉嫌谋杀被另案处理，马克·利利是该案的控方证人，但依据宪法第五修正案其拒绝出庭作证。马克在庭外陈述中谈到自己与本杰明共同犯罪的情况，并说本杰明是谋杀案的主谋。根据传闻规则中"违反刑事利益的陈述"这一例外，控方将马克的庭外陈述作为证据提出，弗吉尼亚州（Commonwealth of Virginia）最高法院认为该陈述属于"对己不利的陈述"，而这种例外属于传闻法上根深蒂固的例外，因此也符合对质权条款的可靠性要求。当案件达至联邦最高法院时，大法官中的相对多数意见把"违反刑事利益的陈述"分为三类：第一类，陈述者的自认（admission）；第二类，陈述者承认自己犯罪的陈述，被告人在法庭上提出这一陈述用以证明陈述者才是真凶；第三类，陈述者说明自己与被告人共同犯罪的情况，控方将之用作证明被告

---

〔1〕 527 U. S. 116（1999）.

人有罪的证据。其中，第二类是开脱罪责性的传闻陈述，通常没有对质权的问题，是可采的；而第三类是归罪性的传闻陈述，往往不可采。法庭认为，本案中马克的陈述就属于第三类陈述，尽管此种例外在传闻法中根深蒂固，根据传闻规则的相关要求是可采的，但如果要满足对质权条款的要求，还需要达到更高的可靠性标准，有更为特别的可靠性保障，因而此陈述不可采。利利案再次提出了传闻规则与对质权条款之间关系的问题，表明了联邦最高法院对相关领域的态度与关切，引发了21 世纪之初最高法院在克劳福德案中对两者关系的重新探讨。

（二）2004 年：分水岭意义的克劳福德案（Crawford v. Washington）

罗伯茨案对传闻规则与对质权条款的关系作出阐释之后的二十余年间，尽管出现过若干论争与批评，联邦最高法院一直没有对两者关系另作新解，罗伯茨案仍然是该领域的主导性判例。直到 2004 年，出现了具有分水岭意义的克劳福德案[1]，它推翻了罗伯茨案，并正如布雷耶大法官在上世纪末利利案中的预言，切断了对质权条款与传闻规则二十余年来的"联姻"关系。

1. 基本案情

1999 年 8 月 5 日，肯尼思·李（Kenneth Lee）在公寓中被刺伤，警方当晚逮捕和讯问了迈克尔·克劳福德（Michael Crawford），随后又询问了克劳福德的妻子。克劳福德说他和妻子西尔维娅（Sylvia）去找李，因为他为此前李曾意图强奸西尔维娅一事耿耿于怀。他们在李的公寓中找到了李并发生了

---

〔1〕 541 U. S. 36（2004）.

争执，李的身体被刺伤，克劳福德的手也受伤了。根据克劳福德的说法，他在刺向李的时候，李手中拿着东西，意思是李手中持有武器；但根据西尔维娅的陈述，李可能是在被刺之后抓住了什么东西，而不是之前。庭审中，被告人克劳福德辩称自己是正当防卫，而西尔维娅因为配偶特权而未出庭作证。因此检控方向法庭提供了西尔维娅此前接受警方询问时的录像带，用来证明被告人当时并非正当防卫。西尔维娅在接受询问时承认是她领着被告人前往李的公寓，并最终导致伤害案件的发生，据此，检控方向法庭提出该传闻陈述时，其理由是该陈述符合"对己不利的陈述"这一例外种类。但被告人认为，采纳该陈述侵犯了自己的宪法权利，即对质权。法庭认为西尔维娅的庭外陈述已经满足了罗伯茨案所确立的可靠性标准，因此是可采的。华盛顿州（State of Washington）上诉法院推翻了有罪判决，认为该陈述是不可采的，因为其可靠性未能通过上诉法院的九项检测指标。但是，华盛顿州最高法院认为西尔维娅的陈述与被告人的陈述相互吻合，满足了可信性保障的要求，因此恢复了有罪判决。由于本案再次涉及传闻规则与对质权条款的关系问题，联邦最高法院发出调卷令，开始审理此案。

2. 对质权条款的内涵界定

斯卡利亚大法官（Justice Scalia）代表多数意见，撰写了本案的判决意见。他回顾英国与美国的立法史，考察了对质权条款的原初内涵，指出其背后所体现的原则比美国宪法以及传闻规则都要古老。对于刑事审判中证人作证方式的问题，两大法系在传统上有较大区别，但英格兰曾经采用过大陆法系司法实践的相关因素。在 16 世纪的英格兰，根据女王玛丽一世统治时期的两部法律，证人需要在审判前接受治安法官的询问，询问的内容在日后的审判中可用作证据，而无视被告人要求证人出庭对质的要求。但这一做法遭到诟病[1]，1688年光荣革命之后，上述情况受到了限制，即仅当证人无法出庭时，才能采用证人在审前作出的不利于被告人的陈述。尽管对质权的概念可以上溯至罗马法时期，但美国的宪法制定者们所使用的对质权概念及相关理解却是来自英格兰的普通法，即为了防止纠问式的单方审判而创设的一项权利。

最高法院认为，对质权条款与证据规则并不是一体的，而应当彼此分离，如果用证据法来处理对质权的问题，就会使对质权失去价值。具体来讲，通过历史分析，可以认为对质权条款包含以下两方面内涵：

第一，对质权条款所要解决的首要问题是反对传统大陆法系的刑事诉讼模式，尤其反对把仅经过一方质询的不利于被告人的陈述用作证据的做法，对于对质权条款的解读必须以此为核心。对质权条款的效力范围不限于当庭作出的证言，其同样适用于庭外陈述。认为庭外陈述的可采性属于证据法所辖范围的观点是错误的，因为如果将庭外陈述留给证据法，而不通过对质权条款加以规范，将可能出现最为"罪恶昭彰"的纠问式实践。并非所有传闻规则的例外都会触及对质权条款的核心问题，值得重视的是，根据现代的证据规则，仅经过一方质询的不利于被告人的陈述有时是具有可采性的，但这种做法显然宪法制定者们无法认同。

第二，庭外作出的"证言性陈述（testimonial statement）"

---

〔1〕 作为抨击对象的典型案例之一就是著名的1603年沃尔特·罗利爵士（Sir Walter Raleigh）叛国罪一案的审判。

需要满足两项条件才能用作证据：一是陈述者无法出庭，二是被告人此前有反询问的机会。宪法第六修正案并未允许法院无休止地给对质权条款设置一个又一个例外，其所能准许的例外应当是制定该修正案时普通法上已经存在的例外。1791 年时的普通法所允许的例外是：无法到庭的证人作出的，且被告人在审前有机会作出反询问的陈述。对于证言性陈述的可采性而言，事先的反询问机会不仅是一个充分条件，而且是一个必要条件，这一机会是决定性的、必不可少的，不仅仅是确立可靠性的方法之一。最高法院并不反对传闻规则可以有其例外，有些例外在 1791 年便已经存在，但值得指出的是，当时基本没有关于在刑事案件中采用对被告人不利的证言性陈述的例外，那些例外涉及的陈述往往在性质上是"非证言性"的，比如业务记录或者实施共同犯罪时的陈述等。最高法院认为审前的证言性陈述不在此列。

3. 罗伯茨案的短板与新标准的诞生

（1）罗伯茨案的短板。联邦最高法院在克劳福德案的判决中明确表示：罗伯茨案所确立的标准存在问题，需要重新确立标准。罗伯茨标准在判断传闻证据的可采性时，检测的是该传闻是否属于"根深蒂固的传闻例外"或者具备"有特别保障的可信性"；这两项标准均不能反映对质权的特有内涵。对质权条款的终极目的确实是保证证据的可靠性，但它在性质上是一种程序性保障，而非实体性保障；它不仅要求证据是可靠的，还要求这一可靠性通过一种特有方式获得检测，即经过反询问的考验。

具体而言，罗伯茨案的短板之处包括以下三个方面：首先，在罗伯茨标准之下，陪审团所获得的证据实质上是未经对抗式程序检验，而仅是法官认为可靠的证据。这种检测证据可靠性的方式并不是宪法所认可的方式。如果认为某一陈述明显可信就无须对质，这无异于认为被告人明显有罪就无须陪审团审判。其次，"可靠性"本身即便不是一个完全主观的概念，至少也是一个模糊的概念。某一陈述是否可信在很大程度上取决于法官考虑的因素，及在各个因素上所赋予的权重。这导致实践中出现了在相反情况下获得的陈述同样具有可信性的局面[1]。最后，尽管如此，罗伯茨标准的最大问题不是无法准确判断"可靠性"，而是根据该标准采纳为证的"证言性陈述"正是对质权条款的核心内涵所排斥的。更为糟糕的是，在判断某一证言性陈述的可靠性时，某些法院用以认定其可靠性的因素是使该陈述具有证言性的环境。例如，有的法院认为某人的庭外陈述是可靠的，理由是该陈述是其在羁押候审期间向警察作出的，此时的陈述是违反其刑事利益，所以具有可信性[2]（"对己不利的陈述"常常被认为是可信的，美国《联邦证据规则》第 804 条 b 款第 3 项所确立的传闻例外也是基于同样理由）。

---

〔1〕 例如，弗吉尼亚州上诉法院曾认为某陈述是可靠的，因为陈述者当时因相关指控而被警方羁押（其陈述属于违反自己刑事利益的陈述，通常被认为是可信的）；而威斯康星州上诉法院曾认为某陈述是可靠的，因为陈述者当时没有被羁押，也不是犯罪嫌疑人。参见 Nowlin v. Commonwealth，40 Va. App. 327（2003）和 State v. Bintz，2002 WI App. 204（2002）. 这种情况甚至发生在同一法院的判决中，例如 2001 年科罗拉多州最高法院在 People v. Farrell 一案中认为某陈述是在事情发生后立即作出的，因而具有可信性，但在同年的另一案件中，该法院认为某陈述是可靠的，理由是该陈述是在事情发生两年之后才作出的。参见 People v. Farrell，34 P. 3d 401（2001）和 Stevens v. People，29 P. 3d 305（2001）.

〔2〕 See Nowlin v. Commonwealth，40 Va. App. 327（2003）.

（2）新标准的诞生："证言性"与"非证言性"的界分。针对罗伯茨标准的上述问题，联邦最高法院在克劳福德案中提出了新的标准：根据庭外陈述是否具有"证言性"来判断其可采性。具体来讲，当某一传闻是"证言性陈述"时，该传闻的可采性受到对质权条款的规制，当且仅当陈述者无法到庭且被告人此前有反询问机会时，该陈述才是可采的；若某一传闻是"非证言性陈述"，则此前的反询问机会不再是法院的考察重点，法院将集中考察该陈述的可靠性问题。

新标准中的重要概念是"证言性"。斯卡利亚大法官没有在其撰写的判决意见中明确"证言性"的含义，而是进行了若干侧面分析。他援引了 1828 年版《韦氏词典》中对"证言"一词的解释，即指"以确定或证明某一事实为目的而作出的正式宣告或确认"。判决意见中认为证言性陈述有若干存在形式，例如宣誓陈述书（affidavit）、书面证词（deposition）、先前证言（prior testimony），以及陈述者在作出时合理相信可能被用于指控或在日后审判中被用作证据的陈述，等等。此外，判决意见中明确表示，执法官员在讯问或询问中获得的陈述属于证言性陈述。

4. 本案的处理结果与后续问题

联邦最高法院认为，本案中，西尔维娅的陈述是在警察局里向警方作出的，当时她本人也可能随时成为本案的犯罪嫌疑人，警察告诉西尔维娅，她能否离开警局取决于侦查进展情况。在警察的诱导式询问下，她回答了被告人刺伤李的相关情况，而这些回答在一定程度上影响了被告人的正当防卫抗辩。当初审法院、州上诉法院和州最高法院适用罗伯茨标准对该陈述的可靠性做出判断时，分别获得了不同的结果，进一步说明了罗伯茨标准的不确定性。而初审法院在论证该陈述可靠性时提出的理由之一是询问西尔维娅的执法官员是中立无偏的，相信宪法的制定者们绝不会认同这一观点。实际上，西尔维娅庭外陈述的可靠性是有疑问的，州最高法院在其判决中也承认该陈述模棱两可。联邦最高法院表示，希望以此案为契机，明确对质权与传闻规则例外的关系，确立新的标准，明确宪法第六修正案是一项程序性要求，是对刑事案件证言可靠性的程序性保障。在这一问题上，包括联邦最高法院在内的所有司法者都无权用自己设计的各种检测可靠性的标准来替代这一客观的程序性保障，因为法官与其他政府官员是一样的，不足以相信法官总是会保护公民的权利。

克劳福德案推翻了罗伯茨案，重新界定了对质权条款与传闻规则的关系，建立了新的标准，但还有若干未尽的问题。其中具有关键意义的问题之一便是应当如何界定"证言性陈述"的具体含义，对此斯卡利亚大法官在本案判决中这样表述："我们将在未来的案件中对何谓'证言性'作出全面的界定"。[1]

（三）2004 年至今："证言性陈述"的进一步解读

克劳福德案之后，"证言性陈述"成为判断传闻可采性的重要标准，但联邦最高法院对何为"证言性陈述"的解释无法穷尽所有在实践可能遇到的传闻情况，需要不断地通过在新判例中结合个案加以分析和解释。2006 年的戴维斯案（Davis v. Washington）以及与此案合并审理的哈蒙案（Hammon v. Indiana）[2]，2009 年的梅伦德斯-迪亚斯案（Melendez-Diaz

---

[1]　541 U. S. 36, 68（2004）.

[2]　547 U. S. 813（2006）.

v. Massachusetts)〔1〕，以及 2011 年的布赖恩特案（Michigan v. Bryant)〔2〕均对"证言性陈述"做出了进一步的界定与探讨。

1. 2006 年的戴维斯案与哈蒙案

因为都涉及案发后不久作出的陈述与对质权条款的关系，联邦最高法院将戴维斯案和哈蒙案两案合并审理。其中，戴维斯案探讨的是"911 报警电话"的内容是否是需要排除的传闻，而哈蒙案中存在类似争议的传闻陈述是被害人在犯罪现场向警方作出的陈述。

在戴维斯案中，被害人米歇尔·麦科特瑞（Michelle Mc-Cottry）被前男友殴打后拨打了 911 报警电话，但双方尚未交谈就断线了，911 接话员将电话拨回，麦科特瑞接起电话，简要描述了案件情况，告诉接话员伤害她的人是阿德里安·戴维斯（Adrian Davis），并告诉接话员戴维斯马上就要走了。庭审时，控方仅有的证人就是根据报警电话到达现场的两名警察，他们能够为被害人的受伤情况作证，但无法证明受伤的原因。被害人麦科特瑞没有到庭作证，其在 911 电话中对戴维斯的指认是否具有可采性成为本案的争议事项。在哈蒙案中，警方接到一起家庭暴力案件的报案，赶到现场时，妻子埃米·哈蒙（Amy Hammon）站在前廊，看似受到惊吓，但她说"没有事"。在客厅中，警方发现了一个被打碎的瓦斯炉，地上有玻璃碎片以及瓦斯炉前部窜出的火苗。警方在厨房中找到了被告人赫谢尔·哈蒙（Hershel Hammon），他说自己和妻子刚才确实发生争执，但没有发生肢体暴力，现在已经没事了。一名警

---

〔1〕 557 U. S. 305（2009）.

〔2〕 131 S. Ct. 1143（2011）.

察与埃米在客厅交谈，另一名警察与被告人待在一起。期间被告人多次想进入客厅参加交谈，但被警察拦阻。该警察后来作证说，自己告诉被告人不能靠近埃米，因为警察正在进行调查。埃米向警方陈述后，问话的警察让她填写了一份有关这次殴打的宣誓陈述书，她写道："（他）打碎了瓦斯炉，把我推倒在地上的碎玻璃上；向我的胸口打过来，把我摔倒；打碎了灯和电话；弄坏了我的车，使我无法离开；打了我的女儿。"庭审时，埃米没有到庭作证。控方传唤询问埃米的警察出庭，让他转述埃米的话并证实其宣誓陈述书的真实性。被告人对此表示反对，认为自己失去了反询问的机会。上述两案在各自州法院最终均获得有罪判决，两案被告人都向联邦最高法院申请了调卷令，联邦最高法院决定将两案合并审理。

联邦最高法院认为，"证言性"将传闻陈述分为两大类，具有"证言性"的陈述必须受制于对质权条款，而"非证言性"的陈述则由传闻规则加以规制。因此，这两个案件的核心问题还是判断其有争议的陈述是否具有"证言性"。如果客观情况表明询问的目的是帮助警察解决正在发生的紧急情况，那么所获陈述是"非证言性"的；如果客观情况表明没有正在发生的紧急情况，询问的目的是确定或证明有关此后刑事指控的事件，那么所获陈述是"证言性"的。根据这一标准，在戴维斯案中，被害人在报警电话中接受 911 接话员[1]询问

---

〔1〕 为了进一步解释"证言性"的含义，联邦最高法院分析了 911 接话员的身份性质。在克劳福德案中，最高法院曾指出，执法官员的讯问或询问所获得的陈述属于"证言性"陈述。在戴维斯案中，911 接话员本身不是执法官员，但可以在其接听 911 报警电话时被认为是执法官员的代理人，代行执法官员的工作。Davis v. Washington, 547 U. S. 813, n. 2（2006）.

而作出的陈述是为了帮助警察解决正在发生的紧急情况，当时她所做的并不是"证人"所做的事，因而属于"非证言性"陈述，不受制于对质权条款，而应根据传闻规则及其例外加以解决。而哈蒙案的情况与克劳福德案比较类似，当时的环境表明警方的询问是侦查活动的一部分，该案中没有紧急情况需要处理，这一点相关警察已经承认。据此，该案被害人的宣誓陈述书属于"证言性"陈述，应当受制于对质权条款。最高法院进一步阐释说，有时候，某一询问是为了解决正在发生的紧急情况而开始的，但后来可能演变为了确定或证明相关事件，以便将来提起刑事指控，这时（即后来）所获得的陈述就转变为"证言性"陈述。

戴维斯案和哈蒙案均涉及家庭暴力，对于此类案件，联邦最高法院表示，被害人一开始的陈述往往是求助性的，属于"非证言性"陈述。但哈蒙案中控方提出的被害人陈述并非求助的要求，也不是用来帮助警方处理正在进行的威胁状况，因此不属于"非证言性"陈述。最高法院针对此类案件进一步指出，如果陈述者不能出庭作证是由于被告人故意实施了（或默许他人实施了）使陈述者无法出庭作证的违法行为，被告人就失去了对质权条款的保护，《联邦证据规则》第804条b款第6项便是对"因违法行为导致失权"的条文规定。根据联邦法院的一般实践，控方在证明被告人存在"违法行为"时，需要达到"优势证据"的证明标准。

2. 2009年的梅伦德斯–迪亚斯案

梅伦德斯–迪亚斯一案涉及的是刑侦技术鉴定报告是否属于"证言性"陈述、是否应当受制于对质权条款的问题。在该案中，波士顿警方获得线索得知凯马特（Kmart）公司职员托马斯·赖特（Thomas Wright）涉嫌犯罪，警方在该公司的停车场截到赖特的车，在其身上找到了 4 袋疑似可卡因的物品，警方逮捕了赖特以及在其车上的另外两人，其中一人便是路易斯·梅伦德斯-迪亚斯（Luis Melendez-Diaz）。警方用警车将三人带回警局，在路上，警察发现三人在后座上焦躁不安、鬼鬼祟祟。到达警局后，警方搜查了警车，在前后座位之间的隔层中发现了放置于一个大口袋之中的 19 小袋物品。根据马萨诸塞（Massachusetts）州的法律，警方将这些物品送到马萨诸塞州公共健康局的州立实验室进行分析检测，得到了三份经化验员在公证人面前宣誓而作出的"化验证明书"。控方当庭提交这些分析证明，用以证明涉案物品是可卡因。被告人表示反对，认为这些"化验证明书"不具有可采性，主张自己与化验员当面对质的权利。

联邦最高法院认为，本案中的"化验证明书"属于证言性陈述的核心种类之一，即宣誓陈述书。尽管马萨诸塞州的法律把这类文件称作"证明书"，其实质就是宣誓陈述书。最高法院引用了《布莱克法律词典》中对宣誓陈述书的解释，即"陈述者在有权主持宣誓的官员面前经宣誓而对相关事实做出的书面陈述"。而宣誓陈述书的制作过程会使得陈述者合理相信该陈述可能用于日后的审判，基本可以确定的是，化验员知道这些文书未来可能会被作为证据使用，因为宣誓陈述书上已经写明该文书为所化验物品的成分组成、质量和净重提供初步证据。化验员在作出该份陈述时能够合理相信其可能被用于指控或在日后审判中被用作证据，因而满足了"证言性陈述"的内涵。据此，联邦最高法院撤销了有罪判决，此案发回重审。

本案的检控方提出了若干支持该证明书可采性的理由，联邦最高法院——作出回应。主要内容包括但不限于如下方面：①检控方认为化验证明书的内容是一种中性描述，不具有归罪性，不能认为是对被告不利的证据，因此不应当受制于对质权条款。最高法院认为，化验证明书的内容证明的是犯罪成立的一项必要事实，因而当然属于对被告不利的证据。②检控方认为，科学检测结果不同于对所发生事件进行重述的陈述，因为前者是中立而客观的，后者可能被扭曲或操控利用。最高法院认为，其一，对质权强调的是一种程序性保障，检控方的理由实际上是回到了罗伯茨标准的老路上；其二，科学检测结果也并不像检控方所说的那么中立和可靠，科技证据也有被操控利用的危险，对质权条款有助于保障科技证据的可靠性。③检控方认为，化验证明书类似于传闻例外中的业务记录。最高法院认为，日常业务活动中的记录可以用作证据，但前提是其不是以未来审判为目的而制作。④此点内容与第①点有所关联，检控方认为，被告人有权传唤该化验员到庭作证，但被告人并未行使该权利。最高法院认为，第六修正案中"对质权条款"和"强制程序条款"不同，根据前者，被告人有权与不利于自己的证人对质；根据后者，被告人有权通过强制程序获得对自己有利的证人。与此相对应，检控方有传唤对被告不利的证人出庭作证的义务，被告人有传唤对自己有利的证人出庭作证的权利。因此，检控方的观点实际上是将其提出不利于被告的证人的证明负担转嫁于被告人一方。

3. 2011 年的布赖恩特案

布赖恩特一案中，警方接到报警电话后赶赴某加油站停车场，发现被害人科温顿（Covington）遭受严重枪击，警察问其发生了什么，科温顿回答说自己在布赖恩特房外被其枪击，随后自己开车逃到了这个地方。不久被害人死亡。警察在法庭上复述了被害人当时所说的话，初审作出有罪判决。案件上诉至密歇根州（State of Michigan）最高法院时，被告人认为被害人的陈述是证言性的，采纳为证会侵犯自己的对质权；而检控方认为，根据密歇根州的证据规则，该陈述属于"惊骇表达（excited utterance）"这一例外，因此具有可采性。州最高法院认为本案中被害人的陈述是"证言性"的，因此受制于对质权条款，不能被采纳为证。检控方向联邦最高法院申请调卷令获准。联邦最高法院最终认为，被害人与警察之间的行为客观地表明，询问的首要目的是使警方能够帮助处理正在发生的紧急事件。因此，被害人对凶手以及枪击地点的指认和描述都不是证言性的，具有可采性。本案发回重审。

联邦最高法院的理由主要包括以下方面：①"正在发生的紧急事件"并非某一陈述不具有证言性的唯一理由，"存在紧急事件"并非判断"证言性"的依据，应当注意分析警察询问的目的是否"处理紧急事件"。②在解释何谓"正在发生的紧急事件"时，应当结合具体的个案情境，紧急事件的存在和持续状态取决于被害人、警察甚至社会公众所面临危险的种类与范围。比如，犯罪人是否持有枪支等杀伤性武器，能否确定犯罪人的大致位置，等等。克劳福德案确立新标准之后，本案是联邦最高法院审理的首起涉枪案件，案情不再是家庭内部纠纷。被害人是在公共场所被发现的，遭受致命的枪击，警察当时还不能确定凶手的方位。因此，警察和附近居民的安全面临着潜在的威胁。所谓"紧急事件"，关注的是"威胁是否仍然存在"。③被害人的伤情能够反映出被害人接受询问时的思想状态以及其陈述构成证言性陈述的可能性。伤情严重的被害人可能在回答询问时没有任何目的，仅仅是一种本能反应。此外，该伤情还能够帮助警察初步判断萦绕于被害人、警察和公众身边的威胁状况的有无及程度。④在判断被害人接受询问时是否知道或意在使其陈述将来成为证据时，应适用"客观标准"。亦即，根据被害人和警方交流的内容和行为来判断，一个理性人在此种情况下通常应当拥有的想法，而不是猜测和推断该案被害人真实的主观想法。⑤询问的非正式性（informality）。尽管非正式性的询问并不必然意味着其所获陈述的非证言性，但非正式性往往说明警察当时询问的首要目的是处理紧急事件，非正式性的询问一般不会使被害人感觉自己的陈述将来会用作指控的证据。州最高法院轻易地认为本案的询问是正式的，这一判断存在错误，该询问发生于一个露天的公共场所，当时救护车尚未赶到，一切都处于混乱之中。这些情况都说明本案的询问明显不同于室内进行的正式询问。

二、2000 年后成文法的新发展

美国《联邦证据规则》自 1975 年 1 月正式颁行以来，经历了 23 次重大修改和补充。其中与传闻规则相关的共 8 次，改动较多的修订分别出现在 1987 年和 1997 年，而 2000 年之后对传闻规则的修订则相对较少，集中体现在"例外（exceptions）"的领域，即 2000 年 12 月 1 日生效的对第 803 条第 6 项"日常活动的记录（records of a regularly conducted activity）"的补充，以及 2010 年 12 月 1 日生效的对第 804 条 b 款第 3 项"对己不利的陈述（statement against interest）"的修正。

（一）2000 年《联邦证据规则》：第 803 条第 6 项

《联邦证据规则》第 803 条规定的是在陈述者本人能否出庭作证无关紧要的情况下传闻证据的诸项例外，它是第八章"传闻"中最长的条款，经历过多次修改[1]。2000 年，该条的第 6 项"日常活动的记录"的内容发生了一些变化。此前第 6 项对"日常活动的记录"的界定是：日常活动的记录，指知悉情况者当时或随后制作的，或者根据知悉情况者传递的信息而制作的，任何形式记载行为、事件、状况、意见或诊断的备忘录、报告、记录或数据汇编；这些记录在日常业务活动过程中得到保存，并且，制作这些记录属于该项业务活动的例行操作。上述情况需要有保管人员或其他适格证人的证言为证。满足这些条件的上述记录属于传闻的例外，不以传闻规则加以排除，除非信息来源或准备上述文件的方法、环境表明它们缺乏可信性。本项使用的"业务（business）"一词包括商业、机构、协会、专门职业、一般职业以及其他行业，不论其是否为营利而经营。

该规定中对司法实务产生影响的一项重要内容是"上述情况需要有保管人员或其他适格证人的证言为证"，这一要求被称作"先决要求（foundation requirement）"[2]，相应地，

---

[1]　分别发生于 1975 年（《联邦证据规则》颁布于 1975 年 1 月，同年 10 月和 12 月便历经了两次修改，涉及第 803 条的修改发生于 12 月）、1987 年、1997 年、2000 年和 2011 年。1997 年修改时将本条下的 24 项例外中的一项（第 24 项"其他例外"）转至第 807 条。

[2]　Foundation requirement 一词在这里表达了为了证明某项将被采用的证据的真实性而需要满足的条件，有文献将这里的"foundation"译作"预备性"，本文对相关概念采用"先决（性的）"的译法。

这一类证人也叫作"先决证人（foundation witness）"。记录保管者是满足业务记录可采性先决要求的适格证人，但并非是唯一的适格证人，第 803 条第 6 项中的先决证人范围更为广泛。只要证人了解记录是如何制作保存并能证明记录是在业务活动的一般过程中制作保存的，他/她就是一名"适格证人"。此人必须了解记录制作保存的程序，但无需亲历某份特定记录的制作保存过程。不仅如此，根据熟知记录制作保存程序的其他人的陈述而了解这一过程的人，也是适格的先决证人。尽管此时该证人提供的信息可能属于传闻，但这并不是一个问题，根据《联邦证据规则》第 104 条 a 款，法庭在判断证据是否具有可采性时，一般不受证据规则的限制。据此，传闻也可以用作判断依据。尽管"适格证人"的相关要求在实践中被宽松适用，但很清楚的一点是，希望法庭采用该份记录为证据的一方当事人必须提供了解记录制作保存过程的证人。根据联邦证据规则顾问委员会（Advisory Committeeon the Federal Rules of Evidence）[1] 对 2000 年《联邦证据规则》修正案的评注，我

---

〔1〕 根据《规则授权法》，国会委托最高法院负责有持续性地研究包括联邦证据规则在内的所有程序法典，最高法院又指派由联邦法官代表组成的美国司法会议（Judicial Conference of the United States）负责。根据司法会议内部职能分工，顾问委员会承担起具体工作。最初，没有专门的联邦证据规则顾问委员会，相关职责交由联邦民事诉讼规则顾问委员会和联邦刑事诉讼规则顾问委员会完成，效果不佳。1992 年，在众人呼吁之下，联邦证据规则顾问委员会得以成立，其所有成员均由联邦最高法院首席大法官指派。该委员会负责对联邦证据规则提出改进建议，举行相关听证，并将获得同意的修改建议经司法会议、联邦最高法院层层上报至国会。国会可能反对，可能明确赞同，也可能不做任何表态。反对的概率较低，明确赞同的概率更低，大多数情况下国会不做表态。不表态是一种默示同意的方式，相关建议将会在当年 12 月生效。See Paul

们可以了解到，向法庭提供先决证人是费时的，成本高而且不方便。与"公共记录（public record）"不同，2000 年之前的《联邦证据规则》中业务记录还不是第 902 条所规定的"自行证真"的证据，唯一的例外是《美国法典》第 18 编第 3505 条中的"刑事案件所涉及的国外业务记录"，即无须先决证人出庭作证，只需业务记录附有符合条件的认证声明书。对此，司法部认为应当将这一规定延伸到民事案件领域。而顾问委员会的意见更进一步，认为可以扩大到包含所有日常业务记录，而不局限于国外记录，将认证声明书作为与先决证人并列可选的方式，给予当事人更大的选择余地。该建议最终为最高法院司法会议所认同，并且没有遭到国会反对，于是便有了 2000 年 12 月生效的修正后的《联邦证据规则》，修正案使第 803 条第 6 项的先决要求能够通过先决证人之外的其他途径得到满足。

2000 年的《联邦证据规则》对第 803 条第 6 项的适用条件作出了一定补充，即在"上述情况需要有保管人员或其他适格证人的证言为证"后面增加了"或者以按照本规则第 902 条第 11、12 项出具的认证文件或其他法律认可的认证文件为证"。根据这一修改，"保管人员或其他适格证人的证言"不再是该例外得以成立的必然要求。尽管该条依旧强调直接用作证据的"日常活动记录"的可信性，但其保障条件不再限囿于"先决证人"到庭作证，而有了选择的可能，即也可以是

R. Rice，"Advisory Committee on the Federal Rules of Evidence：Tending to the Past and Pretending for the Future？" 53 *Hastings L. J.*，817（2002）. 据此，联邦证据规则顾问委员会的建议对于《联邦证据规则》修改而言意义重大。

依法出具的认证文件。后者在性质上是一种书面证据，为了不降低新方法对日常活动记录可信性的保障力度，《联邦证据规则》通过另一方式来加以规范：这些认证文件不是任意的，需要符合第 902 条第 11、12 项或其他法律的规定，这些规定的内容均涉及"证真要求（authentication requirement）"。

《联邦证据规则》第 902 条是有关"自行证真（self-authentication）"的各项规范，满足本条中任何一项规定的证据，无需再满足其他先决条件，即可在法庭上采用。本条通过认可某些信用较强的文书类证据的可靠性，卸除了通过传唤证人来证实其真实性的司法负担。该条第 11 项、第 12 项是为了与第 803 条第 6 项的补充内容相协调而新增加的两项规定。其中，第 902 条第 11 项是关于国内业务记录的规范，第 902 条第 12 项是关于民事案件中涉及国外业务记录的规范，而刑事案件中的国外业务记录则在《美国法典》第 18 编第 3505 条中加以规定[1]。

根据第 902 条第 11 项的内容，第 803 条第 6 项中涉及的可能被采纳为证据的"日常活动的国内记录"的原件或复印件，如果附有其保管人员或其他适格人员的书面声明，遵照国会制定的法律或最高法院根据其法定权限作出的规则中所规定的方式，认证该记录：①在所阐明事项发生时或随后，由知悉该事项的人制作的，或者根据此人传递的信息制作的；②在日常业务活动过程中得到保存；③制作这些记录属于该项业务活动的例行操作。当事人意欲根据本项规定将某一记录用作证据的，必须将这一意图通过书面方式告知所有对方当事人，并在

---

[1] 18 U.S.C. § 3505.

其提出该记录和认证声明用作证据之前，应当给对方当事人足够时间检视该记录和认证声明，使其有公平机会提出质疑。第902条第12项是关于民事案件中涉及"日常活动的外国记录"的规定，包括认证主体、认证方式、认证内容以及适用程序等大部分内容与第11项相同，但考虑到提供该认证声明的主体是外国人，一旦提供的是虚假证明，美国的追责机制鞭长莫及，为了尽可能地保障认证声明的可靠性，第12项要求制作者在认证声明上签字的方式必须使得此人在发生虚假认证时能够受到签署地所在国法律的刑事责任追究。

在《联邦证据规则》第902条增加上述两项内容之前，《美国法典》第18编第3505条已经对刑事案件中"日常活动的外国记录"的认证和采纳为证的相关问题作出了规定，该条内容大部分与《联邦证据规则》第902条第12项相似，但其限定条件更多，体现出刑事案件证据采纳比民事案件证据采纳更为审慎。具体来讲包括以下方面：其一，第3505条a款第1项不仅要求声明书证实可能被用作证据的相关记录的制作时间、制作主体、制作过程和保存状态等，而且在相关记录不是原件的情况下，要求该声明书证实这份记录确实是原件的复印件。其二，第3505条a款第2项要求声明书必须证实可能被用作证据的相关记录或其复印件的真实性，这与第902条第12项不同，第902条整体是关于"自行证真"的规定，在一定意义上可以认为是第九章中证真规则的例外，即符合第902条情况的证据可以自行证真，免除了一般意义上的证真要求。相应地，第902条第12项仅要求声明书证实可能被用作证据的相关记录的制作时间、制作主体、制作过程和保存状态等问题，而不要求证实可能被用作证据的相关记录或其复印件的真实性。其三，根据第 3505 条 b 款，对方当事人如果反对将该记录用作证据，则必须在审判之前提出动议，交由法庭裁决。未能在审判之前提交动议的，视为放弃反对采纳该记录的权利，但法庭可以在存在合理理由时适当变通。

（二）2010 年《联邦证据规则》：第 804 条 b 款第 3 项

《联邦证据规则》第 804 条规定的是在陈述者本人无法作证的情况下传闻证据的诸项例外，共经历了 5 次修改，其中与第 804 条 b 款第 3 项相关的有 3 次[1]，发生于 2000 年之后的修改只有 1 次，即 2010 年对 b 款第 3 项的修改。

第 804 条 b 款列举了陈述者本人无法作证其传闻证据的五种例外[2]，其中，第 3 项所规范的例外种类是"对己不利的陈述（statement against interest）"。根据 2010 年之前的 b 款第 3 项，对己不利的陈述是指在作出时不利于陈述者的金钱或财产利益，或易于使其负民事或刑事责任，或使其对他人的请求权归于无效的陈述，任何一个理智的人处在陈述者立场上都不会作出这样的陈述，除非相信它是真实的。趋于使陈述者陷于刑事责任而用于开脱被告人罪责的陈述不具有可采性，除非有佐证（corroborating circumstances）清楚表明该陈述的真实性。据此，b 款第 3 项由两部分组成，第一部分描述了"对己不利的陈述"的具体内涵以及能够成为传闻规则例外的理由；第

---

〔1〕 分别发生于 1975 年（《联邦证据规则》颁布于 1975 年 1 月，同年 10 月和 12 月便历经了两次修改，涉及第 804 条的修改发生于 12 月）、1987 年、1988 年、1997 年和 2010 年，其中涉及 b 款第 3 项的是 1975 年、1987 年和 2010 年的修改。

〔2〕 原本为六种例外，1997 年修改时将本条下的第 5 项例外（"其他例外"）转至第 807 条。

二部分特别指向刑事案件中出现的"对己不利的陈述",强调在"趋于使陈述者陷于刑事责任而用于开脱被告人罪责"的情况下,佐证成为该例外得以成立的必要条件。2010年修改后,第804条b款第3项后半部分的内容表述变为:刑事案件中,趋于使陈述者陷于刑事责任的"对己不利的陈述"不具有可采性,除非有佐证清楚表明该陈述的真实性。

对比修改前后的条文内容,最大的区别便是扩大了需要满足"佐证"的条件才具有可采性的传闻的范围。这一修改增加了控诉一方的证明难度。根据2010年修改之前的规则,仅当这种传闻被用于开脱被告人罪责(exculpate the accused)时,才需要对其真实性提供佐证并加以保障,如果是一项用来向被告人归罪(inculpate the accused)的传闻,则无需经过补强,即可采纳为证。由于开脱被告人罪责的传闻陈述基本来自于辩方,而指控被告人有罪的传闻陈述基本来自控方,所以对修改之前的条文,争议颇多。反对此条的主要依据集中于两个方面:其一,认为这种差别对待违背了美国宪法第十四修正案的平等保护条款;其二,认为这样的规定触犯了美国宪法第六修正案的对质条款。尤其是在2004年克劳福德案之前,那时主导该领域的判例仍是1980年的罗伯茨案,该案将是否满足对质条款的标准确定为"具有牢固根基的传闻例外"或者"其可信性有特别保障",并且确立了一项一般性的规则,即控诉方提供的传闻必须是可靠的。[1]但控方提供的归罪性传闻在证据法的历史实践中很难说是具有牢固根基的例外,也无

---

[1] Crawford v. Washington, 448 U. S. 56 (1980).

法认为其可信性有特别保障。[1]尽管直至 2010 年才对第 804 条 b 款第 3 项加以修改，相关质疑却并非近些年才出现。早在 1981 年彼得·塔格（Peter Tague）教授就撰文提出了该条文与宪法的不合之处，其中重要的两点内容就是前述平等保护和对质权的问题；他特别援引了罗伯茨案中的可靠性要求。不久，塔格教授的文章就引起了许多法院关注，联邦第八巡回上诉法院甚至在其 1981 年的某一判决中引用了该文。[2]

　　尽管联邦最高法院一直在其判决中回避这一问题，但所有谈到该问题的联邦上诉法院都认为第 804 条 b 款第 3 项不利于平等保护和对质权的落实。然而，这种方式却不足以从根本上解决相关问题。2002 年，联邦证据规则顾问委员会对第 804 条 b 款第 3 项提出了修改建议，明确表示应当将佐证的要求延伸应用于控方提交的传闻陈述。2003 年，美国法院行政办公室将该建议正式提交给联邦最高法院。可是，2004 年最高法院作出了对解释对质条款具有里程碑意义的克劳福德案判决，相关判断标准从传闻陈述的可信性转变为传闻陈述是证言性的还是非证言性的，这一发展使得前述建议被搁置起来。2008 年 5 月，顾问委员会再次考察第 804 条 b 款第 3 项所涉及的问题，并再次建议将佐证的要求延伸应用于控方提交的传闻陈述。尽管该条文与对质条款之间的关系可以

---

　　[1]　Edward J. Imwinkelried, "Rethinking the Limits of the Interpretive Maxim of Constitutional Avoidance: The Case Study of the Corroboration Requirement for Inculpatory Declarations Against Penal Interest (Federal Rule of Evidence 804 (b) (3)) ", 44 *Gonz. L. Rev.*, 187 (2008 / 2009).

　　[2]　United States v. Riley, 657 F. 2d 1377 (8th Cir. 1981).

通过克劳福德一案判决中确立的新标准加以理顺，但其与平等保护条款之间的矛盾依旧存在。在某些案件中，联邦最高法院也表示，将证据分类对待可能会触犯平等保护条款的要求。[1]

顾问委员会在其 2010 修正案评注中指出，本次修改第804 条 b 款第 3 项，旨在使佐证的要求适用于刑事案件中所有可能导致刑事归责的传闻陈述；在本次修改之前，尽管条文内容并没有如是要求，但许多法院已经将佐证的要求同样适用于控诉方提供的可能导致刑事归责的传闻陈述。对控辩双方提出的这种性质的传闻陈述采用一致方式处理，将有助于使双方确信该规则不会遭致滥用，只有可靠的传闻陈述才能依本项例外而获得采纳。在评价是否存在佐证时，有些法院关注提出该传闻陈述的到庭证人的可信性。但是，证人的可信性并不是法院评价佐证时应当考虑的因素，判断证人的可信性是陪审团的职责，如果法官根据该证人的可信性来判断是否采纳其提供的传闻陈述，则是对陪审员职权的篡夺。[2]

不过，2010 年对第 804 条 b 款第 3 项的修改也在一定程度上受到来自文本主义者（textualist）[3]的质疑。在刑事案件中，常被援引的理念之一就是宽悯，亦即，当相关法律条文含

---

〔1〕 例如参见 Washington v. Texas，388 U. S. 14（1967）和 Green v. Bock Laundry Mach. Co.，490 U. S. 504（1989）等案件的判决意见。

〔2〕 U. S. C. S. Fed. R. Evid. Rule 804.

〔3〕 文本主义（textualism）是有关成文法解释的一种形式主义理论，认为解释法律应当严格依照法条文本的本意，反对不以条文文本而以立法意图等为基础的解释方式。联邦最高法院大法官安东尼·斯卡利亚（Antonin Scalia）是文本主义者的典型代表。

义模棱两可时，应当作有利于被指控人的解释。尽管如此，文本主义者认为，当前对第 804 条 b 款第 3 项的修改是对该条文的曲解，宽悯理念不能成为曲解法条的合理理由。只有在对立法文本进行合理解读的基础上，法院才能依据宽悯理念作有利于被指控人的解释，宽悯理念并未赋予法院任意解读成文法文本的权力。类似的诸项理念旨在帮助司法者诚实地解释法律，而非其篡夺立法权和任意修改法律的借口。文本主义者进一步认为，本次在顾问委员会建议之下，《联邦证据规则》将佐证的要求扩展适用于归罪性传闻，这一做法是违宪的，其实质是司法者滥用了立法者修改成文法文本的权力，触犯了三权分立的基本原则。[1]

（三）2011 年《联邦证据规则》：行文风格重塑

2011 年 12 月 1 日，最新版本的《联邦证据规则》生效实施。此次修改不同于之前的历次修改，是对《联邦证据规则》进行语言和行文上的风格重塑。2011 年对《联邦证据规则》的版本更新已经不是美国第一次对司法规则进行行文风格重塑，而是一项宏大工程的最后一步。20 世纪 90 年代，联邦执业与程序规则常务委员会认识到联邦法院的诸项规则都存在问题，并承担起对其进行从头至尾整体风格重塑的棘手工作。在重塑《联邦证据规则》之前，已分别于 1998 年、2002 年和 2007 年重塑了《上诉程序规则》、《刑事程序规则》和《民事

---

〔1〕 Edward J. Imwinkelried, "Rethinking the Limits of the Interpretive Maxim of Constitutional Avoidance: The Case Study of the Corroboration Requirement for Inculpatory Declarations Against Penal Interest（Federal Rule of Evidence 804（b）（3））", 44 *Gonz. L. Rev.*, 187（2008 / 2009）.

程序规则》。[1]《联邦证据规则》的行文风格重塑项目启动于 2007 年秋，最终在 2011 年底成功完结。联邦证据规则顾问委员会因本次修改工作荣获 2011 年法律改革伯顿奖（Burton Award for Legal Reform），这是全美境内法律写作的最高荣誉奖项之一。[2]

本次修法的具体目的包括以下两个方面：其一，旨在通过平实的语言来增加条文的清晰性、一致性、可读性和现代性；其二，旨在保持联邦诸项司法规则在行文风格上的一致性，并借此统一法律适用。在修改之前，上述各部《规则》之间存在不一致，甚至在同一部《规则》之中也存在矛盾之处。对于相同的意思，由于各部《规则》的表述方式不同，导致同一内容被解释为不同含义；有时在多部《规则》中均有出现的同一用语，其实指涉的是不同事物，却被误认为是同一事物。[3]

修改过程中的一项重大挑战来自于《联邦证据规则》的实体内涵方面。顾问委员会对本次修改提出和强调的底线性基

---

〔1〕 See Joseph Kimble，"Plain Language：A Drafting Example from the Proposed New Federal Rules of Evidence"，88 *MI Bar Jnl.*，52（2009）；Joseph Kimble，"Plain Language：Another Example from the Proposed New Federal Rules of Evidence"，88 *MI Bar Jnl.*，46（2009）；Joseph Kimble，"Plain Language：Still Another Example from the Proposed New Federal Rules of Evidence"，88 *MI Bar Jnl.*，54（2009）. 该系列文章的作者约瑟夫·金布尔（Joseph Kimble）教授是本次修法的草案顾问。

〔2〕 Available athttp://www. uscourts. gov/News/TheThirdBranch/11-09-01/Restyled_ Rules_ of_ Evidence. aspx.

〔3〕 Daniel J. Capra，"Commentary on the Restyled Federal Rules of Evidence"，*LexisNexis Emerging Issues*，5875（2011）.

础要求是"对各条文的内涵不做任何实质性的改变",理由是表述方式的变化很可能无意间更改了条文的实质含义,而本次修改是通篇的全面修改,实质性变化将会带来高昂的司法成本。为了应对这一挑战,顾问委员会实施了一系列保障[1]:

首先,通过制定具体文件,对何谓"实质性变化"加以界定。根据顾问委员会的定义,"实质性变化"包括以下四种情形:①该变化可能导致在可采性问题上出现与各巡回区当前司法实践不同的结果;②该变化可能导致在判断可采性的程序上出现与各巡回区当前司法实践不同的变化;③该变化改变了某一规则的结构或分析方法,导致从根本上改变了法院或当事人对该规则的看法或产生争议;④该变化改变了"尊崇的用语(sacred phrase)",即在实践中为法院和诉讼当事人所熟知,将之转换为其他用语可能会导致实质性的混乱。

其次,修改程序上层层把关。顾问委员会聘请了精通《联邦证据规则》的专家丹尼尔·J.卡普拉(Daniel J. Capra)教授担任报告员审阅草案一稿,指出可能导致实质性变化的修改;在此基础上,顾问委员会审查二稿,并找出大约一百处可能带来实质性变化的修改;随后,在发布基本成形的草案征求公众意见时,又收集到十处左右的相关意见;最终由常务委员会审阅定夺。在此过程中,仍然发现了大量可能导致实质性变化的问题。

最后,通过相关评注,提示法律从业者本次修改没有任何实质性变化。顾问委员会在其"2011年《联邦证据规则》修

---

〔1〕 Daniel J. Capra, "Commentary on the Restyled Federal Rules of Evidence", *LexisNexis Emerging Issues*, 5875(2011).

正案评注"中强调，各项规则的修改仅仅是行文风格上的，不对证据可采性的裁断产生任何实质影响。这一提示在实践中有效，在对其他几部《规则》进行风格重塑时，曾出现过法院在新的规则中察觉到实质内涵可能发生变化的情况，法院通常根据顾问委员会的评注，表示该处没有实质变化，依然按照此前内涵的理解适用法律。[1]

然而，顾问委员会也承认，当现有规则无法有效运作、招致困惑或与各法院的解释发生矛盾时，未来的确存在进行实质性修改的必要。在本次重塑行文风格的过程中，顾问委员会发现《联邦证据规则》中的有些条文应当考虑进行实质性修改，并且开始审阅相关修改建议。[2]

尽管面貌一新的《联邦证据规则》受到较为广泛的好评，但也不乏质疑的声音，主要针对修改的不彻底性以及标准的模糊性。有学者谈到，本次修改的重要特色之一是保留了某些"尊崇的用语"。根据顾问委员会的相关解释，确定某一用语是否属于"尊崇的用语"，适用的条件是这些用语在实践中是否为法院和诉讼当事人所熟知，将之转换为其他用语是否会导致不当的（后改作"实质性的"）混乱。然而，如何评价其是否"为人熟知"以及什么叫做"不当的（或实质性的）混乱"，却没有设定统一的标准，导致顾问委员会在决定某一用

---

〔1〕 例如 2010 年第十巡回上诉法院裁判的 Constien v. United States 一案中，法院发现《联邦民事诉讼规则》第 4 条的含义发生了改变，但根据顾问委员会的评注，不应认为该条内涵发生变化，而应视为没有实质性改变。参见 Constien v. United States，628 F. 3d 1207（10th Cir. 2010）．

〔2〕 Daniel J. Capra，"Commentary on the Restyled Federal Rules of Evidence"，*LexisNexis Emerging Issues*，5875（2011）．

语的去留时有武断之处，有些作为"尊崇的用语"而保留的条文内容并不比那些被修改的内容更加为人熟知。争议较多的领域之一便是第八章"传闻"的相关修改，尤其是第 801 条的内容[1]，争议的焦点集中于第 801 条 c 款中的"证明主张事项的真实性（to prove the truth of the matter asserted）"以及第 801 条 d 款第 2 项中的"对方当事人的自认（admission by party-opponent）"。

1. 第 801 条 c 款

本次修改保留了"证明主张事项的真实性"的用法。起初，顾问委员会没有做详细解释，仅仅指出这是一个"尊崇的用语"而加以保留。这一理由遭到了来自学界的批评。批评的观点认为，"证明主张事项的真实性"的用法的确有其深远的历史渊源，它源自英格兰的普通法，在美国建国之前便已出现在北美地区，也许可以认为是《联邦证据规则》中最为人熟知的用语之一。然而，"为人熟知"并不应当成为决定是否修改某一用语的标准，而应以该用语的表达方式能否有助于帮助正确理解条文含义为标准，目前的这种表述古老陈旧、不易理解，很少法科学生能够明白第 801 条 c 款之下的传闻概念，甚至有些法律职业者也觉得难以理解。[2]在这一批评面前，顾问委员会仍然坚持原来的看法，保留了"证明主张事项的真实性"的用法，但作了一定补充，即"证明该陈述所

---

〔1〕 其他受到质疑较多的领域包括第四章"关联性及其限制"、第六章"证人"等。

〔2〕 Katharine Traylor Schaffzin, "Out with the Old: An Argument for Restyling Archaic 'Sacred Phrases' Retained in the Proposed Amendments to the Federal Rules of Evidence", 77 *Tenn. L. Rev.* , 849 (2010).

主张事项的真实性”，结合本条第 1 项的内容，这一补充明确了“所主张事项”是指庭外陈述的内容。[1]

2. 第 801 条 d 款第 2 项

本次修改将“非传闻陈述”中的“对方当事人的自认”更改为“对方当事人陈述（an opposing party's statement）”。质疑者认为，如果按照顾问委员会提出的“尊崇的用语”来判断，不应当作此更改，因为“对方当事人的自认”这一用法至少可以追溯到 1935 年，在制定《联邦证据规则》之前便已经广泛存在于普通法的司法裁判中，27 个州在其证据法中对该用法的采用进一步强化了法律职业者对它的熟悉程度。[2]顾问委员会回避了“尊崇的用语”这个问题，认为无论如何，修改此条是必要的，因为“自认”是对第 801 条 d 款第 2 项所描述的陈述种类的错误表述。第 801 条 d 款第 2 项之下的陈述无须是对方当事人对某一事项的“自认”，它可以是承认性的表述，也可以是否认性的，只要该陈述能够在法庭上支持本方主张。“自认”一词也使法院和诉讼当事人将第 801 条 d 款第 2 项之下的陈述表述为“对己不利的自认”，而这一不准确的表述又与第 804 条 b 款第 3 项的“对己不利的陈述”相混淆。[3]因此，尽管“对方当事人的自认”的用法有其深远的历史渊

---

〔1〕　Daniel J. Capra, "Commentary on the Restyled Federal Rules of Evidence", *LexisNexis Emerging Issues*, 5875（2011）.

〔2〕　Katharine Traylor Schaffzin, "Out with the Old: An Argument for Restyling Archaic 'Sacred Phrases' Retained in the Proposed Amendments to the Federal Rules of Evidence", 77 *Tenn. L. Rev.*, 849（2010）.

〔3〕　Daniel J. Capra, "Commentary on the Restyled Federal Rules of Evidence", *LexisNexis Emerging Issues*, 5875（2011）.

源，也已经为众人所熟知，但本次修改还是将之更改为"对方当事人陈述"。

三、美国传闻规则新发展述评

（一）传闻可采性的收紧：宪法原则与证据规则之间的张力

在诸多法律规范之中，通常认为原则是效力位阶高于规则的规范形式。当两者关系出现未尽未明之处甚或矛盾相左之处时，原则可以对规则产生否定效果，正如有观点认为"原则的一个作用是用来证明破坏规则是正当的"[1]。实现这一效果的具体途径之一是对原则进行解释，而规则与原则各自的特性决定了通过解释原则来辖制规则的可能性。具体来讲，规则是以有效或无效的方式适用的，但原则却并非如此。[2]原则的适用有其裁量余地，亦即米尔恩（Milne）笔下的"斟酌的自由"。规则的要求是具体的，能够形成明确的规定和禁令，不容许自行斟酌。为了遵守规则，必须知道这项规则是什么，并能认知它所适用的场合。换言之，规则为行为定下了具体要求和适用条件。与此不同，按原则行事的人享有斟酌处理的自由，因为原则的要求处于开放性的更高水平，它定下了要求但并未告诉我们如何满足这一要求，行为者必须自行决定。合理的裁量以正确的理解为前提，如果确实要努力按原则行事，那么必须在一定程度上理解原则究竟是什么样的原则，理解为什

---

〔1〕 See A. J. M. Milne, *Human Rights and Human Diversity: an Essay in the Philosophy of Human Rights*, State University of New York Press, 1986, p. 25.

〔2〕 See Michael D. Bayles, *Principles of Law: A Normative Analysis*, D. Reidel Publishing Company, 1987, p. 11.

么原则要求那些内容。

美国宪法中的对质权条款与一般成文法中的传闻规则之间的关系变迁是体现上述内容的重要司法实践之一。前文已表，传闻例外的合宪性以及美国宪法第六修正案对质权条款对传闻规则的影响，成为 2000 年之后有关传闻规则的判例法发展焦点。对质权条款与传闻例外之间的关系在一定程度上体现出宪法原则与证据规则之间的张力关系，在这一关系下，美国司法实践在传闻可采性问题上呈现出一定的收紧趋势。

联邦最高法院的观点在世纪之交经历了从罗伯茨标准向克劳福德标准的转变。罗伯茨标准对对质权条款和传闻规则关系的解读认为两者的内涵和价值目标"本是同根生"，强调相关陈述的"可靠性"，认为某一庭外陈述如果属于根深蒂固的传闻例外，或者其可信性有特别保障，那么该陈述就是可采的。2004 年的克劳福德案推翻了罗伯茨标准，切断了对质权条款与传闻规则二十余年来的"联姻"关系。联邦最高法院认为对质权条款背后所体现的原则比美国宪法以及传闻规则都要古老，对质权条款与证据规则也并非一体，而是应当彼此分离。如果用证据法来处理对质权的问题，就会使对质权失去价值。尽管对质权条款的终极目的也是保证证据的可靠性，但它在性质上是一种程序性保障，而非实体性保障；它不仅仅要求证据是可靠的，而且要求这一可靠性通过一种特有方式获得检测，即经过反询问的考验。克劳福德案确立了以判断相关陈述是否具有"证言性"为核心的新标准：①当某一传闻是"证言性陈述"时，该传闻的可采性受到对质权条款的规制，当且仅当陈述者无法到庭且被告人此前有反询问机会时，该陈述才是可采的；②而若是"非证言性陈述"，则此前的反询问机会不再是法院的考察重点，法院将集中考察该陈述的可靠性问题。

　　总体看来，联邦最高法院对对质权条款的解释使得传闻规则及其例外的适用范围受到限制。尽管罗伯茨标准将两者做出相同方向的解读，但其后续相关判例（2004年新标准出现之前的判例）在一定意义上弱化了传闻规则本身的作用，使之在某种程度上处于虚置地位。在刑事案件中，即使某一传闻陈述是可靠的，但只要不利于被告人，最高法院似乎就想通过某种方法将之排除掉，在其解释之下，对质权条款相关问题中的可靠性标准已经高于传闻规则例外所要求的可靠性，在一定程度上架空了罗伯茨标准中肯定传闻规则例外的部分。2004年克劳福德标准的诞生，正式终结了对质权条款对传闻规则的背书，在相关判例中，联邦最高法院明确表示，具有"证言性"的陈述必须受制于对质权条款，而"非证言性"的陈述则由传闻规则及其例外加以规制。据此，在刑事案件中，对质权条款与传闻规则各自所辖范围的分野日渐清晰，传闻规则的例外不再用于判断对被告人不利的证言性陈述的可采性，其作用领域只限于该范围之外的陈述。这在一定程度上对传闻规则的例外产生了抑制作用，那些对被告人不利的证言性传闻陈述不再因其属于某项例外而获得可采性。

　　（二）信息社会与传闻规则的现代化变迁

　　随着人类社会步入信息化时代，传闻规则这一具有古老历史的证据规则也相应发生了若干重要变化，主要体现为如下方面：

　　1. 科技发展对传闻规则的影响

　　（1）日常业务活动记录的可采性。一般情况下，日常业务活动记录属于非证言性陈述，主要属于传闻规则的所辖范围。2000 年的《联邦证据规则》修改了日常业务活动记录作为传闻例外的适用条件，体现出宽松适用的倾向。与若干现代化犯罪相关联，日常业务活动记录越来越多地成为相关案件中的证据，随着信息社会与科学技术的发展，日常业务活动记录中出现并主要体现为大量的计算机等现代手段形成的电子材料，其司法应用不断增多。根据 2000 年之前的《联邦证据规则》，提出以日常业务活动记录作为证据的一方必须有保管人员或其他适格证人的证言为证，该证人必须了解记录是如何制作保存并能证明记录是在业务活动的一般过程中制作保存的，这称之为日常业务活动记录可采性的先决条件。实践表明，向法庭提供这种先决证人是费时的，成本高而且不方便。考虑到日常业务活动记录的可靠性相对较高，2000 年的《联邦证据规则》放松了此种传闻陈述可采性的先决条件，即保障条件不再囿于"先决证人"到庭作证，而是有了选择的可能，即也可以是该记录的保管人员或其他适格人员依法出具的认证其真实性的文件。

（2）实验室报告的可采性。犯罪手段的现代化与侦查手段的现代化使得刑侦技术实验室报告在许多案件中被当事人（尤其是检控一方）用作证据。近年来，刑侦技术实验室报告是否可以在报告人不出庭的情况下用作证据引起了司法者的关注。在 2009 年之前，许多法院认为即使报告人不出庭，实验室报告也具有可采性的，理由包括：科学检测结果是客观、中立的，是"非证言性的"；可以认为此种报告属于传闻例外中的日常业务活动记录；等等。如果法院认为实验室报告属于日

常业务活动记录根据传闻规则加以采纳[1]，根据 2000 年
《联邦证据规则》的修改，其适用条件将会进一步放松。但是
犯罪实验室报告在多数情况下是不利于被告人的，适用条件的
放松意味着被告人状况堪忧。2009 年联邦最高法院在梅伦德
斯–迪亚茨一案判决中认为，州立实验室的分析检测结果应当
受制于对质权条款，要求报告人到庭作证或者被告人此前有反
询问机会，否则这样的分析结果不具有可采性。这在一定程度
上明确了实验室报告与传闻规则及其例外的关系。

2. 立法语言的现代化

《联邦证据规则》用语和行文的晦涩难懂一直以来受到各
方诟病，而传闻规则部分尤为明显。2011 年 12 月 1 日生效实
施的最新版本《联邦证据规则》对原有规则进行了通盘的语
言风格调整，其目的之一就是通过平实的语言来增加条文的清
晰性、一致性、可读性和现代性。修改后的新《联邦证据规
则》集中体现了人类社会现代化进程对立法技术和法律语言
的要求，有专家指出，本次修法将在未来三十五年甚至更长时
间产生意义深远的影响。[2]传闻规则中若干此前界定模糊甚
至令人误解的用语在本次修改中得到了改进，轮廓更为清晰，
比如长期以来受到批评的第 801 条 d 款第 2 项中的"对方当事
人的自认（admission by party-opponent）"，被修改为"对方
当事人陈述（an opposing party's statement）"，等等，这些修

---

〔1〕 例如，2007 年宾夕法尼亚州的 Commonwealth of Pennsylvania v. Carter
案中，法院认为犯罪实验室报告属于日常业务活动记录。

〔2〕 Katharine Traylor Schaffzin, "Out with the Old: An Argument for Restyling
Archaic 'Sacred Phrases' Retained in the Proposed Amendments to the Federal
Rules of Evidence", 77 *Tenn. L. Rev.*, 849 (2010).

改有助于法律执业者更为准确地理解传闻规则的要求。但尽管如此，传闻规则的成文法在未来仍有进一步修改的空间。一方面，有批评的声音认为本次修改存在不彻底性，修法的相关标准也存在模糊性；另一方面，本次修法没有对条文的实质内容进行修改，仅仅是行文风格上的调整。在此过程中，联邦证据规则顾问委员会已经发现有些条文应当考虑进行实质性修改，并且现已开始审阅相关修改建议。

（三）增进控辩平等：对不利于被告人的传闻的限制趋严

2000 年之后，美国传闻规则的发展趋势之一是对不利于被告人的传闻证据的限制趋向严格，该趋势在判例法和成文法的层面均有所体现。

在判例法层面，传闻规则受到的最大辖制来自于联邦最高法院对宪法第六修正案对质权条款的解读与应用，克劳福德案相关标准的确立不但使得对质权条款与传闻规则正式分离，而且将传闻规则的例外中相当一部分内容束之高阁。对质权条款所规范的对象是刑事案件中不利于被告人的证人证言，所以，上述变革集中影响的是对刑事被告人不利的传闻的可采性问题。对于这一类传闻，仅当其性质是"非证言性"的陈述时，才属于传闻规则所辖范围，亦即可以通过论证其符合传闻规则的例外而成为庭上使用的证据；如果其性质是"证言性"的，即便满足传闻规则例外的规定，也不一定具有可采性，需要判断其是否满足对质权条款的要求。据此，对刑事被告人不利的传闻不再直接通过传闻规则的例外规定必然成为具有可采性的证据，其要受到更为严格的审查。

在成文法层面，2010 年《联邦证据规则》修改了第 804 条 b 款第 3 项"对己不利的陈述"的内容。根据修改之前的规则，仅当这种陈述被用于开脱被告人罪责时，才需要对其真实性提供佐证加以保障，如果是一项用来向被告人归罪的陈述，则无需经过补强，即可采纳为证。据此，需要满足"佐证"的条件才具有可采性的"对己不利的陈述"范围扩大了，这一修改增加了控诉一方的证明难度。由于开脱被告人罪责的传闻陈述基本来自于辩方，指控被告人有罪的传闻陈述基本来自于控方，因此对修改之前的条文争议颇多，来自刑辩律师界的批评尤为强烈，联邦最高法院也曾在某些案件中对这种将证据分类对待的做法表示质疑。反对此条的重要依据之一是基于控辩平等的考量，认为这种差别对待违背了正当程序的要求。为此，联邦证据规则顾问委员会建议将佐证的要求延伸应用于控方提交的传闻陈述，并最终在 2010 年完成了对本条规定的修改。这一修改旨在使佐证的要求适用于刑事案件中所有可能导致刑事归责的传闻陈述，对控辩双方提出的此类传闻陈述采用一致方式处理，将有助于使双方确信该规则不会遭致滥用，只有可靠的传闻陈述才能根据本项例外而获得采纳。

美国"电子传闻证据例外"的提出及其预期影响

近年来，越来越多的社交网站言论（social media posts）及手机短信（text messages）作为证据出现在美国刑事诉讼案例中。在科学技术日新月异的今天，这样一种证据法上的现象并不奇怪，随着网络世界与智能手机的迅猛发展，大多数人已经习惯于通过社交网站以及手机短信的方式随时随地分享自己的观察与思想。我们所处的世界正在全面数字化，作为法律人，相应的法律研究也应该与时俱进。美国证据法学界对于电子证据传闻证据规则（electronic hearsay）的最新研究，对中国刑事证据规则的确立和完善具有借鉴意义。

一、概述

传闻证据规则规范的是在法庭外作出的、用以证明主张内容真实性的陈述。[1]一般情况下，这样的陈述应该被排除，

---

[1] 在普通法上，"陈述"是一个十分宽泛的概念，包括意思表达的所有方式，常见的如口头陈述、书面陈述以及非语言行为。参见刘玫：《传闻证据规则及其在中国刑事诉讼中的运用》，中国人民公安大学出版社 2007 年版，第8 页。

如果满足任何一项传闻证据的例外，则该陈述可以被采纳。在普通法的发展历程中，司法与立法机构逐渐确立了多种传闻证据规则的例外，每项例外都有其限制适用的范围。对于满足传闻的电子证据而言，一些传闻证据规则的例外具有可适用性，然而这种适用仅仅只是巧合，并不具有可预见性。[1]其原因是可以理解的，证据规则的创始者们或许从未想象过如今人们的交谈也可以通过数字化形式呈现。相应地，即使能够通过类比的方式将一些例外运用于电子证据，法庭仍然不能确保能够将具有可采性的电子证据同不具有可采性的电子证据以一种容易感知与理解的方式区分开来。

幸运的是，法庭的司法处理并不是解决大量电子传闻证据问题的唯一方法。打破法律的僵化，从立法的角度同样也可以通过做出改变来适应电子证据的发展变化。近年来，致力于研究证据法实践发展状况的美国联邦证据咨询委员会已经明确表示将"新兴电子证据的发展对传统证据规则的挑战"这一议题列入研讨商议的进程。[2]在美国，即使联邦层面不作为，各个州也同样有权力率先修订本州的证据规则，引导证据法的最新发展。

对于如何做出改变，美国多数学者倾向于减少传闻证据规则对于电子证据的限制。依据传闻证据规则排除传闻证据，其初衷是排除具有感知、记忆、感情及意思模糊四个危险的不可

---

[1] United States v. Harry, No. CR10-1915-JB, 2013WL, at para. 24.

[2] Available at http://www. uscourts. gov/uscourts/RulesAndPolicies/rules/Agenda% 20Books/Evidence/EV2012-10. pdf, 最后访问时间：2015 年 2 月 1 日。

靠的证据。[1]然而，发布在社交网站上的言论以及手机短信的内容通常是值得信赖的，主要依据有：①此类陈述在事件发展过程中做出，因此能够反映陈述者最原始的认知，没有受到诉讼压力的干扰；②一般能够以陈述被做出时最原始的状态保存下来。[2]因此，如果能够构建一个更为合适的传闻证据规则架构，排除过多的传闻证据阻却，案件裁断者就能接触到更多有关于案件的信息，从而更好地实现刑事诉讼的一大价值——发现真实。在美国，传闻证据规则对于阻却案件真实的发现一直受到诸多诉病，而现实中不断发展的电子化交流模式或许正是一次证据法革新的宝贵机遇。[3]

正是在这样的潮流发展背景下，美国学者提出了专门针对新兴电子证据的传闻证据规则例外，简称"电子传闻证据例外"（e-hearsay exception），旨在为案件裁断者提供值得信赖的电子证据，同时将缺乏可靠性的证据排除在外。

二、"电子传闻证据例外"的提出背景

近年来，一种新兴的数字化交流模式正在全面"入侵"每个人的日常生活。即时短信、电子邮件、状态更新、推特（中国为"微博"、"微信"）等正在逐渐取代书信、电话以及面对面的交谈。这样一个数字化交流模式的兴起，很大程度

---

〔1〕 参见刘玫：《传闻证据规则及其在中国刑事诉讼中的运用》，中国人民公安大学出版社 2007 年版，第 35 页。

〔2〕 See Virginia Heffernan, "The Medium: Being There", *N. Y. Times Mag.*, 15（Feb. 10, 2009）.

〔3〕 See Christopher B. Mueller, "Post-Modern Hearsay Reform: The Importance of Complexity", 76 *Minn. L. Rev.*, 367（1992）, 373~384.

上是依赖于两个方面的因素：一是科技日益高新的移动电子设备，二是社交网络的迅猛发展。

第一个因素是现今普及率极高的移动电子设备。一位美国学者这样形容其发展："移动设备的出现将人们的各种需求投射到一个可携带的、功能强大的机器上。传感器、照相机、麦克风、数字卫星定位系统、电子罗盘等等，它无所不包。"[1]手机问世以来，迅速成为人们日常生活的必需品，沟通联络都靠它，然而其主要功能如今往往不限于进行语音通话。一项最新的数据显示，智能手机的使用者（大约占到57%的美国中老年以及80%的美国青少年）有97%都会通过其进行收发短信，39%的人会通过智能手机频繁登录社交网站。[2]

第二个因素是诸如脸书（facebook）、推特（twitter）这类社交网站的出现。这类网站为人们的电子化信息沟通提供了最基础的平台，每个人都可以在上面发表状态、上传文件、分享链接等等，这些内容编织成了一个纷繁复杂的社交网络世界。数据显示，脸书网具有13.5亿左右的活跃用户，而推特网每天都大概有5亿条最新推特被用户发出。[3]一个较为夸张的

---

〔1〕 Paul Ohm, "The Fourth Amendment in a World Without Privacy", 81 *Miss. L. J.*, 1309（2012），1314~1315.

〔2〕 Available at http://www.edisonresearch.com/2014-smartphone-ownership-demographics/；http://www.scratchwireless.com/pad/communication-by-generation/；http://www.edisonresearch.com/smartphone-owners-index-higher-for-frequefr-social-media-usage-2/，最后访问时间：2015年1月3日。

〔3〕 Available at http://expandedramblings.com/index.php/by-the-numbers-17-amazing-facebofa-stats/；http://expandedramblings.com/index.php/march-2013-by-the-numbers-a-few-amazing-twitter-stats/5/，最后访问时间：2015年1月6日。

例子是，一位纽约州的法官竟然命令推特网与检察官同步发出传唤犯罪嫌疑人的指令。[1]这些都足以说明社交网站已经成为当代人最密不可分的生活与工作工具。

不同领域的学者已经着手就新兴数字化交流模式进行深入的研究。显而易见，数字化的发展对传媒界、社会团体与运动、新一代年轻人的身心发展等的影响是巨大的，与此同时，对新型法律的需求也逐渐展现出来。

数字化交流模式的发展对证据法学的促进来自于两方面：一方面，这类以数字化形式定格下来的电子证据普遍存在于各类案件中；另一方面，它的可采性问题引发了学者的深入思考和热烈讨论。电子证据一般具有公开性，并且保存较为长久，这种双重特性使得诉讼双方都能较为容易地获取。应该说，从自身性质而言，电子证据比面对面的交谈更缺乏隐私的保护。就算电子证据并不被普通公众所获得，网站服务器或者传输器都能记录下电子证据的全貌，即使网站运营商并不是刻意为之。

尤其需要认知的一点是，电子证据与传统证人证言最具有诉讼意义的差别就在于保存的形式。一个口头言论，通常在几个月后就会因记忆的原因而变得模糊不清，因而难以在法庭上得到正确的采纳。与此形成鲜明对比的是，对于电子言论而言，记忆是无关紧要的，只要其被保存下来，无论在任何时候都能以在最原始的形态呈现于法庭。如果需要的话，提出证据的一方只需要提请一名运营商的代表出庭证实证据可采性的最

---

〔1〕 People v. Harris，945 N. Y. S. 2d 505，507，（N. Y. Crim. Ct. 2012）.

低保障即可，例如证据形成的时候，网站运行正常。[1]

对于律师或其他案件调查者而言，寻找当事人的电子证据信息并不是一件难事。他们可以到社交网站上进行搜索，也可以借助现场遗留的手机电脑等寻找里面有价值的信息内容。当然，警察可以通过获取搜查证来命令运营商透露客户个人保密信息。有鉴于此，脸书网（facebook）甚至专门开辟了一个网站来接受来自警局的调查命令或来自私人的基于诉讼的调查申请。[2]

既然这些电子证据具有足够的丰富性与保障性，接下来的问题就是如何规制它们从而使其合理且正当地出现在案件裁断者面前。如今，大量的证据规则还停留在规范传统沟通方式所形成的证据上，例如口头交谈、书信等，将这样的证据规则适用在电子证据身上难免就会出现“牛头不对马嘴”的效果。因此，证据规则，特别是规范证据可采性的规则理应做出相应的变化。在传闻证据领域，主要有以下一些问题引发了学者的反复思考：大写的短信句子[3]能构成“兴奋表达”（excited utterances）[4]吗？所有例行的工作邮件都能构成“商业记录”

---

〔1〕 See United States v. Blackett, 2012 WL 1925540, 66, (3d Cir. 2012).

〔2〕 Available at http://www. reuters. com/article/2011/07/12/us-facebook-id USTRE76B49420110712，最后访问时间：2015 年 1 月 5 日。

〔3〕 一起谋杀案中，被害人发出一条短信：“I NEED YOU TO CALL ME AN AMBULANCE；I HAVE BEEN ATTACKED”，available at http://www. huffingtonpost. com/2012/09/26/kevin-mashburn-att-worker-texts-murder-bryan-middlemas_ n_ 1916515. html，最后访问时间：2015 年 1 月 2 日。

〔4〕 美国《联邦证据规则》第 803（2）条规定了“兴奋表达”的传闻证据规则例外。

(business records)[1]吗？"网络医生"（WebMD）网站[2]的搜索记录构成"以医疗诊断为目的而做出的陈述"[3]吗？推特上"转发"（retweet）和脸书网上"点赞"（like）构成"采用许可"（adoptive admission）[4]吗？社交网站的状态更新构成"当时感觉印象"（present sense impressions）[5]吗？

面对这些问题，最诚实的答案无外乎"也许"、"有时候是"，或者是更直白的"我们拭目以待"。然而这种不确定的危害是明显的。在美国，大多数刑事案件在进入实质审判之前都以辩诉交易等方式结案了，这很大程度上是由于诉讼双方对案件结果都有一个较为确定的判断。基于这样的判断，诉讼双方再结合己方的利益从而在自愿的基础上进行等价交换实现息诉宁人的结果。然而，一旦案件因为证据的可采性出现较大程度的不确定性，那么诉讼双方对于案件结果的提前预判就会受到很大干扰，从而降低双方交易的意愿，进而加大司法机关负担，提高诉讼成本。

综上，基于这样一种尴尬的现状，传闻证据规则亟需得到某种程度上的改革，以解决在司法实践中已经出现的问题。

---

〔1〕 美国《联邦证据规则》第 803（6）(B) 条规定了"商业记录"的传闻证据规则例外。

〔2〕 WebMD 是美国最大的医疗健康服务网站，拥有丰富的健康信息咨询与诊断服务。

〔3〕 美国《联邦证据规则》第 803（4）条规定了"以医疗诊断为目的而做出的陈述"的传闻证据规则例外。

〔4〕 美国《联邦证据规则》第 801（d）(2)(B) 条规定了"采用许可"的传闻证据规则例外。

〔5〕 美国《联邦证据规则》第 803（1）条规定了"当时感觉印象"的传闻证据规则例外。

三、美国传闻证据规则例外的历史演进概况

正如上述所及，将网上言论、短信息等电子证据展现在案件裁断者面前的最大障碍就是传闻证据规则。在美国乃至普通法国家和地区，传闻证据规则是最具有鲜明特色的证据法内容之一，但却一直饱受争议。有许多学者坦言，传闻证据规则的发展历史就是传闻证据被排除的效力被不断瓦解的过程。

在美国，传闻证据规则用来排除在法庭外作出的用以证明主张内容真实性的陈述，这种排除效力甚至及于出庭作证的证人。举一例子来说，如果一个人在脸书网上更新状态说："我的老板因为我早上上班迟到而打了我"，检察官并不能用此证据来证明老板打了那个人的事实，即使那个人出庭接受交叉询问。实践中，这样的排除效力是为了鼓励案件中最具有发言权，即最有切身感受的证人出席法庭作证，来接受控辩双方的询问、质证，让事实裁断者有机会直接审查其内容，而不仅仅是依赖于书面证词或者是传闻者的证言。

传闻证据规则的确定要追溯到 18 世纪，彼时英国普通法开始基于交叉询问的理论排除庭外证言的适用。美国的传闻证据规则便是在长远的普通法传统中逐渐发展起来的。在这个过程中，主导改革的立法者们一直在思考与排除效力有关的两个问题：其一，为什么排除的效力要及于能够在法庭上出庭接受交叉询问的证人的陈述？其二，为什么排除的效力要及于那些已经去世或者是客观上不能够出庭作证的陈述者的言论？

在对上述问题的反思中，1942 年美国法律委员会（American Law Institute）颁布了《模范证据法典》(*Model Code of Evidence*)，起草者在该法典中推崇传闻证据规则的激进式改革。在谈到对现有传闻证据规则的评价时，起草者嘲笑其为"矛盾的集合体"，并指出司法实践中通过法院创设传闻证据的例外可以充分说明传闻证据在相当大的范围内具有证明价值，值得纳入陪审团裁断的证据基础。[1]

《模范证据法典》的起草者将传闻证据的排除效力限定在一个必要的范围内。该规则第 503 条规定，当传闻的陈述者因客观原因不能出庭作证时，该传闻证据不被排除。[2]该规则同样规定，只要陈述者出庭作证，则其陈述都具有可采性。[3]因此，在该规则的框架下，几乎大部分的传闻都可以被法庭采纳，除非该传闻的提出者有能力提请相关陈述者出庭时却拒绝提请。由于该规则主导的改革是如此激进，因此没有哪一个州最终采纳《模范证据法典》。

时间到了 1953 年，证据法学者仍然在致力于修复漏洞百出的传闻证据规则。从《模范证据法典》的经验教训出发，一批优秀的学者起草了《统一证据规则》(*Uniform Rules of Evidence*)。区别于《模范证据法典》的极端，《统一证据规则》在维持传闻证据排除效力的大前提下，创设了许多例外，其中一项例外如此规定：一项意在描述和解释事件发生情况的庭外陈述，如果该陈述基于善意做出，不具有用于诉讼的目的，且源自陈述者清晰的关于彼时最近获知事件的记忆，则当陈述者

〔1〕 See Model Code Evid. , at III, XII (1942).

〔2〕 See Model Code Evid. 503 (1942).

〔3〕 Id. at 231~232.

没有出庭作证时，该陈述不被排除。[1]这一例外即"最近获知例外"。评论者认为这一例外较好地避免了大量传闻证据被任意地排除在法庭之外，并使值得考虑的有价值的传闻证据进入了案件裁断者的视线。然而，1953年的《统一证据规则》仅仅是取得了比《模范证据法典》略微出彩的成绩，唯有堪萨斯州长期采纳并认可了其效力。

致力于证据法改革的法律工作者在1975年终于迎来了巨大的收获，这一年，《联邦证据规则》(Federal Rules of Evidence)的出台被联邦国会批准并迅速在大多数州生效。该规则在起草的过程中将法院在司法实践中确立的多种例外规则融入其中，与此同时，也将《统一证据规则》中的"最近获知例外"纳入进来。

然而，"最近获知例外"却最终遭到了国会的否决。国会的司法委员如此解释："我们不能认可这项例外，因为国会并不认为这种类型的陈述具有足够的真实保障。"因此最终的《联邦证据规则》并不包含任何与"最近获知例外"相类似的传闻证据例外规定。

四、"电子传闻证据例外"的内容和要求

现在看来，"最近获知例外"之所以遭到了国会的否决或许仅仅是其提出的时机并不成熟。其实只需要一些微小的调整，"最近获知例外"就可以转变为一项专门针对电子证据的例外，从而可以适应迅猛发展的数字化交流模式的需求。

---

〔1〕 Preliminary Draft of Proposed Rules of Evidence for United States District Courts and Magistrates, 46 F. R. D. , 161 (1969), 377~378.

概而述之，"电子传闻证据例外"包含以下内容：①传闻陈述者或没有出庭，或实际出庭；②传闻被记录下来；③传闻系对最近获知事件的描述；④传闻非基于诉讼目的而做出。

第一，美国学者提出的"电子传闻证据例外"既适用于传闻陈述者没有出庭的情形，也适用于传闻陈述者实际出庭的情形。陈述者实际出庭的情形容易理解，难点在于如何理解陈述者没有出庭的情形。基于一定的法律常识，陈述者没有出庭的原因可能有陈述者拒绝作证，陈述者因死亡或患有严重疾病无法出庭等等。学者没有进行诸如此类的列举，而是采纳了《联邦证据规则》第804（a）条第5款的表述方式，即该陈述的支持者通过正当的程序或合理的方式促使陈述者出庭作证后，陈述者仍然未能出庭。

可以看出，"电子传闻证据例外"的适用囊括了两个极端：①当采纳传闻陈述的必要性最大时——即传闻陈述者客观上不能出庭；②当排除传闻陈述的必要性最小时——即当陈述者能够出庭接受交叉询问。这样一个例外的设计与"最近获知例外"相比，将适用的范围从陈述者没有出庭扩展到了陈述者实际出庭作证，增大了对相关电子传闻证据的适用可能性。

第二，"电子传闻证据例外"要求传闻陈述被记录下来。这一条件是对"最近获知例外"的一个重要补充。被记录下来的庭外陈述，其可靠性保障得到了广泛认可。当庭上证人提及另一个人的传闻陈述时，庭上证人的言论不可靠，这一传闻的危险便显现。然而当另一个人的传闻陈述能够以某种形式记录下来时，证人证言的不可靠性便降低了。

任何机械或电子化的保存方法都可以称之为"记录"。对于大多数的电子证据而言，在其形成的过程中，其内容都被电脑软件保存了下来。"电子传闻证据例外"要求这种记录的同时性。如果一些陈述并不是最初被同时记录下来，即使其事后以其他方式记忆下来，其也不能适用于"电子传闻证据例外"。因此，如果在案发现场一个证人的口头证词被警察用电脑记录下来，其就没有满足同时性的要求，不能适用"电子传闻证据例外"。与此相关的是，正如"商业记录例外"（business records exception），"电子传闻证据例外"要求提出者出示被记录的陈述本身，而不是出示证明该记录内容的证词。如果一项电子证据事后不能恢复其内容了，关于它内容的证词也不能在"电子传闻证据例外"下被采纳。

"电子传闻证据例外"与"最近获知例外"还有一处非常重要的不同在于，前者的适用范围仅限于交谈（communication），而后者的适用范围包括所有的陈述（statement）。陈述这一概念里有一小部分并不属于交谈，例如自己的日记、邮箱草稿等等，它们的共同特点是并没有可期待的观众来接受信息。对于"电子传闻证据例外"而言，其适用范围仅限于交谈。究其原因，主要有两方面的考虑：其一，观众的存在能够增大陈述的真实性。[1]其二，将适用的范围限定在交谈能够减少诉讼双方为赢得诉讼而任意编造基于诉讼为目的的单方面陈述，因为没有观众的陈述让法官难以判断其陈述做出的时

---

〔1〕 See Herbert Paul Grice, "Logic and Conversation", in *Studies in the Way of Words*, 2ed, Harvard University Press, 1989, pp. 22, 27.

间。[1]

第三，与"最近获知例外"的一个相似之处是，"电子传闻证据例外"只适用于描述、解释最近被陈述者获知的事项或情形。这一限定主要是将描述久远事项的陈述排除在外。其背后的原因主要在于：人们往往对久远的事会出现较大的记忆偏差，并且习惯于根据自己的情感变化来改变甚至扭曲以前所发生的一些事实。

然而一个操作性的问题随之出现——怎样判断"最近获知"？既有的普通法案例能够为我们提供一些参考，一般而言，法院允许事件发生与做出陈述之间最多间隔 8 天。[2]如果间隔的时间超过 8 天，并不必然排除适用，法院还会进行更加细致的审查。例如，在一个特殊的案例里，8 到 10 个星期的间隔时间同样得到允许，其原因是陈述者（即案件的被害人），因为受到客观限制不可能做出时间更早的陈述。[3]威斯康星州最高法院的判决如此解释：单纯地以时间间隔来判断固然重要，但并不绝对。我们还需要根据案件的特殊情况，包括意外情况如受伤等影响陈述做出的各种因素，进行综合判断。[4]

第四，"电子传闻证据例外"要求其陈述不是基于诉讼目的而做出。此要求同样也是来源于"最近获知例外"。很显

---

〔1〕 See 4 Christopher B. Mueller & Laird C. Kirkpatrick, Federal Evidence, 3d. 599 (3d ed. 2007).

〔2〕 See State v. Berry, 575 P. 2d 543, 545 (Kan. 1978).

〔3〕 Kluever v. Evangelical Reformed Immanuels Congregation, 422 N. W. 2d, 874 (Wis. Ct. App. 1988), 875~876.

〔4〕 Id. at 877.

然，如果诉讼双方为了赢得诉讼而故意制作出有利于己方的传闻陈述，这无疑会干扰案件裁断者对案件真实情况的审查判断。对于大多数电子证据而言，如手机短消息、社交网站的状态更新，它们一般都是在正常情况下做出的，陈述者不会受到诉讼的干扰。因此，这样一个条件并不会限制住大多数的电子证据。

第五，"最近获知例外"在要求非基于诉讼目的的同时，还进一步提出庭外做出的传闻陈述必须"基于善意"（good faith）。然而司法实践证明，这种"基于善意"的条件最大的问题在于无法准确把握尺度。由于适用标准的模糊，反而会导致证据的可采性出现较大的不确定。"电子传闻证据例外"摒弃了"基于善意"的要求，创立出了一套独特的检测电子传闻可靠性的机制。具体而言，"电子传闻证据例外"要求排除匿名的传闻陈述。所谓匿名是指传闻陈述的接受者并不知道短消息或社交网站言论的发出者是谁。与此同时，正如上文所提到的，陈述的做出必须是对最近事项的描述，并且非基于诉讼目的，在这些考量标准共同作用下，就能较好地将不可靠的传闻陈述与可靠的传闻陈述辨别开来。

"电子传闻证据例外"几个方面的内容已在上文一一述及，需要特别说明的是，虽然"电子传闻证据例外"设计的初衷是让大量值得信赖的电子证据进入案件裁断者的视野。然而，该例外却并不要求其陈述必须具有电子化的形式。理由有两个方面：其一，随着科技的日新月异，口头表达、纸张书写与键盘输入的界限开始出现交叉。举个例子而言，口头陈述可能被同步录音进电脑，用笔在平板电脑上书写其内容也会同步进入电脑。因此，我们越来越难以定义，什么叫电子化形式。[1] 其二，区别电子化交谈与非电子化交谈并没有多大意义。正如《联邦证据规则》的起草者所言，重要的不是媒介本身是什么，而是媒介如何来提供一个可供依赖的陈述平台。[2] 因此，如大多数传闻证据规则例外一样，"电子传闻证据例外"并没有将其适用限定于某一个陈述平台。虽然说"电子传闻证据例外"的创设旨在解决电子证据的可采性问题，但并不意味着规则本身要将范围限制在电子化领域。

五、"电子传闻证据例外"的预期影响

在适用"电子传闻证据例外"之后，对法庭的证据可采性等势必会产生影响。毋庸置疑，在"电子传闻证据例外"下，将有一部分电子证据具有可采性。具体而言，可以分为三类：①出庭证人的传闻陈述；②不能出庭的证人的传闻陈述；③不愿出庭的证人的传闻陈述。下面分而述之：

第一，对于出庭证人的传闻陈述，在"电子传闻证据例外"下通常将具有可采性。以一个贿赂案件布莱克特案（United States v. Blackett）为例，在该案中，一个证人曾经担任了另一起案件的陪审团成员，为了证明被告人曾经在她担任陪审团成员期间向她贿赂的事实而出示了一则其发给其妹妹的短信，该短信的内容为："你看，这就是我告诉你我不想当陪审员的原因。一些坏蛋来敲我门诱惑我说如果主张无罪就可以得到一大笔感谢费"。在现有的证据规则下，由于证人完全可

---

[1] See Claire Cain Miller, Joining the Party, "Not Crashing It: Google Aims for Less Intrusive Ways to Fit into Daily Life", *N. Y. Times*, B1 (Oct. 14, 2012).

[2] See e. g., Fed. R. Evid. 101 (b)(6).

以记住事件过程，因此这一短消息不会被认作"代替记忆的记录"（recorded recollection）〔1〕，因而不会被采纳。〔2〕然而在"电子传闻证据例外"下，这条短信会直接具有可采性，能够提供给案件裁断者有效的信息。另一个同样典型的例子是个强奸案件路易斯案（People v. Lewis），该案件中被告人指出被害人编造了证词试图证明强奸的存在。为此，检察官出具一条被害人发给朋友的短信，短信的内容为"有个男人在我家公寓，他试图强暴我"。〔3〕同样地，由于不构成"代替记忆的记录"，该证据被排除。而如果采纳"电子传闻证据例外"，则该短信内容具有可采性。虽然，相较于非出庭证人的传闻陈述而言，出庭证人的传闻陈述对于案件裁断者的帮助并不那么明显，然而只要其传闻陈述与当庭证言具有一致性，那么传闻陈述就可以充实其庭上证言使其主张更具有可靠性。与此同时，如果其传闻陈述与当庭证言存有冲突，同样可以给案件裁断者提供一个信息，即这个证人或许并不可靠。

第二，在"电子传闻证据例外"，不能出庭的被害人的传闻陈述也具有了可采性。在家庭暴力和性虐待等类似案件中，"电子传闻证据例外"将发挥巨大作用。在这些案件中，即使被害人拒绝作证或申请特权不作证或下落不明或在诉讼进行中死亡，她们的网上聊天记录、状态更新记录等都可以在"电子

---

〔1〕 "代替记忆的记录"是《联邦证据规则》第803（5）条规定的一项传闻证据规则例外，适用条件包括：①该记录是关于陈述者曾经获知但如今不能完整重述的事项；②陈述者做出该记录时对记录事实具有清楚的记忆；③记录内容准确反映陈述者当时的认知。

〔2〕 Blackett，2012 WL 1925540，742（N. Y. Crim. Ct. 2012）.

〔3〕 People v. Lewis，2012 WL 6861248，3（Ill. App. Ct. 2012）.

传闻证据例外"下具有可采性。在洛根案（People v. Logan）中，法庭错误地将一名死亡被害人的用于证明其前男友杀人动机的短信排除，[1]而通过"电子传闻证据例外"就能更为合理地保障那些可靠的电子证据能够呈现在案件裁断者面前。

第三，"电子传闻证据例外"同样有助于将不愿出庭合作的证人的传闻陈述赋予可采性。当证人拒绝作证或提请证人特权等情况时，他们发布在社交网站的坦率的言论或手机短信就能够填补一些证据链的空白。在一起案例中，一位学生向他母亲编辑短信告诉她"我看见有一个男孩把手揣在口袋里，突然他把手伸出来，手里多了一把枪，并在九年级的教室门口射杀了另一个男孩"。[2]如果那个男孩拒绝作证的话，这条短信就会被传闻证据所排除，而通过"电子传闻证据例外"，这条短信就能够得以用以证明案件发生过程。

在美国宪法中，被告人具有一项与传闻证据规则有关的权利，即对质权（Confrontation Clause）。在特定条件下，一些不能经过对质的传闻陈述即使符合传闻证据例外，也不具有可采性。[3]美国联邦最高法院已经修改了对质权条款，规定对质权的效力限定于"证言性"（testimonial）传闻陈述。所谓"证言性"传闻陈述，即陈述做出的目的是为了避免出庭作证。[4]根据这样一个定义，"电子传闻证据例外"并不受到对质条款的限制。因为正如前文所言，"电子传闻证据例外"已经将基于诉

---

[1] People v. Logan, 2012 WL 3194222, 2~3（Mich. Ct. App. 2012）.

[2] Available at http://www.cbsnews.com/news/teen-dies-in-ala-middle-school-shooting/，最后访问时间：2015 年 1 月 4 日。

[3] U. S. Const. amend. VI.

[4] Michigan v. Bryant, 131 S. Ct. 1143, 1155（Mich. Ct. App. 2011）.

讼目的考虑的传闻陈述排除在外，因此不会将"证明性"传闻陈述包含进来，因而也不会担心受到对质权条款的挑战。

六、结语

"电子传闻证据例外"是美国学者基于数字化交流模式迅猛普及与发展的现状而设计出的一种全新的传闻证据规则例外。正如前文所言，这种例外可以最大程度上减小证据的不可靠性，解决现有传闻证据规则对电子证据的过多束缚，从而给案件裁断者提供更为丰富且有效的案件信息。与此同时，通过对匿名传闻陈述的排除、基于诉讼目的的传闻陈述的排除等等，也维持了传闻证据规则确立的初衷及其运作机理。

对于中国而言，现阶段我国刑事诉讼法中并没有明确规定传闻证据规则，与此同时，与传闻证据紧密相关的证人出庭作证制度、交叉询问制度、对质权等问题，都还处于不断摸索和完善的过程中。在这样一个背景下，本文的目的并不在于简单化地将美国学者提出的"电子传闻证据例外"引入中国，而是希望将美国学者对于传闻证据规则的思考方式呈现出来，当我们也面对日益繁多的电子证据时，借鉴一种成熟的思维模式，结合实体公正与程序公正、惩罚犯罪与保障人权、诉讼效率等刑事诉讼的基本价值和理念，更好地处理电子证据的可采性问题。

加拿大传闻证据规则的发展轨迹及启示

——以1990年R.v.Khann案件为起点

自 1990 年卡恩案件（R. v. Khann）之后的二十多年以来，加拿大的传闻证据规则在最高法院的主导之下经历了具有深远意义的改革，具体包括识别传闻证据的一般原则和发展，以及在传闻证据可采性考查方面采用了原则性方法这两个方面。尽管加拿大的传闻证据规则经过了大刀阔斧的改革，但改革之后传闻证据规则的性质没有改变，仍是一个证据排除规则。原则性方法的应用，仍然体现了传闻证据规则设置的初衷。特别需要指出的是，传闻证据规则在刑事领域的宪法维度增加了需要考量的利益和价值。

传闻证据规则是普通法证据规则体系的重要组成部分。加拿大作为普通法系国家之一，也继受了这一传统。传统的传闻证据规则在加拿大的改革肇始于 1970 年的阿瑞斯案件（Ares v. Venner）[1]。在该案件中，加拿大最高法院拒绝遵循上议院（House of Lords）在 1965 年迈尔斯案件（Myers v. Director of Public Prosecutions）[2]中所持有的"只有通过议会的动议

---

〔1〕 ［1970］S. C. R. 608, 14 D. L. R. （3d）4.
〔2〕 ［1965］A. C. 1001 （H. L.）.

才能对'封冻的'传闻证据规则进行改革"这样一种立场，而是采纳了迈尔斯案件中多诺万（Donovan）法官的少数派意见，即"普通法由法官来塑造，不时地修改普通法以确保其服务于所约束的利益仍然属于法官的职责范围"[1]。

然而，对加拿大传闻证据规则产生深远影响的改革则起源于1990年的卡恩案[2]。之后的二十多年，在加拿大最高法院的主导之下，传闻证据规则经历了具有历史意义的司法改革。一般来讲，适用传闻证据规则需要判断两个问题：①某证据是否为传闻证据？这个问题意在识别传闻证据。如果是传闻证据，还需经过第二个问题的检验；如果不是，则该证据不需要传闻证据规则来规制。②某传闻证据是否符合传闻例外？这是判断传闻证据可采性的问题。符合，则可采；不符合，则不可采。在加拿大，传闻证据规则的改革在上述两个方面均有体现。如果说，第一个方面的改革只是"无声细雨"，那么第二个方面的改革则可以说是"波澜壮阔"。

一、传闻证据识别的一般原则及其发展

律师和法官一样，一直以来面临的一个主要困难就是识别传闻证据。[3]而识别传闻证据，需要首先了解什么是传闻证据。如何定义传闻证据，是一件十分棘手的事情，学界未达成

---

〔1〕 R. v. Starr［2000］2 S. C. R. 144, 36 C. R. (5th) 1, 147 C. C. C. (3d) 449, at para. 32.

〔2〕 R. v. Khan［1990］2 S. C. R. 531, 79 C. R. (3d) 1, 59 C. C. C. (3d) 92.

〔3〕 R. v. Abbey［1982］2 S. C. R. 24, 68 C. C. C. (2d) 394, 138 D. L. R. (3d) 202, at para. 40.

一致意见。以往，加拿大法院拒绝采纳针对传闻证据的特定的综合性定义，担心穷尽所有的定义不能够完全涵盖庭外陈述的情形。不过，这仍然不能回避识别传闻证据的问题。就加拿大来讲，近年来，它的判例法发展了一些传闻证据识别的一般原则。

（一）传闻证据的两个本质特征

在 1992 年的史密斯案（R. v. Smith）中，法院针对未被传唤为证人的人向出庭证人所作的陈述这种情况，阐述了如何识别传闻证据的问题。当该陈述被用来证明所陈述内容的真实性时，是传闻证据，一般认为不可采；但是，当该陈述被仅仅用来证明作出过陈述这个事实，则不是传闻证据。或者基于传闻证据规则的例外，或者更准确地从一个分析的视角来看——因为不属于传闻证据含义的范畴，这些陈述在传统意义上被认为是可以采纳的。[1]类似地，法院在 1993 年的埃文斯案件（R. v. Evans）中认为，内容的真实性得到采纳的法庭外陈述，是传闻证据；仅仅用来证明作出过这项陈述的法庭外陈述，不是传闻证据，而且，只要有一定的证明价值，便可以采纳。[2]接收者（recipient）[3]转述的不主张内容真实性的陈述有一定

---

〔1〕　R. v. Smith〔1992〕2 S. C. R. 915, 15 C. R.（4th）133, 75 C. C. C.（3d）257, p. 598.

〔2〕　R. v. Evans〔1993〕3 S. C. R. 653, 25 C. R.（4th）46, 85 C. C. C.（3d）97, p. 37.

〔3〕　接收者（recipient），即从陈述者（declarant）那里接收到或者听到某陈述的人，被诉讼一方传唤为证人，在事实裁判者面前提出该证据。See David Watt, *Watt's Manual of Criminal Evidence* 2012, Carswell Legal Pubns, 2012, p. 336.

的证明价值，更确切地讲，是因为作出过陈述这一事实，告诉事实裁判者一些关于陈述者（declarant）[1]与被追诉人（dependant）有一定关联的事情，所以可作为非传闻证据而得以采纳。[2]上述两个案件的共同点在于：判断传闻证据要从庭外陈述被使用的目的着手，即根据庭外陈述是否用来主张内容的真实性来辨别其是否为传闻证据。

不过，2000年的斯塔尔案件（R. v. Starr）完善了识别传闻证据的元素。法院认为，传闻证据不是根据证据本身的性质来界定，而是以提出证据的用途，即用来证明所持主张是真实的来界定。[3]但是更进一步，法院概括到，传闻证据本质的界定特征是提出证据的目的，以及缺乏在对陈述的内容真实性进行宣誓或庄严确认（solemn affirmation）的基础之上，针对法庭中的陈述者进行有意义的交叉询问的机会。[4]

2006年，加拿大法院在西拉翁案件（R. v. Khelawon）中系统、详细地阐述了传闻证据的两个本质特征，即并非所有的庭外陈述都构成传闻证据，除非符合：①提出的陈述用来证明其内容的真实性；②没有机会同时对陈述者进行交叉询

---

〔1〕 陈述者，即通常在诉讼程序中不称为证人的人，作出了一项陈述。诉讼一方试图通过作为证人的接收者举出该证据。See David Watt, *Watt's Manual of Criminal Evidence* 2012, Carswell Legal Pubns, 2012, p. 335.

〔2〕 See David Watt, *Watt's Manual of Criminal Evidence* 2012, Carswell Legal Pubns, 2012, p. 337.

〔3〕 R. v. Starr［2000］2 S. C. R. 144, 36 C. R. (5th) 1, 147 C. C. C. (3d) 449, at para. 162.

〔4〕 R. v. Starr［2000］2 S. C. R. 144, 36 C. R. (5th) 1, 147 C. C. C. (3d) 449, at para. 162.

问。[1]第一个传闻证据的识别特征要求对证据提出的目的进行考查。证据仅当用来证明其真实性之时才构成传闻证据。提出庭外陈述是为了证明其内容的真实性这一事实，应当置于案件争点的背景之下进行考量，这样法院可以更好地评估引入传闻形式的证据将带来的潜在影响。[2]当主张的真实性不是争议点，而唯一的问题为是否作出过该陈述的时候，交叉询问权利的丧失就不重要了。[3]第二个识别特征关注的是采纳传闻证据的风险。亚科布奇（Iacobucci）法官在斯塔尔一案中曾认为，不能检验证据是隐含在传闻证据规则之中的主要关切点。[4]对抗制诉讼模式十分重视传唤证人出庭。证人在宣誓或庄严确认（solemn affirmation）之下作证，事实裁判者能观察到证人的行为举止，证人的证言可以接受交叉询问的检验。这一过程被认为是检验证人证言（testimonial evidence）的最佳方式。[5]传闻证据不能接受这一检验。如果执意采纳传闻证据，会产生一系列风险。

（二）证人的庭外陈述也被视为传闻证据

传统上的传闻规则也扩展至出庭证人所作的庭外陈述用来

---

[1] R. v. Khelawon［2006］2 S. C. R. 787, 42 C. R.（6th）1, 215 C. C. C.（3d）161, at para. 56.

[2] R. v. Khelawon［2006］2 S. C. R. 787, 42 C. R.（6th）1, 215 C. C. C.（3d）161, at para. 57.

[3] R. v. Magloir［2003］16 C. R.（6th）384, 178 C. C. C.（3d）310（N. S. C. A.）, at para. 23；R. v. Evans,［1993］3 S. C. R. 653, 85 C. C. C.（3d）97, p. 39.

[4] R. v. Khelawon［2006］2 S. C. R. 787, 42 C. R.（6th）1, 215 C. C. C.（3d）161, at para. 57.

[5] R. v. Khelawon［2006］2 S. C. R. 787, 42 C. R.（6th）1, 215 C. C. C.（3d）161, at para. 35.

证明内容真实性的情形。加拿大法院也采纳了传闻的这一延伸定义。[1] 当证人在法庭上进行了宣誓或庄严确认之后，重复或采用早先的庭外陈述，当然没有产生传闻证据的问题。该陈述本身不是证据，证言才是证据，而且可以通过通常的方法，即观察和交叉询问证人，来对其进行检验。当证人没有重复或采用早先的庭外陈述中包含的信息，而且陈述本身提出了内容的真实性的时候，便产生了传闻证据的问题。[2] 法院还举了一个例子来阐释上述证据产生的担忧：在一个庭外陈述中，W 指认被追诉人是袭击她的人。在指控被追诉人犯了企图伤害罪（assault）的庭审中，W 作证说被追诉人不是袭击她的人。检察官（The Crown）试图提出 W 的庭外陈述来证明被追诉人确实袭击了 W 这一事实。在这种情况下，要求事实裁判者接受证人的庭外陈述，而不是证人的宣誓证言。考虑到通常对法庭上证人证言（testimonial evidence）价值的重视，对于究竟是否有必要举出该庭外陈述作为证据，产生了严重的争议。另外，这一陈述的可靠性变得至关重要。它有多可靠？W 在什么情况下作出这一陈述？是在社交场合下随意对朋友说的，还是作为正式的指控（formal complaint）对警察讲的？W 意识到作出该陈述的潜在后果了吗？她想让该陈述发挥作用吗？她有说谎的动机吗？W 作出陈述的时候处于什么状况？和庭外陈述有关的问题，还能想到更多。当要求事实裁判者考虑将庭外

---

〔1〕 R. v. Khelawon 〔2006〕2 S. C. R. 787, 42 C. R. (6th) 1, 215 C. C. C. (3d) 161, at para. 37.

〔2〕 R. v. Khelawon 〔2006〕2 S. C. R. 787, 42 C. R. (6th) 1, 215 C. C. C. (3d) 161, at para. 38.

陈述作为证明被追诉人实际上袭击过 W 的证据的时候，评估该陈述的可靠性可能并不容易。[1]当 W 不撤回庭外陈述，但作证说她不记得做过这一陈述，或者更糟糕的是，她不记得袭击这件事的时候，也会产生对陈述可靠性的担忧。事实裁判者没有看见或听到作出这一陈述，而且因为没有机会在作出陈述的同时交叉询问证人，所以对该陈述的真实性进行有意义的检验的机会也有限。另外，关于先前陈述是否完整地、精确地再现，也可能成为一个争点。[2]因此，尽管当陈述者能够出庭作证时，一般的排除规则背后的深层原理可能没有那么明显，但道理是一样的，即存在检验庭外陈述可靠性的难题。难以评估 W 的庭外陈述，正是为什么该陈述属于传闻证据的含义范围以及服从于一般排除规则的原因。[3]就传闻证据来讲，问题的关键不在于庭外陈述由出庭证人抑或其他人作出，而在于庭外陈述的可靠性无法在陈述作出之时通过交叉询问得到有效的检验。

---

〔1〕　R. v. Khelawon〔2006〕2 S. C. R. 787, 42 C. R. (6th) 1, 215 C. C. C. (3d) 161, at para. 39.

〔2〕　R. v. Khelawon〔2006〕2 S. C. R. 787, 42 C. R. (6th) 1, 215 C. C. C. (3d) 161, at para. 40.

〔3〕　R. v. Khelawon〔2006〕2 S. C. R. 787, 42 C. R. (6th) 1, 215 C. C. C. (3d) 161, at para. 41.

二、传闻可采性考查的发展阶段与轨迹：以原则性方法（The Principled Approach）为线索

（一）后卡恩时代[1]：原则性方法的兴起

1. 由传统的例外分类方法转向灵活的原则性方法

加拿大最高法院在 1990 年的卡恩一案中认为，传统上，传闻证据规则一直被视为一个绝对的规则，受制于多种例外，比如供认（admission）、临终宣言（dying declarations）、违背利益的宣言（declarations against interest）以及本能的陈述（spontaneous declarations）[2]。尽管这种方法给予传闻规则一定程度上的确定性，但它在应对法律的新形势和新需要上已经屡次表现得过于不灵活。这也导致近些年来法院有时会采用一种更加灵活的方法。这种方法植根于隐含在传闻证据规则之中的原则和政策，而不是受制于传统例外的束缚。[3]该法院在 1970 年的阿瑞斯案件中就采取了这一方法。[4]尽管加拿大最高法院在卡恩案件中没有对所谓"更加灵活的方法"进行提炼和总结，但是法院的态度是，在处理遭受性虐待的儿童所作的庭外陈述这种传闻证据上认可"更加灵活的方法"，并认为在符合一定条件的前提下可以将其作为传闻例外而采纳为证据。

---

〔1〕 笔者把 1990 年卡恩案到 2000 年斯塔尔案的这个时期称为后卡恩时代。

〔2〕 R. v. Khan［1990］2 S. C. R. 531, 79 C. R. (3d) 1, 59 C. C. C. (3d) 92, at para. 26.

〔3〕 R. v. Khan［1990］2 S. C. R. 531, 79 C. R. (3d) 1, 59 C. C. C. (3d) 92, at para. 26.

〔4〕 R. v. Khan［1990］2 S. C. R. 531, 79 C. R. (3d) 1, 59 C. C. C. (3d) 92, at para. 27.

那么，这种"更加灵活的方法"，是仅仅局限于卡恩案这种特定事实，还是作为解决传闻例外的一种替代性的必然方法？卡恩案没有明示，但加拿大最高法院在 1992 年的史密斯案件的判决里不仅对卡恩案件进行了理论概括，同时对上述问题作了明确的解答：卡恩案不应被理解为取决于特定的事实，而应被视作对构成传闻规则及传闻例外基础的根本性原则的一种特定表述。[1]依主审法官拉默（Lamer）看来，卡恩案预示着一种观念的转变，即偏离了笼统地依据有限的、确定的分类例外而禁止采纳传闻证据的观点，逐步转向由构成传闻规则及传闻例外基础的原则所统辖的方法。作为一般规则，可靠的证据不应该仅仅因为不能接受交叉询问的检验而被排除。正是受到这种认识的驱动，才有了转向灵活方法的动态。[2]如果说在卡恩案之前，法院采用灵活的方法解决传闻例外是一种历史的偶然，那么卡恩案的意义便在于它将历史的偶然变为历史的必然。卡恩案应当被理解为原则性的分析方法战胜了一系列司法上创制的僵化分类，[3]也标志着采纳传闻证据的旧分类方法（the old categorical approach）的终结。[4]在之后的案件中，加拿大最高法院不断地践行着原则性方法（The Principled Ap-

---

[1] R. v. Smith ［1992］2 S. C. R. 915，15 C. R.（4th）133，75 C. C. C.（3d）257，p. 603.

[2] R. v. Smith ［1992］2 S. C. R. 915，15 C. R.（4th）133，75 C. C. C.（3d）257，p. 603.

[3] R. v. Smith ［1992］2 S. C. R. 915，15 C. R.（4th）133，75 C. C. C.（3d）257，p. 602.

[4] R. v. Smith ［1992］2 S. C. R. 915，15 C. R.（4th）133，75 C. C. C.（3d）257，p. 603.

proach）〔1〕。

2. 构成原则性方法的两个要件：必要性和可靠性

原则性方法由必要性和可靠性两个标准组成〔2〕。这两个要件可以减少通常与庭外陈述证据有关的证明风险。在原则性方法的框架之下，如果庭外陈述分别符合"必要性"和"可靠性"这两个要件，那么其内容的真实性便可以采纳。〔3〕卡

---

〔1〕 1993 年 R. v. B. (K. G.) 一案，最高法院遵循了卡恩案和史密斯案的判决，认为被追诉人之外的证人先前作出的不一致陈述的证据，在接受原则性方法检验的基础之上，可以被采纳。See R. v. B. (K. G.) (1993), 79 C. C. C. (3d) 257, [1993] 1 S. C. R. 740, 19 C. R. (4th) 1, para. 73. 之后，最高法院在 1995 年 R. v. U. (F. J.) 案件判决中指出：卡恩案和史密斯案宣告了法院的承诺，即确保传闻证据排除规则足够地灵活以便适应新的形势。See R. v. U. (F. J.) [1995] 3 S. C. R. 764, 101 C. C. C. (3d) 97, 128 D. L. R. (4th) 121, at para. 20. 1996 年的霍金斯一案对原则性方法的现代发展轨迹作了最凝练的描述：卡恩案和史密斯案释放出一种信号，开启了"现代版"界定传闻例外的原则性框架的先河。最高法院拒绝采纳普通法建立在僵硬的、分类的传闻例外之上的传统方法，而转向一种更加灵活的方法，试图使传闻规则深层的意图付诸实效。自 R. v. B. (K. G.) 和 R. v. U. (F. J.) 案件之后，这种新的方法已经深深地扎根于加拿大法学体系中。See R. v. Hawkins [1996] 3 S. C. R. 1043, 2 C. R. (5th) 245, 111 C. C. C. (3d) 129, at para. 66.

〔2〕 麦克拉克林主审法官在卡恩案里所认同的原则性方法的标准，非常接近于威格摩尔提出的必要性原则（the principle of necessity）和可靠性的情境保障（the circumstantial guarantee of reliability \ trustworthiness）。See R. v. Smith [1992] 2 S. C. R. 915, 15 C. R. (4th) 133, 75 C. C. C. (3d) 257, p. 601.

〔3〕 R. v. Hawkins [1996] 3 S. C. R. 1043, 2 C. R. (5th) 245, 111 C. C. C. (3d) 129, at para. 67. 这里提到的证明风险，即缺乏宣誓或确认，事实裁判者不能够评估陈述者的行为举止，以及缺乏实时交叉询问。Also see R. v. Hawkins [1996] 3 S. C. R. 1043, 2 C. R. (5th) 245, 111 C. C. C. (3d) 129, at para. 67.

恩案和 R. v. B. （K. G.）案分别立足于案件的特定情形，对必要性和可靠性作了解读。在对儿童实施性虐待的案件中，必要性应当被解释为"合理的必要"（reasonably necessary），需符合但不限于以下任一条件：①传闻陈述者的证据不可采；或者②专家当庭给出意见证据可能会对传闻陈述者造成创伤或者伤害。[1]更进一步讲，这个必要性是指传闻证据用来证明争议事实的必要性。[2]可靠性这个标准是在作出陈述的情形下发挥作用的。如果通过传闻证据的方式提出的陈述，是在大体上否定了传闻陈述者不诚实或者有出错可能性的情形下作出的，那么该传闻证据就可以说是可靠的。[3]与可靠性相关的问题，会因儿童和具体情况的不同而不同，最好留给初审法官去解决。[4]对于被追诉人之外的证人作出先前陈述的这类案件，鉴于先前陈述的性质产生的特定问题，必要性和可靠性这些因

---

[1]　R. v. Khan［1990］2 S. C. R. 531，79 C. R. (3d) 1，59 C. C. C. (3d) 92，at para. 37；also See David Watt，*Watt's Manual of Criminal Evidence* 2012，Carswell Legal Pubns，2012，p. 393.

[2]　R. v. Smith［1992］2 S. C. R. 915，15 C. R. (4th) 133，75 C. C. C. (3d) 257，p. 604. 卡恩案中，初审法官发现，儿童原告没有作证的能力。在这个意义上，她作出的传闻证据形式的陈述就是必要的。这个必要性，应该灵活解释，能够涵盖不同的情况。Also see R. v. Smith［1992］2 S. C. R. 915，15 C. R. (4th) 133，75 C. C. C. (3d) 257，p. 604.

[3]　See R. v. Smith［1992］2 S. C. R. 915，15 C. R. (4th) 133，75 C. C. C. (3d) 257，p. 604. 卡恩案就是这样判断可靠性的。Also see R. v. Smith［1992］2 S. C. R. 915，15 C. R. (4th) 133，75 C. C. C. (3d) 257，p. 604.

[4]　R. v. Khan［1990］2 S. C. R. 531，79 C. R. (3d) 1，59 C. C. C. (3d) 92，at para. 38.

素必须在特定的情景下进行修正和改进。[1]

　　尽管对必要性和可靠性要件的考查，会因传闻证据的不同情形而呈现出一定的差异，但需要铭记的共同规则是，为了与原则性方法的精神保持一致，必要性和可靠性这两个条件必须灵活适用[2]。就必要性来讲，在原则性方法的框架下，出现了陈述者不能够当庭作证，以及当事人不能够从其他来源处获得类似质量证据的情形，那么采纳传闻证据就是必要的。要灵活解释必要性要件，那么将陈述者不能出庭限定在封闭的、罗列的原因之内，就找不到任何的理由支撑。[3]要满足可靠性要件，需要在能够足以确保真实性的情形下作出传闻陈述。特别是这些情形必须抵消传统上与传闻证据相伴的证明风险。[4]需要指出，这里提到的可靠性是指证据准入的可靠性（threshold reliability），而非最终的可靠性（ultimate reliability）。[5]初审法官的职责被限定在决定特定的传闻陈述是否呈现出足够的可

---

　　[1]　R. v. B. (K. G.)，[1993] at para. 73. 比如，如果该先前陈述满足但不限于以下条件之一的：①在被警告存在处罚以及被告知宣誓或确认的重要性之后，进行了宣誓或庄严的确认的情况下作出陈述；②陈述被完整地录制下来；以及③诉讼相对方（即皇家检察官或者辩护方）有充分的机会来交叉询问与该陈述相关的证人，那么就存在足够的可靠性来允许陪审团充分地使用这份陈述。See R. v. B. (K. G.)，[1993] at para. 104.

　　[2]　R. v. Hawkins [1996] 3 S. C. R. 1043，2 C. R. (5th) 245，111 C. C. C. (3d) 129，at para. 68.

　　[3]　R. v. Hawkins [1996] 3 S. C. R. 1043，2 C. R. (5th) 245，111 C. C. C. (3d) 129，at para. 71.

　　[4]　R. v. Hawkins [1996] 3 S. C. R. 1043，2 C. R. (5th) 245，111 C. C. C. (3d) 129，at para. 74.

　　[5]　SeeR. v. Hawkins [1996] 3 S. C. R. 1043，2 C. R. (5th) 245，111 C. C. C. (3d) 129，at para. 75；and R. v. B. (K. G.) [1993] at para. 83.

靠性征象，以便为事实裁判者提供一个评价其陈述真实性的令人满意的基础[1]。陈述的最终可靠性及其证明力，仍留待事实裁判者来裁决。[2]

3. 原则性方法的地位：创制剩余例外（residual exception）

将原则性方法应用于司法实务中，不可避免要谈及原则性方法的溯及力。原则性方法是否溯及既往？换句话讲，原则性方法是否成为判断传闻可采性的压倒性的全新方法，需要用它重新检验一遍既存的传统传闻规则例外？1997 年柯林斯案件（R. v. Collins）给出了答案：不列颠哥伦比亚省上诉法院的普劳斯（Prowse）法官认为，加拿大最高法院的判决里从没有说过，传闻规则的传统例外被卡恩和史密斯判决里阐明的可采性的原则性方法所取代。更确切些，传闻规则的原则性方法的结果是使得在旧的分类方法（the old categorical）下没被采纳的陈述得以采纳。[3] 2000 年的斯塔达案件中，亚科布奇法官讲到，到目前为止，最高法院将原则性方法适用于传闻可采性的实践，仅仅包括在传统例外之外，扩大可以采纳的传闻证据的范围。[4] 所以，在后卡恩时代，原则性方法不溯及既往，它处于在已有的例外之外创制剩余例外（residual exception）的

---

〔1〕 更确切地说，初审法官必须能够识别出该传闻陈述会产生的特定风险，然后决定，作出陈述的周边事实情况是否提供了足以抵消这些风险的可靠性情境保障。See R. v. Hawkins〔1996〕3 S. C. R. 1043, 2 C. R. (5th) 245, 111 C. C. C. (3d) 129, at para. 75.

〔2〕 R. v. Hawkins〔1996〕3 S. C. R. 1043, 2 C. R. (5th) 245, 111 C. C. C. (3d) 129, at para. 75.

〔3〕 R. v. Collins〔1997〕118 C. C. C. (3d) 514 (B. C. C. A.), at para. 31.

〔4〕 R. v. Starr〔2000〕2 S. C. R. 144, 36 C. R. (5th) 1, 147 C. C. C. (3d) 449, at para. 192.

地位。[1]

（二）后斯塔尔时代[2]：原则性方法的主导

1. 原则性方法与传统传闻例外之间的关系

在斯塔尔案件中，亚科布奇法官代表多数意见，详细地探讨了原则性方法与传统传闻例外之间的关系，认可了原则性方法在判别传闻可采性上的绝对主导地位，将该方法延伸到了对传统传闻例外的检验。他提到，卡恩案以及其后的案件确立了一项规则：不符合传统例外的传闻证据，但如果符合可靠性和必要性这两个标准，仍然是可采的。他认为，即使传闻证据符合了传统例外，如果不够可靠和必要，也可能不被采纳。如果发生原则性方法与现存例外相冲突的情况，原则性方法必须胜出。传闻证据可采性的主导性原则必须是可靠性和必要性。[3]传统的既有例外必须遵从原则性方法。

运用原则性方法的两个要件（或两个原则）重新考量传统例外，对其进行合理化，有两个最为重要的理由：①公正审判和司法体系的完整性；②传闻规则思维上的连贯性。[4]具体来讲，传闻证据规则关注的核心是可靠性。通过排除可能产生不公正裁决的证据，通过确保诉讼当事人普遍拥有与不利证

---

[1] P. B. Carter, "Hearsay: Whether and Whither", 109 *L. Q. R.*, 573 (1993), 579.

[2] 笔者把 2000 年斯塔尔案到 2006 年西拉翁案的这个时期称为后斯塔尔时代。

[3] R. v. Starr [2000] 2 S. C. R. 144, 36 C. R. (5th) 1, 147 C. C. C. (3d) 449, at para. 155.

[4] R. v. Starr [2000] 2 S. C. R. 144, 36 C. R. (5th) 1, 147 C. C. C. (3d) 449, at para. 198.

人（adverse witness）对质的权利，传闻证据规则对司法公正制度发挥着奠基石的作用。[1]在卡恩案、史密斯案以及随后的案件中，法院允许采纳不符合既有例外、但其可靠性和必要性足以应对传闻风险的传闻证据。但是，在按照传统的传闻例外引入传闻证据之时，也不能减少对其可靠性和必要性的关注。在刑事诉讼中，鉴于人权宪章保护的"不能对无辜者定罪"的司法根本原则，情况尤其如此。无论是否属于现存的例外，如果允许采纳针对被追诉人的不可靠的传闻证据，那么将危及公正审判，导致错误定罪。[2]使得传闻例外符合原则性方法的要求，除了提高司法公正性，还可以提高传闻规则思维上的连贯性（intellectual coherence）。如果将原则性方法仅仅适用于证据的可采，而不包括对证据的排除，那会显得反常。[3]

纵然需要按照原则性方法对传统例外进行重新审视，但这并不意味着要完全废除传统例外。[4]这些例外在原则性方法之下仍然发挥重要作用，包括但不限于：①增加传闻法律的可预测性和确定性，提高司法效率；②发挥教育和说明的作用；③告知人们历史上和当代采纳特定形式传闻证据的原理。[5]

---

〔1〕 R. v. Starr〔2000〕2 S. C. R. 144, 36 C. R. (5th) 1, 147 C. C. C. (3d) 449, at para. 199.

〔2〕 R. v. Starr〔2000〕2 S. C. R. 144, 36 C. R. (5th) 1, 147 C. C. C. (3d) 449, at para. 200.

〔3〕 R. v. Starr〔2000〕2 S. C. R. 144, 36 C. R. (5th) 1, 147 C. C. C. (3d) 449, at para. 201.

〔4〕 R. v. Starr〔2000〕2 S. C. R. 144, 36 C. R. (5th) 1, 147 C. C. C. (3d) 449, at para. 202.

〔5〕 R. v. Starr〔2000〕2 S. C. R. 144, 36 C. R. (5th) 1, 147 C. C. C. (3d) 449, at para. 202~206.

2. 判断传闻证据问题的基本步骤的形成

在处理传闻证据的问题上，亚科布奇法官在 2000 年的斯塔尔案件中提出了一个基本的分析步骤[1]。2005 年的玛拉案件（R v. Mapara）对其加以重申、润色，并就此确立起来：①传闻证据推定为不可采，除非其符合传闻例外。传统的传闻例外仍被推定为发挥既有的作用；②依据原则性方法的要求，传闻例外可以被质疑，以确定其是否满足可靠性和必要性的标准。必要时可以修改传闻例外，以保持一致；③在"极少数案件"中，符合既有例外的证据也可能被排除，因为在案件的特定情形下缺乏可靠性和必要性的征象；④即便传闻证据不符合传闻例外，如果其可靠性和必要性在预先审查程序（voir dire）[2]中能够成立，则该传闻证据仍然可以被采

---

　　[1]　①鉴于传统例外仍然具有重要性，在绝大多数案件里，是否存在传统例外仍然决定着传闻证据的可采性；符合传统上传闻例外的传闻证据，被推定为可采。这些传统例外中已经隐含了可靠性这一成分。②在现存例外与原则性方法发生冲突的情形，原则性方法必须优先。传闻证据仅当必要和可靠之时，才可以采纳；传统例外应当按照符合这一要求的方式来解读。③在极少数的案件中，于案件的特定情形之下，可能会出现符合有效例外但不满足原则性方法中的可靠性和必要性要求的传闻证据，该证据要被排除在外。但这种案件比较罕见，而且提出质疑的诉讼一方承担证明责任。而初审法官通过 voir dire 或者其他的程序，在原则性方法的可靠性和必要性的条件下来决定可采性。④传闻证据虽然不符合传统例外，但如果其满足可靠性和必要性这两个标准，仍然可以采纳。See R. v. Starr [2000] 2 S. C. R. 144, 36 C. R. (5th) 1, 147 C. C. C. (3d) 449, at para. 212~214.

　　[2]　本义为讲真话（speak the truth）。用来表示法官、当事人及律师对候选陪审员或证人通过询问来审查其是否具备作为陪审员或证人的资格及适当性的程序。在审查中要求候选陪审员或证人讲真话。其中，对陪审员的有因回避或无因回避的申请都应在该阶段提出。源自《元照英美法词典》，http://www.lawdata01. com. cn/anglekmc/lawkm? @@732215314.

纳。[1]

（三）后西拉翁时代[2]：原则性方法的修正

1. 判断准入可靠性（threshold reliability）需要考虑的因素———一种新方法的引入

前面提到过，原则性方法视角下的可靠性指的是证据准入的可靠性。那么，判断准入可靠性需要考虑哪些相关因素呢？在这个问题上，2006年的西拉翁案件质疑且摒弃了斯塔达案第215段[3]和第217段[4]的论述，并引入了一种新方法———功能性方法（functional approach）作为指导方法。特定的因素是否只属于最终可靠性（ultimate reliability），将取决于具体情境。不应该按照准入可靠性（threshold reliability）和最终可靠性（ultimate reliability）对相关因素进行分类。[5]运用功能性方法判断准入可靠性的相关因素，取决于由陈述的传闻特性产

---

〔1〕 R. v. Mapara［2005］1 S. C. R. 358, 28 C. R. (6th) 1, 195 C. C. C. (3d) 225, at para. 15.

〔2〕 作者把2006年西拉翁案至今这段时期称为后西拉翁时代。

〔3〕 ……阈限可靠性不关注陈述是否真实，陈述是否真实是最终可靠性的问题。它重视的是该陈述周围的情形是否提供了真实性的情境保障。这可以是陈述者没有说谎的动机（如，卡恩案、史密斯案），或存在设置好了的保护措施以便能够发现谎言［如，霍金斯案，U.（F. J.）案、B.（K. G.）案］。See R. v. Starr［2000］2 S. C. R. 144, 36 C. R. (5th) 1, 147 C. C. C. (3d) 449, at para. 215.

〔4〕 在传闻证据可采性的阶段，初审法官不应考虑陈述者的一般可信赖名誉，也不应考虑任何先前或后续陈述是否一致。这些因素与陈述本身的情况不相关。类似地，也不考虑辅佐证据或冲突证据（corroborating or conflicting evidence）的存在。See R. v. Starr［2000］2 S. C. R. 144, 36 C. R. (5th) 1, 147 C. C. C.(3d) 449, at para. 217.

〔5〕 R. v. Khelawon,［2006］2 S. C. R. 787, 42 C. R. (6th) 1, 215 C. C. C. (3d) 161, at para. 93.

生的特定风险，以及克服这些风险的方法[1]。

尽管不再按照准入可靠性和最终可靠性来对相关因素进行分类，但法院在这个问题上给出的结论论证了准入可靠性应该在哪里划界。当事实裁判者有坚实的基础来评价真实性和准确性，没有必要进一步考查陈述的可信真实（likely truth）的时候，可靠性要件便得以满足。探究陈述的可信真实（likely truth）是事实裁判者的职责。如果可靠性取决于陈述的内在可信赖性（inherent trustworthiness），那么初审法官就要进一步考查那些有助于表明陈述真实与否的因素了。[2]按照这个逻辑，可靠性要件通常以两种方式得到满足[3]。第一种是由于传闻陈述作出的情形而不必担心陈述的真实性。这种方法隐含于传闻证据排除规则的传统例外里，比如，临终宣言（dying declarations）、脱口而出的话（spontaneous declarations）以及于己不利的陈述（declarations against interest）。第二种确立可靠性的方式是因为陈述的真实性和准确性能够得到充分的检验。检验可靠性的最佳方法是让陈述者宣誓之后在法庭上陈述证据，并接受交叉询问。[4]不过，能够对陈述者进行交叉询问不必然导致天平向"可采"的那一端倾斜。如果要通过考虑"能够交叉询问陈述者"这一因素来确立可靠性，那么必须有在

---

〔1〕　R. v. Khelawon, ［2006］2 S. C. R. 787, 42 C. R. (6th) 1, 215 C. C. C. (3d) 161, at para. 55.

〔2〕　R. v. Khelawon, ［2006］2 S. C. R. 787, 42 C. R. (6th) 1, 215 C. C. C. (3d) 161, at para. 92.

〔3〕　查伦法官在西拉翁案件的第 61 段至第 63 段也提到过。

〔4〕　R. v. Post ［2007］46 C. R. (6th) 344, 217 C. C. C. (3d) 255（B. C. C. A.），at para. 47.

法庭上对证人有充分交叉询问的机会（full opportunity to cross-examine the witness）。[1]在不能进行最佳检验的某些情形下，由于存在充分的替代措施，仍有可能对证据的真实性和准确性进行检验，包括：①宣誓或其等同形式；②有机会观察陈述作出的过程（比如视频）；③有机会交叉询问陈述者的早先陈述。[2]满足可靠性要件的这两种方式有助于确定考查可采性时需要考虑的因素，但彼此互不排斥。[3]

2. 坚持准入可靠性和最终可靠性的区分

准入可靠性与最终可靠性的区别，反映了可采（admission）与可以信赖（reliance）之间的重要差别。[4]西拉翁案件并没有搅乱准入可靠性和最终可靠性之间的本质差别。[5]

初审法官仍然应当坚持区分准入可靠性和最终可靠性。准入可靠性关注的是陈述的可采性。而最终可靠性涉及的是在采纳该陈述之后，事实裁判者是否以此决定案件中的

---

〔1〕 R. v. Devine〔2008〕2 S. C. R. 283, 57 C. R. (6th) 1, 232 C. C. C. (3d) 1, at para 26. 具体来讲，比如当证人记不起早先做出过陈述，或者拒绝回答问题，初审法官应当考虑到这可能会妨碍陪审团评估陈述的最终可靠性的能力。See R. v. U. (F. J.)〔1995〕3 S. C. R. 764, 101 C. C. C. (3d) 97，128 D. L. R. (4th) 121, at para. 46. 这些情况下，并不存在在法庭上充分交叉询问证人的机会。

〔2〕 R. v. Post〔2007〕46 C. R. (6th) 344, 217 C. C. C. (3d) 255（B. C. C. A.），at para 47.

〔3〕 R. v. R. (T.)〔2007〕220 C. C. C. (3d) 37（Ont. C. A.），at para. 18.

〔4〕 R. v. Khelawon〔2006〕2 S. C. R. 787, 42 C. R. (6th)1, 215 C. C. C. (3d) 161, at para. 3.

〔5〕 R. v. R.（T.）〔2007〕220 C. C. C. (3d) 37（Ont. C. A.），at para. 17.

争点。[1] 可采性由初审法官依照证据规则来决定。在决定证据准入的可靠性这个问题上，初审法官必须谨记，传闻证据推定为不可采。初审法官的职责就是要防范以下传闻证据的准入：没有必要在争点背景下解决的传闻证据，或者既不能明显地从其内容的真实性很快得出可靠性，也不能由最终的事实裁判者对其可靠性进行检验的传闻证据。[2] 法官和陪审团一起审判时，法官决定准入的可靠性，而陪审团作为事实裁判者来决定陈述是否最终可靠。同样地，法官独任审判时，也必须分别做出考查。[3]

3. 刑事诉讼中传闻证据可采性考查的宪法维度

考查刑事案件中的传闻可采性时，需要从宪法的维度切入，因为难以检验证据或者不能提供可靠的证据，可能对被追诉者的充分答辩和辩护（make full answer and defence）这项《加拿大权利和自由宪章》（*Canadian Charter of Rights and Freedoms*）第7条保护的权利造成影响。而充分答辩和辩护的权利反过来又与另一个基本司法原则——公正审判（the right to a fair trial）相关联。[4]

对抗式诉讼制度建立在一种假设之上，即不真实和不准确的来源在交叉询问的检验中最能够变得明朗化。传闻证据主要因为其不能经历这一检验，所以推定为不可采。不过，宪章第

[1] R. v. Poulette [2008] 239 C. C. C. (3d) 111 (N. S. C. A.), at para. 25.

[2] R. v. Khelawon [2006] 2 S. C. R. 787, 42 C. R. (6th) 1, 215 C. C. C. (3d) 161, at para. 3.

[3] R. v. Poulette [2008] 239 C. C. C. (3d) 111 (N. S. C. A.), at para. 25.

[4] R. v. Khelawon [2006] 2 S. C. R. 787, 42 C. R. (6th) 1, 215 C. C. C. (3d) 161, at para. 47.

7条保护的宪法权利，并不是对质或交叉询问相反证人（adverse witness）的权利本身。包括交叉询问在内的对抗式的审判过程，是实现目的的方式。公正审判，作为一项司法根本原则，才是必须达到的目的。[1]

公正审判不仅包括保护被追诉者的权利，还包括审判过程追求真实的目的在内的广泛的社会关切。[2]实际上，可靠性和必要性这两个原则反映了公正审判所包含的更广阔的利益范围。必要性的标准建立在社会获得真实这一利益之上。因为不总是能够满足实时交叉询问（contemporaneous cross-examinition）这一最佳检验方式，与其完全丧失证据的价值，不如在确有必要时为了公正的利益而考虑是否接纳传闻证据。可靠性的标准与确保审判过程的完整性有关联。可靠性的条件一般会因两种不同的理由而得到满足，而且互相不排除将彼此考虑进去。在这些情况下，采纳传闻证据并不会损害审判过程。[3]不过，公正审判也需要考量必要性和可靠性之外的因素。即使这两个因素满足了，如果传闻证据的偏见性影响超过了它的证明价值，初审法官仍有将其排除的裁量权。[4]

---

〔1〕 R. v. Khelawon〔2006〕2 S. C. R. 787, 42 C. R. (6th) 1, 215 C. C. C. (3d) 161, at para. 48.

〔2〕 R. v. Post〔2007〕46 C. R. (6th) 344, 217 C. C. C. (3d) 255（B. C. C. A.），at para 47.

〔3〕 R. v. Khelawon〔2006〕2 S. C. R. 787, 42 C. R. (6th) 1, 215 C. C. C. (3d) 161, at para. 49.

〔4〕 R. v. Post〔2007〕46 C. R. (6th) 344, 217 C. C. C. (3d) 255（B. C. C. A.），at para 47.

4. 2011 年汉密尔顿（R. v. Hamilton）案件对原则性方法的解读

在汉密尔顿案件的判决中，法官认为，西拉翁案件在准入可靠性的问题上倡导一种整体的方法（a holistic approach）。在一些情形下，仅通过考查产生该陈述的情境，可靠性的准入检验就得到实现。在其他情况下，作出陈述的外部环境将有助于检验陈述的真实性和准确性。[1]西拉翁案件之后，初审法官在评估准入可靠性时不再局限于考虑作出陈述的周围环境。现在，初审法官在决定某陈述是否内在可信赖（inherently trustworthy）、进而足够地可靠，以保证其内容真实性被采纳的时候，可能会考虑更广阔的图景，包括确凿证据（corroborative evidence）的存在。[2]简言之，在后西拉翁时代，重点似乎从潜在的不可靠（potential unreliability）转移了，更多地关注实际的可靠（actual reliability）。[3]

西拉翁案件之后，运用原则性方法判断传闻证据可采性，需要立足于整体来考虑相关因素。具体地，要求初审法官在决定是否应当采纳证人陈述的真实性之时，需回答两个问题：①基于所提出的证据，事实裁判者能否充分地检验争议中的论述其真实性和准确性？②如果对第一个问题的回答是"能"，那么有没有一些需要优先考量的政策阻止采纳该陈述的真实性？关于第一个问题，正如西拉翁案件所提到的，在某些情况下，考虑到产生陈述的情景，答案是很明显的。在其他情况

〔1〕 R. v. Hamilton［2011］271 C. C. C.（3d）208（Ont. C. A.），at para. 138.

〔2〕 R. v. Hamilton［2011］271 C. C. C.（3d）208（Ont. C. A.），at para. 152.

〔3〕 R. v. Hamilton［2011］271 C. C. C.（3d）208（Ont. C. A.），at para. 153.

下，作出陈述的外部环境使得事实裁判者能充分检验陈述的真实性和可靠性。还有的情况，将这两者结合起来，也将满足准入可靠性的条件。关于第二个问题——政策上的担心而言，如果警察从事了不当行为（比如为了获得陈述而殴打证人），或者会使公正司法蒙羞的行为（比如在忏悔室里冒充神父）时，这样的陈述当然会被拒绝采纳为内容真实的证据。此外，当陈述的偏见性影响超过了其证明价值，[1]即使符合必要性和可靠性要件，初审法官仍可以行使裁量权，拒绝采纳为证据。

三、加拿大传闻证据规则发展状况的简评及启示

（一）对加拿大传闻证据规则发展状况的简评

1. 传闻证据规则的性质没有改变，总体上仍是一个证据排除规则

从加拿大传闻证据规则二十多年来的发展变化来看，包含有必要性和可靠性两个要件的原则性方法成为了考查传闻证据可采性的绝对主角。这种原则性方法的应用，为法官创造新的传闻例外打开了一个可控通道。随着时代的发展和案情的需要，新的传闻例外接踵而至成为可能且可以预见。表面上看，传闻证据规则的排除功能变得松动，并有被采纳传闻例外所赶超的发展趋势。过去几十年来，加拿大证据法递增的灵活性，有时候趋向于混淆证据的可采性（admissibility）和证明力

---

〔1〕 R. v. Hamilton〔2011〕271 C. C. C. (3d) 208 (Ont. C. A.)，at para. 155~157.

（weight），[1]但需要强调的是，透过现象看本质，传闻证据规则的性质没有改变，总体上仍是一个证据排除规则。长久以来，人们公认的是，传闻规则和传闻例外有着同样的原则支柱。[2]现代的方法是建立在证据规则背后的原理之上的，而非抛弃这些原理。[3]所以，在遇到传闻证据的情形之时，初审法官最初仍然要秉持排除该证据的态度，推定其为不可采；然后，不论该证据是否符合传闻例外，必须进一步考查其是否经受得住原则性方法的检验。即，在决定传闻陈述的可采性时，初审法官应当从传闻陈述推定不可采的前提开始，然后再寻找足以取代一般排除规则的可信赖（trustworthiness）的征象，这很重要。[4]对于传闻证据规则来讲，排除仍是原则，采纳仍是例外。

2. 原则性方法的发展历程，表明了传闻证据规则回归到设置的初衷

排除传闻证据的主要原因是很难检验其可靠性。陈述者不出庭，可能没法考查这个人的认识能力、记忆力、叙述情况或诚实度。陈述本身可能无法精准地记录下来，错误、夸大或有意撒谎可能不会被发现，会导致不公正的判决。正因为如此，

---

〔1〕 R. v. Khelawon〔2006〕2 S. C. R. 787, 42 C. R. (6th) 1, 215 C. C. C. (3d) 161, at para. 59.

〔2〕 R. v. Smith〔1992〕2 S. C. R. 915, 15 C. R. (4th) 133, 75 C. C. C. (3d) 257, p. 600~601.

〔3〕 R. v. Khelawon〔2006〕2 S. C. R. 787, 42 C. R. (6th) 1, 215 C. C. C. (3d) 161, at para. 59.

〔4〕 R. v. Blackman〔2008〕2 S. C. R. 298, 57 C. R. (6th) 12, 232 C. C. C. (3d) 233, at para. 38.

传闻证据排除规则意在提高法院发现事实的准确度，而非妨碍法院的事实发现职能。[1]这是传闻证据排除规则设置的初衷所在。

但评估传闻证据价值的难度会因背景不同而有明显差异。在一些情况下，传闻证据产生的风险很小，如果不采纳却将其排除，将妨害事实真相的查实。因此，久而久之，法院创制了一系列的例外。[2]囊括必要性和可靠性两个要件的原则性方法在创制新的传闻例外时，关注点仍是传闻证据的可靠性。尽管当庭进行交叉询问是检验证人证言的最佳方式，但如前所述，如果由于传闻陈述作出之时根本不必对其真实性产生顾虑，又或者如果最终的事实裁判者有充分的机会和可能来评价传闻陈述的价值，就没有必要在判断可采性阶段拒绝采纳该证据。毕竟，初审法官扮演守门员的角色，对传闻陈述的"准入可靠性"作出初步评价，而事实裁判者来决定其最终的价值。[3]传闻证据若能安然通过原则性方法（特别是其中的可靠性要件）的检验，采纳该传闻证据的风险便得到明显缓解。加拿大最高法院之所以在传闻证据领域积极倡导灵活应用原则性方法，是为了防止有价值的证据不当流失，进而影响到事实真相的发现，这也是对最终的事实裁判者具备对纷繁复杂的证

---

〔1〕 R. v. Khelawon〔2006〕2 S. C. R. 787，42 C. R. (6th) 1，215 C. C. C. (3d) 161，at para. 2.

〔2〕 R. v. Khelawon〔2006〕2 S. C. R. 787，42 C. R. (6th) 1，215 C. C. C. (3d) 161，at para. 2.

〔3〕 R. v. Khelawon〔2006〕2 S. C. R. 787，42 C. R. (6th) 1，215 C. C. C. (3d) 161，at para. 2.

据的判断能力的一种认可〔1〕。

3. 传闻证据规则在刑事领域的宪法维度增加了需要考量的利益和价值

1982 年《加拿大自由和权利宪章》第 7 条规定，每个人都拥有生命权、自由权和安全权，以及除非符合基本司法原则，否则上述权利不被剥夺的权利。被追诉人充分答辩和辩护的权利（the right to make full answer and defence）是基本司法原则之一，由《加拿大自由和权利宪章》第 7 条予以保障〔2〕。加拿大在很大程度上依靠这一刑事司法的支柱来确保无辜者不被定罪。〔3〕具体来讲，充分答辩和辩护的权利在一些更为特定的权利和原则中表现出来，比如，完全而及时地披露的权利以及交叉询问的各种权利等。该权利与其他的基本司法原则（比如无罪推定原则、公正审判的权利以及反对强迫自证其罪原则）融为一体。〔4〕一般来讲，传闻证据由于无法历经交叉

---

〔1〕 证据规则的总体改革，特别是传闻证据规则改革的现代发展趋势，已经不再由这种对陪审团的不信任来构成。正如加拿大法律改革委员会（Law Reform Commission of Canada）在其 1975 年证据报告第 5 页所讲：……目前，加拿大 95% 的刑事案件由法官独任审理，所以现在没有必要完全对允许什么成为证据设置预防措施。法官在权衡证据方面很有经验，而且无论如何，他们需要了解争议证据以决定其是否可采。即使有陪审团，现在的情况与过去相比也大不相同。现在的陪审员比过去见多识广，受教育程度更高。See R. v. Starr〔2000〕2 S. C. R. 144, 36 C. R. (5th) 1, 147 C. C. C. (3d) 449, at para. 31.

〔2〕 R. v. Rose〔1998〕3 S. C. R. 262, 129 C. C. C. (3d) 449, 166 D. L. R. (4th) 385, at para. 98.

〔3〕 R. v. Stinchcombe〔1991〕3 S. C. R. 326, p. 336, 68 C. C. C. (3d) 1, at para. 17.

〔4〕 R. v. Rose〔1998〕3 S. C. R. 262, 129 C. C. C. (3d) 449, 166 D. L. R. (4th) 385, at para. 98.

询问的检验，会直接影响到被追诉人充分答辩和辩护的权利这一宪法上的基本司法原则，并牵连到公正审判权利的实现。充分答辩和辩护固然重要，但如若传闻证据符合原则性方法（特别是可靠性条件）的要求，即要么陈述作出时的情形表明该陈述很可靠甚至是真实的，要么诉讼相对方拥有检验该陈述的机会，[1]那么该传闻证据就是可采的。所以，采纳传闻证据虽然存在程序不公正的瑕疵，但原则性方法的应用却极大地减轻了其对交叉询问、充分答辩和辩护等程序公正价值产生的负面影响。刑事诉讼惩罚犯罪的内在需要和被害人渴望追诉犯罪的内心需求，折射出吸纳有价值的证据以确保正确定罪量刑这一实体公正的迫切要求。刑事诉讼价值的多元性和公正审判权利的多维性决定了在权衡各种利益和价值之后，采纳经受住原则性方法检验的传闻证据，有助于发现事实真相并实现程序公正和实体公正的动态并重。

（二）加拿大传闻证据规则的发展对中国的启示

1. 引入功能性的原则性方法，解读中国的传闻证据问题

近年来，加拿大在传闻证据领域采用的功能性的原则性方法，聚焦于特定传闻证据可能产生的证据风险以及克服该风险的方法。概括来讲，如果存在有效检验传闻证据的方法，使得采纳传闻证据的风险明显降低，那么就可以考虑在可采性阶段采纳该证据。传闻证据规则关注的中心是证据的可靠性。英美法系对抗制诉讼制度一直以来视当庭进行交叉询问为检验证人证言可靠性的最理想方式，但这并不意味着证人证言的检验只

---

〔1〕 See Hamish Stewart, *Fundermental Justice: Section 7 of the Canadian Charter of Rights and Freedoms*, Irwin Law Inc., 2012, p. 236.

有这样一种方式。在具体的情况下，倘若存在替代性的检验传闻证据准入可靠性的方法，该方法能充分地对证据的真实性和准确性进行检验，那么也不排除在可采性阶段采纳传闻证据的可能。

　　加拿大最高法院采用功能性的原则性方法这一思路表明，接受交叉询问确实是证人证言的最佳检验方式，但不一定是唯一的方式。证人未到庭接受交叉询问，并不意味着其证言笔录或书面证言就一定不可靠。比如，在证言笔录或书面证言形成过程中，有律师或其他可靠的人在场；有证据表明证言笔录或书面证言被完全地、精准地记录下来；在证人知晓有关作证的权利义务和法律责任的情况下制作证言笔录或书面证言；等等。在这些情况下，传闻证据产生的证据风险明显降低，且上述的替代性检验方法也能有效地减小甚至克服这些风险，因此允许其通过可采性阶段，进入庭审阶段。笔者认为，我国《刑事诉讼法》及其司法解释[1]的某些条款，或多或少可以察觉到功能性的原则性方法的踪影。举例来说，《刑事诉讼法》第190条规定："公诉人、辩护人应当向法庭出示物证，让当事人辨认，对未到庭的证人的证言笔录、鉴定人的鉴定意见、勘验笔录和其他作为证据的文书，应当当庭宣读。审判人员应当听取公诉人、当事人和辩护人、诉讼代理人的意见。"这里提到了当庭宣读未到庭的证人的证言笔录。如果用功能性的原则性方法来剖析，不难理解其能够进入庭审环节。只不过，法条并没有进一步解释什么情况下允许证人不出庭并提交证言笔录。但

---

　　[1] 参考《最高人民法院关于适用〈中华人民共和国刑事诉讼法〉的解释》第77条。

最高人民法院《关于适用〈中华人民共和国刑事诉讼法〉的解释》（下称《解释》）第206条第1款列举了人民法院可以准许证人不出庭作证的情形，可以作为参考，包括庭审期间身患严重疾病或者行动极为不便的、居所远离开庭地点且交通极为不便的、身处国外短期无法回国的以及有其他客观原因，确实无法出庭的情况。这一款符合了原则性方法的必要性要件。第2款规定到，具有前款规定情形的，可以通过视频等方式作证。依据功能性的原则性方法进行解读，通过视频等方式作证，是等同于通过当庭交叉询问来检验传闻证据可靠性的有效方式。

加拿大最高法院在案例中指出，对可靠性有益的第一个因素是对证人的交叉询问。如果证人为陈述的改变提供了解释，那么事实裁判者就能够评估前后两个版本的陈述。但是，如果证人不记得早先作出过陈述，或者拒绝回答问题，初审法官应该考虑到这可能妨碍陪审团评价该陈述的最终可靠性的能力。[1]笔者主张我国司法实践中也可以区分证据的可采阶段，分别对传闻证据的准入可靠性和最终可靠性进行判断。

2. 借鉴加拿大的预先审查程序，分别审查准入可靠性和最终可靠性

在加拿大，预先审查程序（vior dire）或称为"审判中的审判"（trial within a trial），是解决证据争议问题的一个重要机制。[2]考查传闻证据的可采性就在这个程序中进行。以

---

〔1〕 R. v. U.（F. J.）〔1995〕3 S. C. R. 764, 101 C. C. C.（3d）97, 128 D. L. R.（4th）121, at para. 47.

〔2〕 See David M. Paciocco & Lee Stuesser, *The Law of Evidence*, Irwin Law Inc., 2011, 6th ed., p. 15.

先前不一致陈述这一传闻证据为例，预先审查程序的具体内容如下：在提出要求的一方（the calling party）援引加拿大证据法案第 9 条，并满足了该条之下预先审查程序的所有条件之后，这方当事人必须声明提出该陈述（即先前不一致陈述[1]）的目的。如果该陈述仅仅用来对证人的可靠性提出异议[2]，那么在这点上调查即行终止。但是，如果提出要求的一方希望实质性地使用该陈述[3]，预先审查程序必须继续进行以便初审法官能够评估准入可靠性是否成立。[4]必要性条件不需要评估，因为证人撤回陈述之时就已经成立了。[5]

预先审查程序中考查的陈述会落在一条关于可靠性的连续线段的某处。在线段的一端，陈述作出的情形有：录制了陈述；证人可以获得律师的帮助；证人在接受询问的过程中有相关的或可靠的人在场；证人意识到了侦查的严肃性和说出事实真相的重要性；以及证人自愿做出陈述。在这些情形下作出的陈述很容易被采纳。还有的陈述尽管没有呈现出上述的可靠性征象，但仍然可能是可靠且可采的。比如可能没有录像，但是存在值得信赖的、独立的见证人在场情况下面谈的记录。这些见证人出席了面谈，证实证人和警察的行为举止。在线段的另

---

〔1〕 作者注。

〔2〕 此时不涉及传闻证据排除规则的问题，作者注。

〔3〕 即希望采纳所陈述内容的真实性，作者注。

〔4〕 R. v. U. (F. J.) [1995] 3 S. C. R. 764, 101 C. C. C. (3d) 97, 128 D. L. R.(4th) 121, at para. 46.

〔5〕 R. v. U. (F. J.) [1995] 3 S. C. R. 764, 101 C. C. C. (3d) 97, 128 D. L. R.(4th) 121, at para. 46.

一端，是单个警官速记记录中包含的先前不一致陈述。警官在忙碌且很难应付的情形下意译了证人对他讲的话。这种情况可能不易得出应当采纳此陈述的结论。[1]

在预先审查阶段，初审法官仅需基于可能性的权衡（a balance of probabilities）来确信陈述很可能是可靠的，因为这只是平常的证明责任，该责任由提出采纳证据的一方承担。[2]但是，由于英美法系国家的被告人有时也可以成为证人，所以倘若被告的供述构成了先前陈述的一部分，那么证明标准就要严格一些，需要达到排除合理怀疑的程度[3]。不管是有陪审团的情形，还是法官独任审理的情形，准入可靠性和最终可靠性都要分开审查。初审法官在这个阶段不是对该陈述的最终可靠性以及确实性做出最后的决断。初审法官不需要确信先前陈述是真实的，其应当优先相信先前陈述而不是证人当前的证

---

〔1〕 R. v. B. (K. G.) 〔1993〕, 79 C. C. C. (3d) 257, 〔1993〕1 S. C. R. 740, 19 C. R. (4th) 1, at para. 180. 或者更加概括地讲，在预先审查程序（voir dire）中，初审法官需要考察采纳先前不一致陈述的条件，这些条件包括：①先前陈述中包含的证据是在庭审中也会采纳的证据；②陈述是证人自愿做出的，不是任何过度的压力、威胁或者引诱的结果；③客观地看，陈述做出之时的情形能使证人明白说出事实真相的重要性；④因为陈述被完全地、精确地抄写下来或录制下来，所以是可靠的；⑤陈述是在证人会因故意虚假陈述而面临刑事追诉这样的情形下做出的。如果符合这些条件，先前不一致陈述在所有用途下都应当采纳。See R. v. U. (F. J.) 〔1995〕3 S. C. R. 764, 101 C. C. (3d) 97, 128 D. L. R. (4th) 121, at para. 47.

〔2〕 R. v. U. (F. J.) 〔1995〕3 S. C. R. 764, 101 C. C. C. (3d) 97, 128 D. L. R. (4th) 121, at para. 48.

〔3〕 R. v. B. (K. G.) 〔1993〕, 79 C. C. C. (3d) 257, 〔1993〕1 S. C. R. 740, 19 C. R. (4th) 1, at para. 181~184. 我国不存在这种情况。

言。[1]最终可靠性的问题留待事实裁判者去决断。有陪审团的情形下，如果在预先审查程序终结之时，先前的不一致陈述在所有用途下都被裁定为可采，那么在某个时刻，初审法官应当就该陈述对陪审团作出指示。[2]

　　上述加拿大的预先审查程序对我国具有较好的借鉴意义。我国 2012 年《刑事诉讼法》第 182 条第 2 款以及最高人民法院 2012 年《解释》第 183、184 条建立了具有中国特色的庭前会议制度，主要解决案件的程序性问题和证据问题。但是，召开庭前会议与否，决定权掌握在法院手中。鉴于我国目前证人出庭率较低、大量传闻证据充斥庭审的现状，笔者认为将传闻证据可采性的考查也列为审判人员可以召开庭前会议的情形之一，既有必要，也可行。具体地，或者法官在遇到具体案件时，充分发挥其自由裁量权，可以将传闻证据可采性的考查认定为最高人民法院《解释》第 183 条所规定的"需要召开庭前会议的其他情形"，这样做不需要对原条文作出任何改变，成本较小；或者在原条文基础上明确增加一种可以召开庭前会

---

　　[1]　R. v. U. (F. J.) [1995] 3 S. C. R. 764, 101 C. C. C. (3d) 97, 128 D. L. R.(4th) 121, at para. 50.

　　[2]　R. v. B. (K. G.) [1993], 79 C. C. C. (3d) 257, [1993] 1 S. C. R. 740, 19 C. R. (4th) 1, at para. 186. 陪审团应被告知，尽管陈述被裁定可采，但是赋予其什么样的证明力，取决于他们。陪审团应被指示，他们可以因为陈述做出之时没能进行交叉询问，以及不存在和庭审中做出陈述一样的评估证人行为为举止的机会，认定某陈述的证明力不大。但是，该陈述将和其他可采的证据一样受到相同的对待。陪审团可以接纳陈述所述的事实，可以接纳一部分、拒绝一部分，或者可以完全拒绝采纳。在评估该陈述时，陪审团应当考量其做出的所有情境。See R. v. B. (K. G.) [1993], 79 C. C. C. (3d) 257, [1993] 1 S. C. R. 740, 19 C. R. (4th) 1, at para. 187.

议的情形，比如"公诉人、当事人及其辩护人、诉讼代理人申请考查传闻证据可采性的"。另外，在具体的操作过程中，笔者建议构建为：①在审判人员就此召开庭前会议时，诉讼双方都可以发表意见。提出申请的诉讼一方需要承担证明责任，但依据层次性证明标准的要求，这里不需要达到证据确实、充分的程度，只需使得审判人员确信传闻证据很可能是可靠的即可。②审判人员要审查传闻证据的必要性和可靠性。必要性要件需要灵活解释，当出现了陈述者不能够当庭作证，以及当事人不能够从其他来源处获得类似质量证据的情形，那么采纳传闻证据就是必要的。可靠性要件指的是准入可靠性。审判人员要分开审查传闻证据的准入可靠性和最终可靠性。一般来讲，如果由于传闻陈述作出的情形而不必担心陈述的真实性，或者因为陈述的真实性和准确性能够得到充分的检验，那么便符合准入可靠性。不过，不同的传闻证据，满足准入可靠性的具体条件也不同，由法官根据具体情况进行自由裁量。就证人先前不一致陈述而言，陈述是自愿作出的、证人明白说出事实真相的重要性、陈述被完全精确地抄写下来或录制下来、证人在会因故意虚假陈述而面临刑事追诉这样的情形下作出陈述等，都是能够表明准入可靠性的维度范围。最终可靠性则留待审判人员在庭审中综合全案所有证据并考量相关刑事政策之后再做决断。传闻证据即使通过了准入可靠性的考察，其最终可靠性的命运仍然不能确定。③利用现有的法律规定区别准入可靠性和最终可靠性。比如，2012年最高人民法院《解释》第74条所列证人证言需要着重审查的内容里，既涉及准入可靠性，又关涉最终可靠性。第75条与准入可靠性相关，第76~78条则与最终可靠性相关。④倘若传闻证据在庭前会议阶段被认定为可采，那么在正式庭审中就应尽可能地简化，法官更需做的是在全案的背景下裁量其最终可靠性；如果传闻证据在庭前会议阶段被认定为不可采，那么该证据在庭审前就应被排除。这样的做法有助于提高诉讼效率。

专题六

日本法中的传闻证据规则

一、日本刑事诉讼法概述

日本没有单独统一的证据立法，其有关证据制度的内容主要规定在诉讼法、实体法等法律规范中。日本在 8 世纪以前的司法状况现在已无确切的史料可考，一般认为其实行的是一种朴素的民众裁判，实行神示证据制度。日本古代的成文法始于 8 世纪对我国唐律的继受。[1]

日本在明治以后，相继大量接受、继承法国法、德国法以及英美法等，最终形成了今天的刑事诉讼法。因此，今天的日本刑事诉讼法混有法国法的要素（如"公诉权"的观念等）以及英美法的要素（如"传闻证据"的观念），而且这些要素被日本化了。因此，学者们通常认为日本的刑事诉讼法属于"混合法"。[2]

---

〔1〕 参见卞建林、刘玫：《外国刑事诉讼法》，人民法院出版社、中国社会科学出版社 2002 年版，第 99~235 页。

〔2〕 ［日］田口守一：《刑事诉讼法》，张凌、于秀峰译，中国政法大学出版社 2010 年版，第 3 页。

明治维新以后，日本形成了近代的刑事审判制度。明治维新以后的大约十年之间，日本采用了证据裁判主义与国家追诉主义，废除了拷问，刑事诉讼法迅速实现了现代化。第二次世界大战后，在占领军的指导下，日本对刑事审判制度实行了根本性的改革。1948 年日本制定了《刑事诉讼法》以及《刑事诉讼规则》。人们普遍认为新的刑事诉讼法有以下几个特征：宪法化；英美法倾向；当事人主义；司法权的独立倾向等。[1]

日本 1948 年制定、1949 年施行的《刑事诉讼法》即现行刑事诉讼法，共有五百余条。1999 年之前，虽然也有过修订和补充，但没有进行过大规模的修改，自 1999 年以来，开始了频繁的修改工作。首先进行的修改是在 1999 年，针对有组织的犯罪，允许监听作为犯罪的侦查手段，对电子通信加以监听。[2] 2000 年进行了关于保护犯罪被害人的刑事诉讼法的修改，以及制定了《刑事程序中保护被害人等附带措施的法律》；[3] 此外，1999 年 5 月 28 日，日本以单行法的形式颁布了反映司法制度改革重大结果的《裁判员参加刑事审判的法律》，在刑事诉讼中建立了裁判员制度，在裁判员选择方面采

---

〔1〕［日］田口守一：《刑事诉讼法》，刘迪等译，法律出版社 2000 年版，第 5~6 页。

〔2〕［日］三浦守等：《有组织犯罪对策相关三法的解说》，法曹会 2001年。转引自陈光中主编：《21 世纪域外刑事诉讼立法最新发展》，中国政法大学出版社 2004 年版，第 253 页。

〔3〕［日］松尾浩也编著：《逐条解说：犯罪被害人保护二法》，有斐阁2001 年。转引自陈光中主编：《21 世纪域外刑事诉讼立法最新发展》，中国政法大学出版社 2004 年版，第 254 页。

纳了英美法陪审制度中的基本原则，而在事实认定和量刑的整
个过程更接近德国的参审制。[1]这是日本自 1928 年施行《陪
审法》，引进美国陪审制度，又在 1942 年不得不停止适用该法
后，吸取了经验教训并结合司法改革实践所作出的重大变革。

二、日本传闻证据规则的概述

传闻证据不可采是英美证据法的重要规则，日本也确立了
该规则。日本的刑事证据制度包括传闻证据规则，不仅规定在
刑事诉讼法中，在宪法中也有相应的规定。日本《宪法》规
定，应当给予刑事被告人询问所有证人的充分机会。由于传闻
证据是无法进行反询问的，因而不能作为证据，这就是传闻证
据的排除规则。日本《宪法》第 37 条第 2 款规定了对被告人
询问证人权利的保障，保障这种询问证人的权利，并不仅仅是
保障出庭证人的反询问权，而且还必须保障提出供述证据一般
证人的反询问权，同样地，也要保障传闻证据中原供述人的反
询问权。因此，不能行使这种反询问权而获得的传闻证据，没
有证据能力。从这个意义上说，禁止传闻证据的规则是来源于
宪法的。

如果对比一下日本刑事诉讼法有关规定和美国的证据法规
定，就可以看出，两者在规定传闻证据的方法特别是重视反询
问方面以及与宪法规定（刑事被告人的权利）密切结合方面
非常相似，比如从立法的过程看，当时显然是参考和采纳了美

---

〔1〕　〔日〕田口守一：“关于裁判员制度”，载《法学家》2004 年 6 月 1
日第 1268 号，第 7 页。转引自陈光中主编：《21 世纪域外刑事诉讼立法最新发
展》，中国政法大学出版社 2004 年版，第 261 页。

国法的"传闻证据规则"的基本观点。但是，两者也有以下几点差异：①日本法在条文上没有使用"传闻"这一最基本的术语；②日本法把传闻证据规则例外的规定区分为以文书为对象的传闻规则例外和以传闻供述为对象的传闻规则例外，而且明显地重视前者；③相比较美国法，日本法对法官笔录、检察官笔录等一部分文书进行了特殊处理；④日本法并没有完全考虑美国法的传闻例外（例如，兴奋时的过激言论、临终前的陈述等）。关于承认传闻证据规则"例外"的证据能力，反映了日本刑事司法依赖笔录的倾向，《刑事诉讼法》第321条以下的条文以笔录为主、以传闻供述为次设置了一系列规定；⑤传闻规则仅仅在刑事诉讼程序中采用，这一点与美国也有明显的差异；⑥英美普通法认为，"自认"（admission）作为传闻的例外，具有证据能力。其理由是根据所谓"对抗制理论"（the adversary theory）。这种理论并不是直接相信"口供"，而是认为既然当事人（刑事案件是被告人）作出与自己的诉讼主张不矛盾的供述，就没有理由拒绝将其作为证据。需要注意的是，在日本，如果供述人是被告人（或者犯罪嫌疑人）以外的人，尽管作出对自己不利的供述，也不认为是传闻的例外。

现行《刑事诉讼法》实施初期很重视上述差异，小野清一郎博士认为，新增设的第320条以下条文没有规定传闻规则，而是强化了大陆法系中的直接原则。的确，从刑事诉讼法的变化过程中，是否能够实现"直接原则"（即由认定事实的法院直接调查证据），可以说是刑事诉讼法修改的最大争论。积极说认为，不应依赖他人（侦查机关、预审法官）的调查结果（调查笔录和审讯笔录）；消极说则认为，与其说在法庭能讲真话，不如说是在非公开调查室里才能讲真话。从这两种观点的对立来看，上述直接原则的出现是有一定根据的。但是，主张直接原则的观点存在的问题是，忽视或轻视了《宪法》第 37 条第 2 款（给予被告人询问证人的机会）的意义和刑事诉讼法制定的经过，因此不能作为解释现行法的原则。但是，有人指出，日本法中的"传闻规则"可能是受到日本式变革的影响，这种意见是值得倾听的。现在司法实践中确实没有严格地运用传闻规则，当听到有人对这种现状提出的忠告时，不能不使我们敬佩学者们的这种远见卓识。

三、日本传闻证据规则的内容

（一）含义

传闻证据是指还没有在法庭上经过反询问的证据。田宫裕教授精辟地指出：传闻证据是以审判期间所作的供述笔录或法庭外供述为内容的，用来证明其供述内容真实性的证据。举例而言，被告人 X 殴打了被害人 Y，这一情况被刚巧路过的目击证人 A 看到。如果 A 以证人身份出庭并作证："是 X 打了 Y"，那么 A 的证词就是直接证据。但是如果 A 不出庭，由日后从 A 处得知此事的 B 出庭并作证："A 说是'X 打了 Y'"，那么，在 B 的证词中，虽然有关 A 叙述的部分是 B 的亲身体验，但证词中"X 打了 Y"的部分是对他人（A）体验的间接叙述，要证明 B 的证词的真实性，则应将 B 的证词视为传闻证据。这种"传言听到（hearsay）"的证据不论是言词还是书面，没有差别。书面的传闻证据和言词的传闻证据的结构相同，同样不能对原陈述者（记录者）提出反询问。传闻法则是一种否定传闻证据的证据能力的原则，即所谓的"禁止传闻原则"（第 320 条第 1 款）。

作为证据的物证，直接源于案件事实，可以保存或进行复制，易于检验、核实。但是，言词证据必须以人的意思活动为媒介，通过"感知"、"记忆"、"表达"等方式进行展示，不直接源于案件事实，因而在表达的准确性、证据保存上存在许多难点（如见闻错误、记忆错误、表述错误等）。因此，传闻证据往往不可靠。在英美法系国家，为了有效地规范证据能力，建立了传闻证据规则。一方面，在原则上禁止使用传闻证据；另一方面，允许在特殊情况下采用传闻证据。日本刑事诉讼法也采用了这一原则，并在第 320 条第 1 款予以规定，"除第 321~328 条规定的例外情形以外，不得在公审期日以书面材料代替陈述或者将以他人在公审期日以外的陈述为内容的陈述作为证据。"据此，无论是书面形式的传闻证据（陈述书、陈述笔录），还是口头形式的传闻证据（口头转述他人的陈述），原则上均不得在公审程序中作为认定犯罪事实的依据。

（二）禁止传闻的根据

传闻证据为什么被禁止，这是因为无法验证"传言听到"的证据是否真实。在法庭上所作的供述，可以通过有效的反询问鉴别证言的真实性。其主要方式包括：①要求证人宣誓保障其证言的真实；②允许受不利影响的一方进行反询问；③（法院或法官）通过观察证人在供述时的态度作出可信性判断。但是，对传闻证据而言，由于它来源于不在庭的证人，该证人既不能对其证言宣誓，也不会受到质证，更不能观察其供述态度，因此证言的可信程度得不到检验。据此，为了正确认定犯罪事实，防止出现误判，必须将传闻证据排除在可采证据之外。换言之，初步排除传闻证据的理由，是因为传闻供述的真伪无法在审判法庭上通过法定的手段得以确认，因而将其排除。

检验陈述的真实性的方法有两种：一种是英美法的观点，根据当事人的反询问来验证；一种是大陆法的观点，由法官直接检验。通说认为，日本现行法基本采用英美法的方法，即为了保障反询问权而禁止传闻证据。一般来说，言词证据包括感知、记忆、表现和叙述四个过程。表现是真挚性、诚实性方面的问题；叙述是语言表达准确性方面的问题，但两者有密切关系，所以归纳在一起考察比较简明易懂。但是，感知过程、记忆过程、叙述过程都可能出现错误，例如见闻错误、记忆错误、表述错误等。因此，必须通过反询问来验证和检查这种言词证据在各个过程中可能出现的错误。而且，还要保障被告人的询问证人权利（《宪法》第37条第2款）。保障这种询问证人权利，并不仅仅是保障出庭证人的反询问权，而且还必须保障提出言词证据的一般证人的反询问权[1]，同样也要保障传闻证据中原陈述人的反询问权。不能行使这种反询问权而获得的传闻证据，没有证据能力。从这个意义说，禁止传闻的原则（第320条）是来源于宪法的原则。作为传闻证据规则核心的反询问权，可以说是保证发现案件真实的制度。证人询问权是包括反询问权在内的有广泛内容的权利。证人询问权的目的有四：确保事实认定的正确性；抑制权利的滥用；保障参加询问过程；使被告人能够理解。

---

〔1〕〔日〕铃木茂嗣：《刑事诉讼法》（改订版），青林书院1990年版，第203页。

另一种观点认为，即大陆法的观点认为传闻证据规则的根据是直接主义。直接主义是指，只要是法官在法庭上调查过的证据就可以作为裁判的根据。传闻证据包括法官不能直接调查的证据，所以根据直接主义应当排除传闻证据，特别是书面传闻证据。曾有学者提出《刑事诉讼法》第 320 条以下规定是直接主义的表现，之所以排除传闻证据是因为传闻证据中包含有法官不能直接调查的证据，因此应当予以排除。

由于日本刑事诉讼法上的通说和判例均部分承认传闻证据，因此，这一原则主要是用于禁止使用替代和书面传闻证据。其根据是：①日本法的德国法背景和实务传统的影响；②《刑事诉讼法》第 321 条以下的规定是大正刑事诉讼法时期就确立的原则，而大正刑事诉讼法有着浓厚的大陆法色彩；③《刑事诉讼法》第 320 条以下的规定重点在于禁止书面传闻及其例外，这些都可以在直接主义的理论中得到合理的解释。

近年来，日本学者较为一致地认为，直接主义是一种职权主义的思维方式，从当事人主义程序结构来看，证据应当由当事人进行交互验证。[1] 在此基础上，法院才能进行裁断。同时考虑到现行刑事诉讼法与英美法之间的密切关系，今天的学术界大多认为《刑事诉讼法》第 320 条以下的规定是传闻证据规则。

（三）传闻证据规则适用的范围

根据日本刑事诉讼法和其他法律的有关规定，传闻证据规则不适用于简易公审程序、简易命令程序和交通案件即决审判

---

〔1〕 参见［日］铃木茂嗣：《刑事诉讼法》（改订版），青林书院 1990 年版，第 203 页。

程序，以期减轻诉讼关系人的负担，迅速处理当事人之间没有争议的、比较轻微的刑事案件。也就是说，在这几个程序中，传闻证据可以采纳。但在简易公审程序中，当事人或者辩护人声明不得用作证据的传闻证据，仍需遵守传闻法则。[1]

四、传闻证据规则的例外

依据日本刑事诉讼法，传闻证据规则在三种情况下不发生作用：[2]一是《刑事诉讼法》第321条以下规定的"传闻证据规则的例外情况"。传闻法则来源于保障反询问权，所以代替保障反询问权的手段是在例外情况下允许传闻证据。二是不适用传闻证据的情况，指证据的形态是传闻证据，但从传闻证据规则的宗旨来看没有必要适用传闻证据规则的情况。不适用传闻证据规则的有：如《刑事诉讼法》第321条第2款规定的询问证人，已经给予反询问的机会的；第326条规定的根据当事人的同意或协商当事人放弃反询问权的；第322条规定的没有必要对被告人自己的供述提出反询问。这些都是传闻规则的例外情况，应当注意的是，准确地说，不适用传闻证据规则实质上就是允许传闻证据。三是非传闻，指证据从表面上看是传闻证据，但从实质上看不是传闻证据。如果证据是非传闻证据，就不涉及传闻证据规则的问题。

在论及英美法上的传闻例外时，美国学者威格摩尔提出了

---

〔1〕 参见卞建林、刘玫：《外国刑事诉讼法》，人民法院出版社、中国社会科学出版社2002年版，第99~277页。

〔2〕 ［日］田口守一：《刑事诉讼法》，张凌、于秀峰译，中国政法大学出版社2010年版，第312页。

信用性情况保障和必要性的概念。即，有外部因素证明供述的可信性或者由于无法传唤供述人而不得使用原供述的，可以视为传闻法则的例外。威氏所列举的传闻例外包括：①临终陈述；②与供述人的财产利益相违背的供述；③与原供述人系有关的供述；④与供述人的财产利益相违背的供述；⑤认证证人的供述；⑥通常的业务活动中的记录；⑦有关私有土地界线的供述；⑧有关已去世者的供述；⑨关于土地、历史事件、婚姻、性格方面的评价；⑩学术论文；⑪商业用或业务用的目录；⑫经过宣誓的供述笔录；⑬关于身体感觉或精神状态的供述；⑭紧急情况下的言词；⑮国家公务员制作的文件等。[1]另外，美国联邦证据规则中所规定的传闻例外还包括：感知的印象、兴奋时的发言、宗教团体的记录、有关市场的商业出版物、从前的有罪判决、有关个人及其家庭经历的供述等。[2]

日本刑事诉讼法中关于传闻证据规则例外的规定标准，除了根据英美证据理论中的具有"可信任的情况保障"和具有"必要性"以外，还规定传闻证据可以基于当事人双方同意或合意而取得证据能力。

（一）传闻文书

1. 被告人以外的人的陈述代用文书（第321条）

关于被告人以外的人的陈述代用文书，包括：法官面前笔录、检察官面前笔录和司法警察面前笔录（第321条第1款）；

---

〔1〕 ［美］J. H. 维戈摩尔：《证据法入门》，平野龙一、森冈茂译，东大出版会1964年版，第196页。

〔2〕 参见王进喜：《美国〈联邦证据法则〉条解》（2011年重塑版），中国法制出版社2012年版，第255~287页。

询问证人笔录、勘验笔录等（第 321 条第 2 款）；侦查机关的勘验笔录等（第 321 条第 3 款）；鉴定书（第 321 条第 4 款）；照片、录音带、录像带的证据能力。这种规定在传闻例外规定中是范围最广的规定。

（1）法官面前笔录、检察官面前笔录和司法警察面前笔录（第 321 条第 1 款）。

第一，法官面前笔录（第 321 条第 1 款第 1 项）。法官笔录是记录在法官面前供述的文书（也叫法官面前的笔录或第 1 项笔录）。这种笔录在下述情况下有证据能力：①供述者死亡、精神障碍或身体障碍、下落不明或者在国外，在审判准备期间或审判期间不能到庭陈述的；②供述者在审判准备期间或审判期间作出与以前不同的供述的。其中：第一种被称为"证人不能供述的情形"；第二种被称为"证人作出相反陈述的情形"。法官笔录包括，法官询问证人后制作的笔录、法官为保全证据而实施的询问证人笔录、法官在审理其他案件时制作的笔录等。由于法官在性质上属于公正、中立的第三者，并且在当事人不在场的情况下，可以代替当事人提出反询问，所以一般认为法官笔录具有较强的可信性。

第二，检察官面前笔录（第 321 条第 1 款第 2 项）。检察官笔录是记录证人在接受检察官询问时所作供述的文书（也叫检察官面前笔录或第 2 项笔录），主要是侦查阶段检察官在询问被告人以外的知情者时制作的笔录，也包括处理检察事务的检察事务官对案件有关情况所做的笔录。在判断是否采用检察官笔录时，除了具备上述不能供述情形外，在审判准备或审判期间所作供述与检察官笔录相对立或存在实质差异的，或者与审判期间所作的供述相比较，检察官具有特别的可信性的，也可以采用。但是，检察官仅仅通过听朗读来确认检察事务官或司法警察职员写成的笔录（即《刑事诉讼法》第 321 条第 1 款第 3 项规定的笔录），未经由检察官实际调查的犯罪事实实体部分，不属于检察官笔录。这是因为检察官是法律专家，负有正确适用法律的客观义务，所以检察官笔录与第 321 条第 1 款第 3 项笔录相比，作为证据的要求比较宽松。

学者们认为，根据当事人主义，检察官是诉讼中承担追诉和推进诉讼的一方当事人，其诉讼地位不同于具有中立、公正地位的法官，因此不能无条件地承认检察官笔录的证据能力。有学者指出，仅仅因为原供述人不能供述就肯定检察官笔录的做法是错误的，还必须检验该证据是否满足可信性的要件；另外，也有人提出检察官笔录违宪说，不承认检察官笔录具有证据能力。对此，判例仍坚持认为第 321 条第 1 款第 2 项合宪，尽管存在争议。

在以往，通常认为检察官笔录是否特别可信属于证据的证明力问题，应由法官根据自由心证进行判断。但是，现在的学说和实务操作大多认为，对特别可信情形的判断是供述的证据能力问题，因此应对供述内容以外的外部状况也进行考察。在判断外部情况时，可以参考供述笔录的记载内容、原供述时的情况，例如记忆是否清晰、供述人是否有深刻反省之意等；以及证人作证时的情况，例如是否受到诉讼关系人的压力和影响、是否对在法庭作证有顾虑等。

第三，司法警察面前笔录（第 321 条第 1 款第 3 项）等。这种笔录包括前 2 项规定以外的所有笔录（也叫第 3 项笔录）。其代表性的笔录是在司法警察面前做出的证言笔录，此外还包括报案笔录、悔过书、呈报文书、侦查报告、搜查查封笔录、醉酒鉴别卡片等。这些第 3 项笔录是传闻例外的基本类型，需要附带严格的例外要件。如上所述，这种例外要件是：①陈述者死亡、精神障碍或身体障碍、下落不明或在国外，在审判时不能陈述的；②该陈述是证明犯罪事实不可缺少的；③该陈述是特别可信的情况下作出的，可以承认证据能力。在英美法上，承认③的绝对的特别可信情况的事例有：案件发生后不久的冲动性陈述、临终陈述、违反财产利益的陈述。

第 321 条所说的法院、法官、检察官是以日本的制度为前提的，外国法院等制作的笔录，按照第 3 项笔录判断证据能力。判例对于美国的宣誓供述书〔1〕和韩国的审判笔录，承认了特信情况。

（2）询问证人笔录、勘验笔录等（第 321 条第 2 款）。

第一，询问证人笔录，是指记录被告人以外的人在审判准备阶段或审判期日作出证言的文书。这类文书包括：《刑事诉讼法》第 158 条、第 281 条等规定的该案件在审判准备阶段或审判期间法院写成的询问证人笔录；该案件在审判程序变更以前，对被告人以外的人的证言写成的审判笔录等。

第二，法官的勘验笔录，是指记录法院或法官的勘验结果

---

〔1〕　宣誓陈述书，根据国际侦查协助的要求，居住在美国的人对美国的侦查人员和日本的检察官提出的指纹进行了陈述，在公证人面前也表示陈述的内容是真实的，并签字形成了宣誓陈述书。判例认为这种陈述书属于在特别可信的情况下做出的陈述。宣誓陈述书是指，在法官、公证人等有指导宣誓的人的面前，事前不通知对立的当事人，由陈述者宣誓之后将其以叙述的方式陈述的内容记载下来的文书。与此类似的文书还有作证书（证词），是指在法院指定的法官、检察官、律师等人的面前，原则上事先通知对方当事人并给予反询问的机会，陈述者在宣誓后回到询问者一问一答式提问，由记载证言的内容而形成文书。

的文书。法院或法官实施的勘验具有真实性，且诉讼关系人有权在场，是在陈述时保障了反询问权的情况下作出的。基于勘验在场权，有关人员可以当场指出事实，判断法院的勘验是否正确，因此，实质上保障了反询问权。因此，原则上无条件承认勘验笔录的证据能力。

（3）侦查机关的勘验笔录（第321条第3款）。侦查机关的勘验笔录，是记载检察官、检察事务或司法警察职员勘验结果的文书，例如侦查机关制作的勘验笔录、检察官制作的验尸笔录等必须在审判时经过对证人进行询问并确定供述真实性后，才能认可其证据能力。判断侦查勘验笔录是否真实，不仅要证实该笔录制作形式的真实性，而且对记载内容的真实性也必须进行检验。在这一问题上，出现争议的是这种勘验笔录是否应包括侦查机关在非强制情况下做出的记载勘验结果的所谓现场笔录。对此，通说认为，现场勘查的性质和勘验没有区别，因此认为包括现场勘查笔录。[1]仅以检查醉酒驾驶后制作的醉酒鉴别卡为例，判例认为：卡片上的化学鉴定栏目、犯罪嫌疑人的言语、动作、酒气、外貌、态度等外部形态的记载栏中的记载内容，相当于《刑事诉讼法》第321条第3款规定的"司法警察职员勘验笔录"；犯罪嫌疑人回答栏目和"事故案件"栏目下的"饮酒时间"和"饮酒动机"两个栏目的记载，相当于《刑事诉讼法》第321条第1款第3项规定的笔录。此外，速度测定卡片、气味鉴别结果（司法警察职员写成的报告书）等也属于同类文书。

――――――――――

〔1〕 最判昭和三十五年（1960年）九月八日《刑集》第14卷第11号，第1437页。

（4）鉴定书（第 321 条第 3 款）。鉴定书是由鉴定人写成的、记载法院命令的鉴定经过和鉴定结果的文书。由于鉴定书与《刑事诉讼法》第 321 条第 3 款规定的文书相同，所以对鉴定书证据能力的要求是，必须能证明是鉴定人真实制作的文书。通说认为，受委托鉴定后制作的鉴定书具有客观性和正确性，犯罪嫌疑人和被告人为了保全证据可以根据《刑事诉讼法》第 179 条的规定提出申请，由法院命令鉴定人进行鉴定。追诉方委托鉴定人进行鉴定，可以适用上述规定。[1]不过，委托私人作出的鉴定没有证据能力（如有必要可以根据《刑事诉讼法》第 179 条提出申请）。此外，有判例提出，医师的诊断书也可以适用鉴定书的规定。对此，反对意见较多。另外，在实务上，测谎器检查结果、声纹鉴定书、气味甄别检查结果（由驯犬员写成的报告书）等均适用鉴定书的有关规定。

（5）照片、录音带、录像带的证据能力。照片、录音带、录像带中包含有摄影者、录音者、录像者、编辑者等人操作行为。因此，如果重视这些证据中人的操作行为，作为"陈述证据"，它们的传闻性很强；但是，从采证的科学性、机械性出发，这些证据具有一定的可信性，与需证实的事实有较强的关联性，可视为"非陈述证据"，具有证据能力。

以下就这些证据与传闻证据规则的关系做一些简单的分析。

第一，照片。学说中的陈述证据说认为：照片具有勘验笔

---

〔1〕 最判昭和二十八年（1953 年）七月二十五日《刑集》第 7 卷第 10 号，第 1934 页。

录的性质，对摄影者可适用询问证人的程序规定。[1]非陈述证据说（通说）则强调，只要照片和犯罪事实有关联性，就可以承认证据能力。判例指出，拍摄犯罪状况等所谓现场照片属于非陈述证据，只要认为根据该照片和犯罪事实有关联性，就可以承认证据能力。判例也指出，拍摄犯罪状况等所谓现场照片属于非陈述证据，只要认为根据该照片本身或者其他证据能够认定与案件有关系，就具有证据能力。采用这种证据时，不需要摄影者等人出面证实现场照片的拍照过程以及拍照行为与案件的关联性。[2]在这一问题上，有学者认为，照片是用机械方法对现实状况的真实显像，因此，具有一定的证明性，可以作为非陈述证据。问题是如何证实照片与要证实事实之间存在关联性，是用照片本身或其他证据来证实关联性，还是必须用摄影者的证言证实。考虑到可能会出现伪造照片的情况，原则上应当要求照片的摄影者提供摄影状况的证词，在例外情况下摄影者死亡或患病的，应当用其他证据证实。摄影者不明的，不能作为证据。不过，犯罪现场的照片具有自白性质时，应当认为是供述证据，适用《刑事诉讼法》第 321 条第 3 款、第 322 条第 1 款的规定。

第二，录音带。录制犯罪现场声音的现场录音带，其法律价值不是声音的内容，而是声音本身，因此是非供述证据。而录制了陈述者陈述内容的陈述录音带，其陈述的意思内容是有

〔1〕 东京地裁昭和三十六年（1961 年）四月二十六日《下刑集》第 3 卷第 3、4 号，第 393 页。

〔2〕 最判昭和五十九年（1984 年）十二月二十一日《刑集》第 38 卷第 12 号，第 3071 页。

法律价值的，因此通说认为其属于陈述证据，适用传闻法则。问题是，与书面证据不同，无法要求陈述者在录音带上签名和盖章，如果用声音和录音者的证言能够证实这种再现的陈述是原陈述者制作的，那么可以代替原陈述者签名或盖章。如果对这一点有疑问，就要询问录音者、录音在场人员、录音带保管人员等。只有根据这些人的证言可以证实关联性时，才能肯定录音带的证据能力。

第三，录像带。录像带的情况与照片基本相同。对此，非供述证据说（证实关联性说）是通说。关于录像带的证据能力问题，有地方法院的判例指出，录像带是应用光学、科学原理用机械、科学的方法制作的，没有陈述的性质，因此，只有在与要证实的事项有关联性时，才可以将录像带采用为证据。[1]此外，也有认为录像带是陈述证据、否定录像带证据能力的地方法院判例。该判决指出：由于在拍摄录像带时，或多或少地反映了摄影者、编辑者的主观意图，因此，录像带能否完整地、正确地再现事实存在疑问。因此应当类推适用《刑事诉讼法》第 321 条第 3 款的规定，要求对摄影者、编辑者作为证人询问。[2]有学者认为录像带是非供述证据的学说是妥当的，但是在证实关联性时应当比认定照片的证据能力时更为慎重。另外，用录像带录制电视画面时，录像带是原画面的复制品，但是录像带的内容与原画面一致时，具有同一的证

---

〔1〕 东京地判昭和五十五年（1980 年）三月二十六日《判例时报》第 968 号，第 27 页。

〔2〕 大阪地判昭和四十八年（1973 年）四月十六日《判例时报》第 710 号，第 112 页。

据能力。因此，在这种情况下，复制电视画面的录像带有证据能力的要件是：原本录像有证据能力，而且是正确地录制而成的。

2. 被告人供述的代用文书（第 322 条）

《刑事诉讼法》第 322 条规定了被告人供述书或供述笔录的证据能力。被告人所书写的供述书或者记录被告人的供述而由被告人签名或盖章的书面材料，以其供述是承认对被告人不利的事实为内容或者是在特别可以信赖的情形下作出时为限，可以作为证据。但以承认对被告人不利的事实为内容的书面材料，即使该承认并非自白，在怀疑并非出自于自由意志的行为时，不得作为证据。记录被告人在公审准备或公审期日的供述的书面材料，以可以认为其供述是出于自由意志的行为时为限，可以作为证据。是否能够简单地判断被告人口供或者承认对自己不利的事实具有"较高的可信性"，这也是需要研究的问题。英美普通法认为，"自认"作为传闻的例外，具有证据能力。其理由根据所谓"当事人理论"。这种理论并不是直接相信"自认"，而是认为既然当事人（刑事案件是被告人）作出与自己的诉讼主张不矛盾的供述，就没有理由拒绝将其作为证据。需要注意的是，在日本，如果供述人是被告人（或者犯罪嫌疑人）以外的人，尽管作出对自己不利的供述，也不认为是传闻的例外。

3. 特别可信的笔录（第 323 条）

这类笔录是有高度可信性和必要性的笔录，是无条件的有证据能力的笔录。

（1）公务文书。包括户籍副本、公证书副本和其他公务员依照职权开具的证明文件等。理论上，户籍副本属于证明出生情况的二次传闻，但是在没有其他更加确实的证明材料时，承认它的证据能力。另外，户籍誊本、公证书抄录本、不动产登记簿副本、誊本、印章证明的誊本和居民登记簿誊本等均应作同样处理。

（2）业务文书。包括商业账簿、航海日志和其他在日常的业务过程中制作的文书等。这些文书是根据业务需要机械、连续地记载的业务资料，混入虚假信息的可能性较小，因而具有证据能力。医师制作的病历、航空器的航空日志和渔船团的电信记录[1]等也具有类似性质。

（3）其他特信文书。被判例认可的特信文书还包括：调查犯人前科的答复电文[2]、服兵役者与妻子的特定通信[3]、秘密隐蔽账户的账目[4]等。另外，与英美法一样，国家机关发布的统计资料、学术论文和天文历法等也属于特信文书。

在学说中，有所谓的笔记理论。即，现在丧失记忆者在神志清醒时，根据直接获得的知识所做的笔记，经过询问证人，可以作为传闻的例外予以采用。但该理论是否任何情况均能适用存在疑问。[5]

---

〔1〕 最决昭和六十一年（1986 年）三月三日《刑集》第 40 卷第 2 号，第 175 页。

〔2〕 最决昭和二十五年（1950 年）九月三十日《刑集》第 4 卷第 9 号，第 1856 页。

〔3〕 最判昭和二十九年（1954 年）十二月二日《刑集》第 8 卷第 12 号，第 1923 页。

〔4〕 东京高判昭和三十七年（1962 年）四月二十六日《高刑集》第 15 卷第 4 号，第 218 页。

〔5〕 参见田中和夫：《新证据法》（增补第 3 版），有斐阁 1970 年版，第 357 页。

（二）传闻陈述

在审判中，证人 B 叙述他人 A 在法庭外作出的谈话内容的陈述是最为典型的传闻供述。在英美等国，是最为常见的传闻之一。但是，在日本，侦查机关的通常做法是在侦查阶段充分限定犯罪事实，并通过书面的形式将之制作成案卷。因此，日本的刑事诉讼法在法律条文上，首先规定了文书的传闻例外，然后将这一规定类推适用于传闻陈述。

1. 被告人以外的人的陈述

第一，被告人以外的人在审判准备期间或在审判期间的陈述是以被告人的供述为内容的，适用《刑事诉讼法》第 322 条规定（第 324 条第 1 款）。判例指出，"被告人以外的人"包括侦查人员，根据该条文规定审讯被告人并获得自白的侦查人员所作的陈述，有证据能力。但是为了证实自白的任意性和可信性，应当写成自白笔录（参见《刑事诉讼法》第 198 条第 3 款，《犯罪侦查规范》第 177 条第 1 款），根据《刑事诉讼法》第 322 条规定开示证据。

第二，被告人以外的人在审判准备期间或在审判期间的陈述，是以被告人以外的人的陈述为内容的，适用《刑事诉讼法》第 321 条第 1 款第 3 项规定。

2. 再传闻

应当作为传闻证人出庭的人 B 向他人 C 讲述案件事实，并由后者 C 代替 B 出庭作证的，是传闻的重复，称为再传闻（两重或者多重传闻）。需要研究的问题是再传闻的证据能力。

第一，肯定再传闻的证据能力的观点。平野龙一教授认为，如果第二传闻过程适用传闻例外规定，那么第一传闻过程就应适用再传闻例外规定。因此，C 的陈述作为传闻例外，有证据能力。[1]但是，这种机械地适用传闻例外原则（在理论上可以无限地循环下去），与禁止传闻证据原则不协调，在学说界未能得到广泛的响应。[2]

第二，原供述人 A 将某一事实告诉中间证人 B（第一传闻过程），B 又把该事实传给检察官（第二传闻过程），检察官写成检察官笔录（第三传闻过程），根据正确性说的观点，该陈述属于"三重传闻"，不具有证据能力；但如果 B 签名或盖章时，则该陈述可以看作是再传闻，在以下情况下，可以承认它的证据能力：第二传闻过程适用传闻例外规定；在此基础上，第一传闻过程可以适用再传闻例外规定；因此，可以承认检察官笔录的证据能力。在这种情况下，相同的传闻例外规定不能重复适用，因此有观点认为承认再传闻的证据能力应仅限上述范围内。上述情况是两次传闻例外规定，各自适用的标准不同，所以在一定范围内可以使用。判例指出，被告人甲对检察官的供述中包含从共同被告人乙处传闻的供述时，根据《刑事诉讼法》第 321 条第 1 款第 2 项、第 324 条的规定，该供述笔录可以作为对被告人乙的证据使用，从而承认了再传闻的证据能力。[3]不过，在这种情况下，如果要求在供述笔录

---

〔1〕 参见［日］平野龙一：《刑事诉讼法》，有斐阁 1958 年版，第 224 页。

〔2〕 持反对意见的学者及其论著有：［日］松尾浩也：《刑事诉讼法》（下），弘文堂 1999 年版，第 67 页；［日］铃木茂嗣：《刑事诉讼法》（改订版），青林书院 1990 年版，第 206 页。

〔3〕 最判昭和三十二年（1957 年）一月二十二日《刑集》第 11 卷第 1 号，第 103 页。

上签名或盖章时，就必须确认原供述者（上述案件中的被告人乙）的谈话内容。[1]

另外，如果对方当事人同意采用再传闻文书，即使没有特别指出，其中包含的陈述内容也视为对方同意。[2]

五、传闻证据规则的其他相关问题

（一）自愿性调查

《刑事诉讼法》第 325 条规定，即使属于《刑事诉讼法》第 321 条及第 324 条规定的可以作为证据的笔录或供述，如果不对笔录或证人供述的内容进行审查，就不能作为证据采纳。在审查笔录或供述内容时，必须明确该笔录或证人提供的审判准备期间、审判期间他人的供述是否具有自愿性，是否存在强迫作证的情形。由于原始供述是在法院以外的地方作出的，为了解供述当时的情况，法院有义务对供述人进行供述时的自愿性开展一定程度的调查。除判断证据能力时需要具备自愿性要件和属于特别可信情况要求具备任意性要件的情形外，[3]在一般情况下，供述的证据能力并非必要条件。因此，即使在结束了调查证据程序之后实施调查证明力的诉讼活动，在程序上

---

〔1〕 ［日］佐伯千仞编：《活的刑事诉讼法》，日本评论社 1965 年版，第 219 页（光腾景皎文）。

〔2〕 广岛高判冈山支判昭和二十七年（1950 年）二月二十七日《高刑集》第 5 卷第 2 号，第 274 页。

〔3〕 如果法院已经驳回对特信性提出的异议，则可以认为已经完成了自愿性调查。参见最判昭和二十九年（1954 年）十二月二十三日《刑集》第 8 卷第 13 号，第 2295 页。

也属于合法。[1]

不过，这里所要求的自愿性与自白的自愿性有所不同，其目的是明确自愿性与供述的证据价值之间的关系，因此并不要求必须在审判阶段之前完成。在实务上，只要在实施证据调查程序时，完成了自愿性调查即可。[2]与此不同，自白的自愿性是证据能力的要件，所以在审判阶段开展调查证据以前，必须事先辨明自白的任意性。判例认为，调查《刑事诉讼法》第325条的任意性的宗旨是，"尽量防止形成不当的心证，防止把欠缺任意性，没有证明力或者因带有强制性而欠缺证据能力或证明力的笔录或供述作为证据"。[3]

（二）当事人同意或达成协议的笔录

1. 同意作为证据的笔录

检察官和被告人同意把笔录或供述作为证据使用的（同意笔录），法院在考察了该笔录或供述的制作情况后认为适当的，可以承认其具有证据能力。在被告人不出庭也可以调查证据时，如果被告人不出庭，就可以推定被告人已经同意使用该证据笔录（称为："疑似同意"），但被告人因退庭或命令被强制退庭的，不适用上述规定。[4]检察官与被告人之间通过

---

[1] 最决昭和五十四年（1979年）十月十六日《刑集》第33卷第6号，第633页。

[2] 参见［日］铃木茂嗣：《刑事诉讼法》（改订版），青林书院1990年版，第214页。

[3] 最决昭和五十四年（1979年）十月十六日《刑集》第33卷第6号第632，第634页。

[4] 参见［日］平野龙一：《刑事诉讼法》，有斐阁1958年版，第220页。

协商制作的协议笔录无条件具有证据能力，但实务上这种笔录并不多见。

在申请调查证据时，一般应征求对方当事人的意见并询问其是否同意使用证据笔录。在日本的刑事诉讼中，使用案卷的情况非常普遍，因而常常出现被告方全面同意检察官请求采用所有证据的现象。传闻证据规则只有在没有获得对方当事人同意的情况下，才发挥作用，因此，用田宫裕教授的话来说，当事人的同意是供述证据作为传闻例外被法院采用的"第一道门槛"。[1]

检察官、被告人和被告人的辩护人有权决定是否表示同意。如果当事人表示"没有异议"，而且根据相关情况可认定上述表述中包含当事人明确的意思表示的，可以推定当事人已经表示同意。当事人既可以对全部证据表示同意，也可以有选择地同意使用其中一部分证据。在审判进入调查证据阶段之前，允许当事人撤回同意。[2]

在同意的效力问题上，通说认为，同意在性质上是对反对询问权的放弃（放弃反询问权说），所以已经表示同意的，不得以证明力有争议为由再次申请询问证人。[3]同意书证等于解除了证据的传闻性，是旧刑事诉讼法所采取的方式。对此，存在另外一种有力的观点，即认为，对采用证据表示同意，是当事人拥有的一种证据的处分权（证据能力附带行为说），是证据

---

〔1〕 参见［日］田宫裕：《刑事诉讼法》（新版），有斐阁1996年版，第392页。

〔2〕 ［日］高田卓尔：《刑事诉讼法》（第2版），青林书院1984年版，第244页。

〔3〕 ［日］平野龙一：《刑事诉讼法》，有斐阁1958年版，第219页。

附带证据能力的诉讼行为。[1]这一学说为实务界的一般看法。

不过，放弃反询问权的拥护者也承认证据能力附带行为说，认为一般的同意应当符合当事人主义原理，当事人有权对证据加以处分。但是，实际上区分同意是属于《刑事诉讼法》第326条规定的同意，还是属于一般性的同意是非常困难的。

有学者认为，作为刑事辩护人的辩护技巧，即使同意采用不利于被告人的检察官笔录，也可以通过调查证据程序对该笔录进行弹劾；如果随后实施反询问，质问原供述者就可能获得有利于被告人的供述。这是由于事实上，对《刑事诉讼法》第321条第1款第2项规定的笔录提出反询问是相当困难的。从当事人主义的角度出发，当事人有处分诉讼行为的权利（当事人的处分诉讼行为权）。因此，根据此通说的观点，同意传闻证据，就是放弃对缺欠证据能力的传闻证据的反询问权，应当认为同意是基于当事人的程序处分权的证据能力的附带行为。但也有学者提出，不放弃反询问权，同意后还可以询问证人。[2]另外，有判例指出，允许当事人采用同意违法收集的证据。[3]

2. 协议文书

经过法院、检察官与被告人或其辩护人的协商，可以提交

---

〔1〕 ［日〕青柳文雄、伊藤荣树等：《注释刑事诉讼法》（第三卷），立花书房1978年版，第359页。

〔2〕 参见［日〕田口守一："同意的同意"，载［日〕西原春夫编：《下村康正先生古稀祝贺·刑事法学新动向》（下），成文堂1995年版，第119页。

〔3〕 最判昭和三十六年（1961年）六月七日《刑集》第15卷第6号，第915页。

记载笔录内容或可预见的审判供述的文书；即使不对该笔录或供述者进行调查，也可以将该笔录作为证据。在此情况下，在法庭上开展争辩该证据证明力的活动不受影响。这就是所谓的协议文书，但实际上这种书证的利用率不高。

3. 用以争辩证明力的证据

根据《刑事诉讼法》第321～324条规定，不能作为证据使用的笔录或供述，可以作为在审判准备阶段或审判期间被告人、证人以及其他人争辩证明力的证据。所谓争辩证明力的证据，是指用来弹劾供述的证明力的证据，因此也叫弹劾证据。例如，证人A在法庭指证说："X是犯人"，而该证人在法庭外却做了X不是犯人的陈述。在法庭证言有证据能力而法庭外证言没有证据能力时，为了弹劾法庭证言的证明力而使用法庭外证言（犯人不是X），该证言就是弹劾证据。在这种情况下，不需要对陈述的内容（"犯人不是X"）进行事实判断，而只需证实两个自相矛盾的证言中孰真孰假即可。因此，弹劾证据只能是相对证据而非实质证据。[1]

在此问题上的第一个争点是弹劾证据的范围。即，该证据是否仅限于作证者的自相矛盾的证言。其中一种观点认为，为了争辩证据的证明力，弹劾证据不必限制在同一作证者自相矛盾的证言上（非限定说）。[2]通说认为，弹劾证据应仅限于自相矛盾的证言（限定说）。[3]折衷说认为，弹劾证据应仅限于

---

〔1〕 最判昭和二十八年（1953年）二月十七日《刑集》第7卷第2号，第237页。

〔2〕 东京高判昭和二十六年（1951年）七月二十七日《高刑集》第4卷第13号，第1715页。

〔3〕 ［日］平野龙一：《刑事诉讼法》，有斐阁1958年版，第247页。

检察方证人作出的自相矛盾的证言的情况,[1]这是以立法为前提的观点。

弹劾证据是情况证据,也是非传闻,即使没有条文规定也可以利用。但是,必须注意的是,法律规定即使是传闻证据,根据弹劾的目的也可以用于非传闻。

第二个争点是,争辩证明力的意义。不论是依据上述哪种观点,即使法官从矛盾证据中获得了有关犯罪事实的心证,也不允许将弹劾证据作为认定事实的实质性证据。因此,判例指出,弹劾证据一方面会削弱供述证据的证明力,另一方面也可以回复被削弱的证明力;[2]强化证明力的证据必须是实质证据,不允许使用弹劾证据强化证明力。

---

〔1〕 〔日〕田宫裕:《刑事诉讼法入门》,有信堂 1982 年版,第 247 页。

〔2〕 东京高判昭和五十四年（1951 年）二月七日《判例时报》第 940 号,第 138 页。

香港传闻证据规则的变迁及发展趋势

　　传闻证据规则被认为是"英美证据法上最具特色的规则，其受重视的程度仅次于陪审制，是杰出的司法体制对人类诉讼程序的一大贡献。"[1]有学者认为，"传闻证据规则是英美证据法体系的核心和灵魂"，"没有传闻证据规则，就没有英美证据法，英美证据法就失去了富有魅力的特色"。[2]当然，在传闻证据规则发展的数百年间，对其评价也并非都是赞美之词，英国证据法学家克罗斯就认为，"传闻证据规则是最古老、最复杂，和最令人困惑的证据排除规则之一"。[3]

　　由于历史原因，香港沿袭了英国的法律制度，1997年香港回归后，根据一国两制的原则，香港特别行政区的法律制度仍以普通法为依归，并由多个本地法例（《香港法例》）作补充。《香港法例》中第8章为《证据条例》，这是一部综合规

---

　　〔1〕　See John Henry Wigmore, *Evidence*, Chadbourn, 974, 1974, 3rd ed., p. 28.

　　〔2〕　［美］约翰·W. 斯特龙主编：《麦考密克论证据》，汤维建等译，中国政法大学出版社2004年版，（代译序）第9页。

　　〔3〕　See Rupert Cross, *Cross on Evidence*, London Butterworths, 1985, 6th ed., p. 453.

范诉讼证据运用的主要成文法，该条例订明传闻证据规则，并因法律程序性质不同而区别运用。具体而言，刑事法律程序中传闻证据的运用，主要由《证据条例》第三部规定，而有关接纳公共文件及业务纪录的法律条文，则与该条例第四部有关民事法律程序的规则大致相同。[1]至于民事诉讼程序中传闻证据的适用，则执行另一套规则，由《证据条例》第四、五部规定。本专题就不同性质法律程序中的传闻证据规则分别进行研究。

一、传闻证据规则简述

传闻证据规则的内容主要包括三方面，即传闻证据的定义、传闻证据规则的基本原则以及传闻证据规则的例外。

（一）传闻证据的定义

关于何谓"传闻证据"，学理上并没有统一的定论，学者们多是根据普通法判例中对传闻证据的认识，从不同角度对传闻证据进行定义。[2]英国 1995 年《民事证据法》（*The Civil Evidence Act*）采纳了英国学者克罗斯教授的定义[3]，该法第

---

〔1〕 香港法律改革委员会：《民事法律程序中的传闻证据规则研究报告书》，1996 年 7 月，导言部分之脚注 2。

〔2〕 参见齐树洁主编：《英国证据法》，厦门大学出版社 2002 年版，第 450~451 页。

〔3〕 克罗斯教授认为，传闻证据是指一项不是由在诉讼程序中提出口头证据的人所作出的事实断言，该断言作为所主张事实的证据是不予采纳的。（An assertion other than one made by a person while giving oral evidence in the proceedings is inadmissible as evidence of any fact asserted). See Rupert Cross, *Cross on Evidence*, London Butterworths, 1985, 6th ed., p. 454.

1 条第 2 款规定：在本法中，（a）"传闻"是指在司法程序中由以口头方式作证的证人以外的其他人作证的，作为证明所陈述的事项的证据被提交的陈述；（b）包括任何程度的传闻。

香港 1999 年修订的《证据条例》以成文法形式对民事法律程序中的传闻证据作了明确规定。根据《证据条例》第 46 条[1]相关规定，"传闻"是指：并非由在有关法律程序中正在提供口头证据的人所作出、但却作为其所述事宜的证据而提交的陈述；且包括任何程度的传闻；"陈述"（statement）指不论以何种方式作出的事实申述和意见申述；"口头证据"（oral evidence）包括被传召作证人的人因其语言能力或听觉有任何缺陷而以书面或动作示意的方式所提供的证据；"原始陈述"（original statement）就传闻证据而言，如属事实证据，指对该事实有亲身认识的人作出的基本陈述（如有的话），如属意见证据，指持该意见的人作出的基本陈述（如有的话）。由此可以看出，香港民事法律程序中的"传闻"内涵相当广泛，其不局限于口头形式，书面或行动也包括在内。

（二）传闻证据规则的基本原则

传闻证据规则也被称为反传闻规则（the rule against hearsay）、传闻排除规则（the rule except hearsay），其基本原则是指，传闻证据不具备证据资格，不能被法庭接纳为所提出事实的证据。因此，一名控方证人所作陈述"受害人告诉我，将他撞倒的汽车是绿色的"，不能被法庭接纳作为证明该辆汽车事实上是绿色的证据。

关于传闻证据规则的起源，法律史学家有两种观点，一部

---

[1] 版本日期：1999 年 6 月 1 日。

分认为该规则源于对陪审团衡量、评估传闻证据能力的不信任，另一部分则认为是基于剥夺了诉讼一方交叉盘问证人的机会所引起的不公。[1]排除传闻证据的需要，最初是在13世纪的英格兰为人所认知。这项规则随着时日不断发展，17世纪后期，英国普通法即已确立了在诉讼中排除或禁止传闻证据的基本原则。1675～1690年是传闻证据规则具体化的时期，也是传闻证据规则的正式形成时期。[2]在此后的数百年里，传闻证据因其自身缺陷被法庭排除，理由主要包括[3]：

（1）传闻证据不是最佳证据，并且不是经宣誓而提出的。

（2）传闻证据的声述者不会出庭，这意味着法庭无法评定其举止，故此亦无法评定其可信程度。

（3）传闻证据的声述者不会出庭接受盘问。

（4）在刑事案件中，如接纳控方在其案中所提出的传闻证据，与被控人跟不利自己的证人对质的权利是对立的。

除上述原因外，学者斯宾塞（Spenser）在其论著中指出传闻证据的若干不足之处，包括在传递信息的过程中存在一定的风险：A有可能错听了B说的内容，或者对B说的内容有误解。对此，斯宾塞举例道，在一起撞车事故中，警察为其中一位司机作笔录：我在开车前往剑桥的路上，我逆向行驶，X的车从拐角处过来，因此我无法避免碰撞。（I was driving to

---

〔1〕 See The Law Reform Commission Of Hong Kong, *Report On Hearsay In Criminal Proceedings*, November 2009, at para 1. 3.

〔2〕 See Lempert & Saltzburg, *A Modern Approach to Evidence*, West Publishing Company, 1983, 2nd ed., p. 348.

〔3〕 香港法律改革委员会：《刑事法律程序中的传闻证据报告书》（摘要），2009年11月，第8段。

Cambridge on the wrong side of the road. Coming round the corner was X's car and I was unable to avoid a collision.) 实际上，这位司机的原意是：我在开车前往剑桥的路上，X 的车从迎面而来的道路拐角处出现，因此我无法避免碰撞。（I was driving to Cambridge. On the wrong side of the road, coming round the corner was X's car and I was unable to avoid a collision）。显然，在这起事故中，笔录内容对事故责任认定至关重要，由于警察的误解，极有可能原本无责任的人被错误定责。更有甚者，A 可能会虚构 B 的言论，或故意歪曲 B 的陈述内容。[1]

（三）传闻证据规则的例外

普通法规则并非绝对，如果司法人员凭经验认为，有关证据虽然带有传闻成分，但合理可靠，同时在当时的情况下，必须信赖由此来源所得的证据，由此就演变出传闻证据规则的例外规定。自 19 世纪开始，传闻证据规则的发展重心转为对传闻规则范围的界定与传闻规则例外的确立。

传闻证据规则的例外可以分为普通法的传闻例外和成文法的传闻例外两种。普通法的传闻例外可谓源远流长，它在传闻证据规则几百年的发展历史上占据重要地位，但在 1964 年的迈尔斯案件（Myers v. DPP）之后，成文法的传闻例外开始大量确立。英国上议院在迈尔斯案件判决认为，针对传闻证据规则创设新的例外情况，是立法机构的任务而不是司法任务。从而迫使英国立法机关加快了传闻证据规则的立法改革步伐。这一做法在绝大多数普通法司法管辖区都成为共识，如美国

---

〔1〕 See John Spenser, *Hearsay Evidence in Criminal Proceedings*, Hart Publishing, 2008, at para. 1. 23.

《联邦证据规则》，该部成文法于 1975 年制定，维持了排除传闻证据的规则，已有超过 30 个州以该规则为蓝本订立证据守则。根据该规则，除非有关传闻证据属该规则订明的特定例外情况之一，否则，不会为法庭所接纳。《联邦证据规则》共列举了 30 种传闻规则的例外，这些例外可分为两类：第一类是指陈述者能否出庭作证并不重要的情况，即不必出庭的例外；第二类例外是指无法传召陈述者为证人的情况，即无法出庭的例外。此外，澳大利亚 1995 年《证据法令》（联邦）列明传闻证据规则的各种例外规定，并指明传闻证据规则不适用于哪些情形。目前，普通法的某些传闻例外已被成文法所吸收，但有些传闻证据仍只能根据普通法的传闻例外才具备可采性。[1]

二、香港民事法律程序中传闻证据规则的变迁

在 18、19 世纪，传闻证据规则随着英国的殖民扩张迅速传到普通法系的其他国家及地区。几百年来，香港也沿用英国制度内传闻证据的规条，并在传闻证据规则的变迁过程中步上了与英国一样的道路，民事法律程序中的传闻证据规则从普通法规范走向成文法规范，同时，经历了从严格控制到宽泛接受直至废除的三个阶段。

（一）传闻证据规则的成文化

在 1969 年以前，香港民事法律程序中的传闻证据规则是受普通法规范的，另外还有以英国法例为基础的几项法定例外

---

[1] 参见朱立恒：“英国传闻证据规则例外的变迁及其启示”，载《比较法研究》2008 年第 6 期。

规定。[1]在普通法中，传闻一般不被接纳为所提出事实的证据，但也有一些例外情况。1969 年，香港颁布了第 25 号证据修订条例，《证据条例》增加第 IV 部"民事法律程序中的传闻证据"，从此成文法规则取代了普通法规则。这次修订的根据是英国 1968 年《民事证据法令》(*English Civil Evidence Act*)，用语都遵循英国的法令。该法令于 1970 年 12 月 1 日在香港生效，适用于最高法院（现为高等法院）及区域法院进行的民事法律程序，以及在其他实施严格的证据规则的民事法律程序。[2]

1970 年生效的"民事法律程序中的传闻证据"部分，共有十个条文。它取代了普通法规则及普通法中的例外情况，保留并发展了判例法中的传闻证据规则。主要内容是：在任何民事法律程序中，任何陈述如并非由任何人于该法律程序中提供口头证据时所作出，则只可根据本条例或任何其他条例的条文或各方协议而被接纳。[3]即：原则上排除传闻证据，但设置例外。例外既可以是法定的，也可以是双方协议的，无论这种协议是明示抑或是不提出异议的默示。

随后，在英格兰及威尔士，1972 年《民事证据法令》将 1968 年法令的规管范围加以扩充，使其包括意见和事实的声明。这一法令也于 1973 年被香港接纳，成为香港《证据条例》第 V 部"意见证据及专家证据"。主要内容是：《证据条

---

〔1〕 香港法律改革委员会：《民事法律程序中的传闻证据规则研究报告书》，1996 年 7 月，第 1.6 段。

〔2〕 1970 年第 154 号法律公告。

〔3〕 香港法律改革委员会：《民事法律程序中的传闻证据规则研究报告书》，1996 年 7 月，第 1.7 段。

例》第 IV 部适用于意见陈述及专家证据。[1]即：意见证据也适用传闻证据排除规则，意见证据和专家证据原则上应当在民事法律程序中以口头形式做出，否则不被接纳。

《证据条例》第 IV 部所载的不同类别传闻证据，只有在遵循《高等法院规则》（《香港法例》第 4 章，附属法例）所订明的若干程序规定后方能获准接纳为证据。根据规定，诉讼一方拟援引传闻陈述，必须向所有其他各方送达其有意如此行事的通知。该通知必须在提交申请将案件排期审讯的 21 天前送达。如该陈述并非文件形式的传闻证据，拟援引该传闻证据的一方须提供作出该陈述人士的详细资料及陈述的实质内容。诉讼其他方如果要求作出该传闻陈述的人士到法庭席前应讯，必须在送达传闻证据通知后 21 天内送达反通知书。如未遵照此程序行事，则该传闻陈述不得作为证据予以接纳。

（二）传闻证据规则的废除

在英格兰，民事法律程序所采用的传闻证据规则和程序较为复杂，备受批评，以致政府制定 1995 年《民事证据法令》，废除排除传闻证据的规则，并推行较为简化的制度，准许传闻被接纳为证据。在香港司法实践中，传闻证据规则也遭受类似批评。有鉴于此，香港也走上了民事程序中传闻证据规则的改革之路，在此次改革中起推动作用的重要主体有：香港法律改革委员会、律政司以及立法会。

1. 法律改革委员会

1992 年，香港法律改革委员会（以下简称"法改会"）

---

[1] 香港法律改革委员会：《民事法律程序中的传闻证据规则研究报告书》，1996 年 7 月，第 1.30 段。

发布了一份咨询文件，该文件研究了香港民事法律程序中有关传闻证据的现行法律，法改会并将该文件送交有关团体以征询意见，包括法官、大律师公会和香港律师会在内的大部分人士对废除民事法律程序中的传闻证据规则均表示支持。1996 年 7 月，法改会正式发布了《民事法律程序中的传闻证据规则研究报告书》，建议《证据条例》第 Ⅳ 部由新规则取代，规定：①在有保障措施的规限下，传闻证据在民事法律程序中可被接纳；②文件副本甚或是文件副本的副本也可在民事法律程序中，获接纳为证据，只要该副本是按法庭批准的方式认证；以及③制定较简化的制度以接纳业务纪录和电脑纪录。

法改会认为通常所有证据均应被接纳，除非有充分理由视该证据为不可接纳的。有关的证据不得单以证据属传闻为理由而被拒绝接纳。传闻证据的问题不应是可否接纳，而是应该给予多少分量。法改会建议，在民事法律程序中，不论是否有陪审团，任何证据均不能以属传闻为理由而被拒绝接纳，而任何程度的传闻均应该被接纳为证据，不论该传闻是第一手抑或多重传闻。同时，为避免因放宽传闻证据规则而可能出现的滥用情况，应该订定保障措施。[1]

法改会建议废除有关发出传闻证据通知和反通知的规定，并表示无须就拟提出传闻证据而发出通知一事制定任何特别规定。是否需要发出通知的问题，应由诉讼各方自行作出非正式

---

〔1〕 香港法律改革委员会：《民事法律程序中的传闻证据规则研究报告书》，1996 年 7 月，第 6.1 段。

安排。[1]法改会认为，即使没有传闻证据通知，现行的司法个案管理制度和有关各方须于审讯前交换证人陈述的规定，已有助确保因提出传闻证据而引起的问题可在审讯前得以解决，也可减少在审讯中出现令人意外的情况。此外，如未有发出拟提出传闻证据的非正式通知，法院有权在考虑是否行使其有关控制法律程序及讼费的权力时，将此列入考虑范围。

根据当时《证据条例》的有关规定，载于文件内的传闻陈述，在民事法律程序中证明的方法，是出示该文件或出示该文件经法庭认可的方式认证的副本。至于副本的副本是否可以接纳，则没有明确规定。在当今商业社会，使用副本文件，甚至是副本的副本极为普遍。法改会建议在民事法律程序中，文件内的陈述可以藉由出示该文件，或出示该文件按法庭认可的方式认证的副本予以证明。副本及正本之间相隔的复制次数多少并不重要。[2]

纪录获准接纳的前提，是假设有人提供纪录所载的资料。但如果证实某项资料并无载于纪录内，则可能出现问题，因为不存在的资料不可能有提供资料者。法改会建议，不载于纪录内的资料，可由该纪录所属业务或公共机构的高级人员，以口头证据或誓章正式加以证明。[3]

至于电脑纪录，法改会建议，其应该像其他业务纪录一

---

〔1〕 香港法律改革委员会：《民事法律程序中的传闻证据规则研究报告书》，1996 年 7 月，第 6.3 段。

〔2〕 香港法律改革委员会：《民事法律程序中的传闻证据规则研究报告书》，1996 年 7 月，第 6.11 段。

〔3〕 香港法律改革委员会：《民事法律程序中的传闻证据规则研究报告书》，1996 年 7 月，第 6.15 段。

样，在民事法律程序中获接纳为证据，且无须就电脑纪录的证明方式制定特别规定。[1]

2. 律政司

法改会的建议获得大部分人士的支持，政府当局亦作出回应。1998 年 6 月 9 日，律政司向行政会议提交了 1998 年《证据（修订）条例草案》，并于 7 月 3 日在宪报上刊登。该条例草案旨在落实法改会发出的《民事法律程序中的传闻证据规则研究报告书》所载建议，取消民事法律程序中排除传闻证据的规则，以及引入较为简化的制度，准许传闻在民事法律程序中被接纳为证据。草案第 2 条修订《证据条例》，废除条例第 46~55 条，以新的第 46~55B 条代替，不仅废除民事法律程序中排除传闻证据的规则，并订定新制度，以接纳传闻证据：

新的第 46 条界定条例草案内所用的词语，包括"民事法律程序"和"传闻"等词。

新的第 47 条废除民事法律程序中排除传闻证据的规则，准许在严格证据规则适用的所有民事法律程序中接纳一重或多重传闻为证据。

新的第 48 条规定各方有权传召陈述已被提交为传闻证据的人接受盘问，并有权援引其他证据，以攻击或支持该传闻陈述的可靠性。

新的第 49 条载有某些指引，以协助法庭评估已援引的传闻证据的分量，亦指明法庭应特别顾及与该证据可靠程度有关的若干因素。

---

[1] 香港法律改革委员会：《民事法律程序中的传闻证据规则研究报告书》，1996 年 7 月，第 6.13 段。

新的第 50 条规定如在作出陈述的当日，作出陈述的人没有资格作证人[1]，则不可接纳其传闻证据；该条亦规定各方有权援引证据，以攻击或支持提供传闻证据的人的可信性，显示没有被传召作证人的人之前或之后曾作出不相符的陈述而自相矛盾的证据也应被接纳。

新的第 51 条规定被传召作证人的人以往所作出的陈述，不论是相符或互相矛盾，均可继续接纳为其所述的事宜的证据；

新的第 52（1）条规定取代原《证据条例》第 54（1）及（2）(a) 条所实际上保存的普通法规则；新的第 52（2）及（3）条规定尽管条例草案已废除第 54 条，《证据条例》第 54（1）、（2）(b)~(d)、（3）及（4）条所实际上保存的普通法规则继续有效。

新的第 53 条规定如载于某文件内的陈述，在民事法律程序中获接纳为证据，则可藉交出以法院批准的方式认证的该文件或副本（或副本的副本，不论副本与正本之间相隔的复制次数若干）而予以证明。

新的第 54 条就证明任何业务[2]或公共机构[3]的纪录的

---

［1］ "没有资格作证人"（not competent as a witness）指任何人在心智或身体方面无行为能力，或对事物缺乏了解，以致该人在民事法律程序中没有资格作证人。

［2］ "业务"（business）包括由任何团体（不论是否法人团体）或任何个人在某段期间之内经常进行的牟利或非牟利的活动。

［3］ "公共机构"（public body）包括任何行政、立法、城市或市区议局，特区政府的任何部门或特区政府承担的任何事业，任何地方或公共主管当局或任何地方或公共事业，由行政长官或特区政府委任而不谕有酬或无酬的各类委员会或其他团体，或根据任何成文法则或为施行任何成文法则而有权力以执行公务身份行事的各类委员会或其他团体。

方式订立条文，更规定该等纪录须收取为证据而无须再加证明，并引入"纪录"〔1〕的广泛定义，该定义的重点在于存放纪录的各种形式。

新的第 55 条使任何业务或公共机构的高级人员〔2〕作出〔3〕的下述证据成为可接纳的证据，该等证据是指，任何个别陈述并非载于该业务或公共机构的纪录内，而不论该纪录的全部或其中部分是否曾在有关程序中交出。

新的第 55A 条使法院规则可订立必需或合宜的条文，以施行关乎传闻证据的新条文。

新的第 55B 条规定任何上述新条文均不影响以证据属传闻此一理由以外的其他理由而将该证据排除的情况。

条例草案第 3~5 条对《证据条例》作出相应修订，第 6 条及附表对其他成文法则作出相应修订，其中对《高等法院规则》（《香港法例》第 4 章，附属法例）的修订，某种程度上是根据英格兰 1996 年《最高法院（修订）规则》第 8 条规则所作出的类似修订而作出的。

草案第 7 条属过渡性条文，规定有关修订在条例草案经制定后不适用于在其生效日期前已开展而未完结的民事法律

---

〔1〕 "纪录"（records）指任何形式的纪录，并包括由电脑产生的纪录。

〔2〕 "高级人员"（officer）包括在业务或公共机构的有关活动方面，或在业务或公共机构的纪录方面身居要职的人。

〔3〕 香港修订草案中对业务或公共机构纪录内并未记载的事项，可由业务或公共机构的高级人员以口头或证供誓章两种形式"作出"证明，此种规定与 1988 年《民事证据（苏格兰）法令》采用的方式相同。而 1995 年《民事证据法令》（英格兰和威士）、1997 年《民事证据（北爱尔兰）命令第 2983 号》规定只可由高级人员以誓章的形式提供证明。

程序。

律政司认为实施条例草案会提高民事法律程序的效率，减轻司法机构和律政司的开支。条例草案不会带来额外的财政或人手负担，对人权亦不会有影响。

3. 立法会

1998 年 7 月 15 日，立法会对该修订草案进行首读，并开始二读辩论。随后立法会成立法案委员会研究 1998 年《证据（修订）条例草案》。法案委员会与政府当局先后举行了四次会议，并曾与香港大律师公会、香港大学法律学院及香港城市大学法律学院的代表就草案相关问题进行探讨。法案委员会原则上支持条例草案废除排除传闻证据规则的目的，但有两点引起委员们的关注：

（1）拟援引传闻证据的通知。1998 年《证据（修订）条例草案》旨在落实法改会的所有建议，而法改会的建议大致上是以英国 1995 年《民事证据法令》为蓝本。不过，在传闻证据通知方面，条例草案并没有依据英国相关规定，而是采用了 1988 年《民事证据（苏格兰）法令》中的做法，即由诉讼各方通过非正式安排决定应否事先发出通知。

香港大律师公会认为不应就拟援引传闻证据的通知制定繁琐复杂的条文，但应在《高等法院规则》中加入条文，规定诉讼各方须在某时限内提交拟在审讯中援引的文件形式的传闻证据一览，例如在案件排期聆讯后 21 天内提交。香港律师会则表示，应否发出拟援引传闻证据的通知不应由诉讼各方做出的非正式安排决定。

香港大学法律学院及香港城市大学法律学院的代表均支持废除在民事法律程序中排除传闻证据的规则的建议，但香港城市大学法律学院的代表认为，为减少因使用"伏击"战术而可能出现的滥用情况，采纳有效的正式通知程序十分可取。在该程序下，代表诉讼一方的律师或大律师有法定责任事先发出通知，以及披露任何拟援引的传闻证据的性质，但诉讼各方仍有权选择免除发出通知的规定。有关的证据分类工作应在诉讼过程中尽早进行，以协助法庭开展工作，并让诉讼人预早评估其论据的所有优点和缺点，从而节省时间及讼费。

在该事项上律政司表示，曾就法改会 1992 年的咨询文件作出回应的人士认为，传闻证据的通知规定不但复杂，而且浪费资源和时间。诉讼各方可能不遵从正式程序行事，又或根本没有送达传闻证据通知。因此，法庭通常要在审讯第一天处理诉讼各方要求其运用剩余酌情权接纳传闻证据的申请。法改会认为，交换证人陈述的规定，以及严格执行藉交换文件清单以确保充分披露文件内容的规定，实际上已令诉讼各方知悉任何文件形式或口头的传闻证据。因此，即使并无正式通知程序，确保拟援引的传闻证据的实质内容不会在审讯中令诉讼任何一方措手不及的目的亦可达到。此外，如法庭认为诉讼一方应发出非正式通知，但没有如此行事，法庭有权在考虑是否行使其有关控制法律程序及讼费方面的权力时，将之列入考虑范围。因此，律政司赞成法改会的意见，认为应否就援引传闻证据发出通知的问题，应由诉讼各方自行做出非正式安排。

然而，法案委员会则普遍同意援引传闻证据的诉讼一方须预早向其他各方发出通知。部分委员就苏格兰及英格兰的不同模式进行特别研究。在苏格兰，1988 年《民事证据（苏格兰）法令》取消拟使用传闻证据须发出通知的规定。在英格兰和威尔士，1995 年《民事证据法令》实施了英国法律委员会的建议，规定在民事法律程序中排除传闻证据的规则予以废除，但须符合若干程序上的保障措施，例如在合理及切实可行的情况下，诉讼一方有责任发出拟使用传闻证据的通知。该法令第2条规定，依赖传闻证据的一方有责任尽量在实际可行的合理情况下，将这一事实通知其他各方，以便他们能够处理因其为传闻所引起的任何事宜，在对方提出要求时，必须提供该等证据的详情；诉讼各方亦可协议免却通知；如不履行责任须受讼费惩罚。该条规定诉讼各方的分类责任，亦保留了诉讼各方免却通知程序的选择权，如在免却通知后引致讼费，该等费用由须承担责任的一方支付亦很合理。如拟援引传闻证据的一方未履行责任发出通知，并不影响传闻证据的可接纳性，但法院有权判他缴付讼费或判以其他处罚。因此，法案委员会认为应该就较简化的通知程序订立法定条文，规定拟援引传闻证据的任何一方须尽早通知另一方。

（2）法庭排除传闻证据的剩余酌情权。1998年《证据（修订）条例草案》并未就此事项作出规定。法改会认为，关乎传闻证据的问题不应是该等证据是否可以接纳，而是其分量多少。法改会建议，在设有保障措施的情况下，在民事法律程序中（不论是否有陪审团），不得以任何证据属传闻为由而排除该证据，第一手及多重传闻证据均应被接纳。有关的保障措施包括：订立条文，使诉讼各方可传召所作陈述已获提交为传闻证据的人士接受盘问，以及制定法定指引，协助法庭评估案中所援引的传闻证据的分量。

香港大律师公会则认为，法庭应获赋剩余酌情权，以便在接纳传闻证据会造成不公平和构成重大妨害的情况下，将传闻证据排除。

对此，部分委员认为，鉴于条例草案准许在民事法律程序中接纳不论何种程度的传闻为证据，法官及陪审团在评估每项传闻证据的适当分量时会面临很大困难，而由于传闻陈述的可靠性难以核实，因此可能会造成不公平的情况进而影响司法公正。香港大律师公会所提出的建议，即法庭应获赋予明确的法定权力在某些情况下拒绝接纳传闻证据，对有关各方均属公平。一名委员亦指出，传闻证据的考虑重点由其可否接纳变成其分量多少，可能会导致以传闻证据为由而提出的诉讼数目大增，而审讯时间亦会延长，因为法庭最终可能认为若干传闻证据均无分量。这样可能不仅浪费了法庭时间，而且会令讼费增加。其他委员则认为，尽管某些传闻证据的佐证价值可能很低，但一经提出，便会严重影响他人的想法，因此，只靠法庭给予该等证据较少分量，并不足以消除其所造成的损害。在有陪审团的审讯中，此问题所造成的影响尤其严重。该等委员认为，若法庭获赋排除传闻证据的酌情权，则在有陪审团参与审讯的案件中，法庭应在诉讼一方提出反对另一方拟使用传闻证据的申请后，在审讯开始时并在陪审团不在场的情况下行使该权力。

法改会却认为，香港的法院在处理重复多余的证据（无论是否传闻证据）时，并没有遇到任何困难。他们认为，多余的传闻证据可能令法庭应接不暇的问题，不见得会大于其他类别的多余证据所造成的问题。他们亦认为，援引佐证价值不高的证据是徒劳无功的，因为该等证据获给予的分量定会不多，而且法庭可在讼费方面做出制裁，亦是阻吓诉讼各方援引该等证据的有效方法。律政司指出，条例草案已订有指引，让法庭可据之评估所援引的传闻证据的分量。法官所受的训练足以使他们适当地筛选证据及评估传闻证据的分量（如有的话）。在有陪审团的审讯中，要解决证据构成妨害或不可靠的问题，可以透过法官向陪审团提出警告或指示，让其在决定应否接纳传闻证据及该等证据的分量时以资参考。律政司表示，在设有足够的保障措施情况下，接纳不论何种程度的传闻证据的做法，会有助秉行司法公正，因为法庭可考虑所有在新制度实施之前可能被排除的有关证据。

对此，一名委员提出了一项"折中"方案。按照该方案，传闻证据在民事法律程序中一般可获接纳，但法庭可在例外情况下反对接纳有关证据的诉讼一方的申请，行使其最终酌情权将传闻证据排除。该项酌情权应在审讯结束时行使；但若是有陪审团的审讯，则有关传闻证据可接纳性的争议可在审讯开始时并在陪审团不在场的情况下进行。提出反对的一方须令法庭信纳该案实属例外情况，并且有足够理由支持将传闻证据排除。法案委员会均对此建议表示赞同。

律政司在考虑法案委员会的建议后，应允提出委员会审议阶段修正案，以释除委员对上述两项事宜的疑虑，但须视乎司法机构对该等修正案有何意见。律政司随后将司法机构的意见告知法案委员会。简言之，司法机构认为法改会在提出修改关于传闻证据的法律时，其中一个主要目的是节省时间及讼费，因为诉讼人当时将传闻证据通知及反对书送交存档，往往会浪费时间及讼费。在非正式庭审的聆讯及上诉中，经常要处理该等通知及反对书（以反通知书的形式提出）所引起的争议。重新引进反对程序，并要求法庭就其作出裁决，以及重新引进传闻证据通知的程序，会使法改会的建议变得全无作用。

法案委员会在考虑司法机构提出的意见后，决定维持其立

场。律政司在进行内部咨询后，重新就条例草案建议的第 47
条提出委员会审议阶段修正案，并修改该等修正案，将委员的
意见纳入其中。该等修正案的作用如下：①规定在民事法律程
序中不得排除传闻证据，除非诉讼一方反对接纳该证据，而法
庭信纳该证据的排除并不损害秉行公正的原则；②如属在陪审
团席前进行的民事法律程序，法庭可在有关法律程序开始时并
在陪审团不在场情况下，裁定是否排除传闻证据；如属任何其
他民事法律程序，则法庭可在有关法律程序完结时作出裁定；
③按《高等法院条例》（《香港法例》第 4 章）的规定组成的
规则委员会[1]可订立规则，指明何种传闻证据适用通知规定。

律政司表示，增订的第 47A（4）条是一项实质条文，用
以确保即使诉讼一方未遵从订明的通知规定或法院规则，有关
证据的可接纳性亦不受影响。该委员会审议阶段修正案获法案
委员会同意。

法案委员会遂于 1999 年 1 月 13 日立法会会议上恢复条例
草案的二读辩论，条例草案经过二读，并交由全体委员会审
议。律政司司长就草案第 2 条动议委员会审议阶段修正案，并
向全体委员会发言。修正案的议题付诸表决，并获得通过。经
修正的第 2 条纳入本条例草案的议题经提出待议，付诸表决，
并获得通过。全体委员会恢复为立法会。条例草案经三读并获
得通过。

（二）评价

排除传闻证据的普通法规则在多个司法管辖区均被认为不

---

〔1〕 规则委员会的成员来自司法机构、律政司及法律界，由规则委员会
制定的法院规则为附属法例，须经立法会以不否决或不提出修订的议决程序通
过。

理想，因此，部分地区已经引进或建议关于这些规则的改革。苏格兰、英格兰和威尔士、北爱尔兰作出的改革较为彻底，完全废除有关民事法律程序中的传闻证据规则。香港作为普通法司法管辖区的一员亦加入到这场改革中，1999 年《证据（修订）条例》带来的变化主要有：

（1）传闻证据规则在民事诉讼领域被废除，即在民事案件中，传闻证据可获接纳为陈述内所述事实的证据，以往普通法认为不予接纳的第二手传闻，现时亦可获法庭接纳。条例施行后，法庭无须再就某项传闻是否属于以往所订规则的例外情况而可予接纳，进行费时的争辩。诉讼各方可专注于必须解决的真正问题，而非证据是否可接纳。在作证完毕之前，诉讼各方仍可就证据的可接纳性及可靠程度陈词。在许多案件中，一般的趋势是诉讼各方会尝试替法庭找出其所接纳的某类证据的适当分量，以致法庭给予每类证据的分量均有明确准则。如此，法庭在聆讯案件时更有可能获得最全面的资料，并据所得的证据作出最妥当的裁决。

（2）尽管香港 1999 年《证据（修订）条例》废除了民事诉讼中的传闻规则，但是该法例在采纳传闻证据的同时也设置了多项有关传闻证据的保障措施，以防止诉讼中对传闻证据的滥用。这些保障措施包括：规定各方有权传召陈述已被提出为传闻证据的人接受盘问；订定法庭指引，以评估已援引的传闻证据的分量；以及规定各方有权援引证据，以攻击或支持提供传闻证据的人的可信性。

（3）简化诉讼一方在民事审讯中要求援引传闻证据时须作出通知的制度。从司法实践角度看，为使法律执业者尽早处理有关问题，进行通知程序确有必要。在法案委员会的坚持下，律政司重新修订了条例草案中原有条款，提交委员会审议阶段修正案，促使诉讼过程中尽早将拟援引的证据分类（例如，将某项证据归类为传闻）。此举不但有助法庭进行工作（以致节省时间及讼费），亦可让诉讼人预早评估其论据的优点或缺点。

（4）法庭获赋剩余酌情权。同样是在法案委员会的坚持下，律政司在条例草案中新增条款。一方面，当诉讼一方反对接纳某一传闻证据，而法庭相信排除该等证据并不有损司法公正时，法庭获权排除该等传闻证据；另一方面，如民事案件由陪审团会审，法庭可在有关法律程序开始时并在陪审团不在场情况下，裁定是否排除传闻证据；如属任何其他民事法律程序，则法庭可在有关法律程序完结时作出裁定。

尽管香港民事法律程序中排除传闻证据的规则已被废除，但该条例亦保留了普通法对民事法律程序中传闻证据规则的若干例外规定，包括接纳不利己方的招认、有关公众事务的已刊发著作（例如历史、科学作品、字典及地图），以及公众文件（例如公共注册或登记纪录册及根据公共主管当局的规定就公众利益的事宜编制的申报书）和纪录（例如某些法庭纪录、条约、官方批予或政府批地书、赦免及委任的纪录），声誉或家庭传统的证据，可获接纳为其所述事实的证据。

三、香港刑事诉讼程序中传闻证据规则的发展

现时规管刑事审讯中传闻证据可接纳性的法律，列明于苏巴玛廉一案（Subramaniam v Public Prosectuor）之中："关于一名自身未获传召为证人的人向证人所作出的陈述，有可能是

传闻证据，也有可能不是。如目的是在于证明陈述内所述事实属实，此证据便是传闻证据并且不得予以接纳。如拟透过此证据证明陈述确有作出，而不是证明陈述属实，此证据便不是传闻证据并且可予接纳。陈述确有作出与陈述是否属实是两回事，但在研究证人或另一名陈述是在他面前作出的人在陈述作出后的心态和行为时，这一点经常都是相关的。"[1]

香港刑事诉讼领域至今仍然严格适用传闻证据规则，即除非存在例外情形，法庭不接受证人陈述其所听见的第三者所说的话，而该第三者不是本案中的被控人。[2]香港刑事传闻证据规则的内容发展与英国相似，经历了以例外发展为主的过程。因此，本部分拟先对现行香港刑事传闻证据规则的例外进行考察，结合案例分析其在司法实践中存在的问题，并着重介绍法律改革委员会报告书《刑事法律程序中的传闻证据》所载建议，指出香港刑事法律程序中传闻证据规则改革的可能走向。

（一）传闻证据规则的例外

与英国一样，香港刑事法律程序中的传闻证据规则例外分为普通法的传闻例外和成文法的传闻例外两种。

1. 适用于传闻证据规则的普通法例外规定

随着时间推移，传闻证据规则订立了多项普通法例外规定，以减轻因严格应用此规则而不时会造成的严厉后果，这些

---

[1]　[1956] 1 WLR 956, p. 970，参见香港法律改革委员会：《刑事法律程序中的传闻证据报告书》（摘要），2009 年 11 月，第 9 段。

[2]　刘玫："港澳台地区传闻证据规则及类似规定比较研究"，载《证据科学》2007 年第 Z1 期。

例外规定主要有：

（1）被控人所作出的承认和供认（admissions and confessions of an accused）。法庭认为，基于一般人不会作不利于自身的陈述，因而供认具有真实可信性。如控方已在无合理疑点的情况下证明被控人曾自愿地向一名有权力的人[1]作出供认陈述，关于该供述的证据便可获接纳为证据。此供认只可用于针对作此供认的被控人，而不得用于针对任何同案被控人。[2]但法庭在认为供认有碍司法公正或侵犯被控人自证其罪的特权时，即便该供认是被控人出于自愿作出且可获接纳，法庭仍有权排除该供述。[3]

（2）关于同案串谋人的规则（co-conspirator's rule）。根据一项一般规则，被控人所作的供认陈述，不得用于针对被控人的同案被控人，但这项规则也有例外。凡串谋或联合计划的任何其中一方曾在法庭之外以口头或文件作出陈述以推动串谋或联合计划，而该陈述是牵连一名同案被控人的，该陈述即可

---

[1]　"有权力的人"包括雇员、逮捕被控人的人、警察以及其他调查人员等。

[2]　香港终审法院在 Wong Wai Man & Others 诉香港特别行政区案［2000］3 HKLRD 313 中表示："在有多名被控人时，任何一名被告在证人席作证，则该陈述可作为证据以针对同案被控人，该陈述在同案被控人或其代表人面前作出，并会经交叉盘问。但如果是在法庭外所作的陈述，不仅是全部供认或部分承认，该陈述仅能针对作出此供认的被控人。供认经常会包括不利于供认者及其他同案被控人的内容，但对其同案被控人而言，将作为传闻证据予以排除。" See The Law Reform Commission of Hong Kong, *Report on Hearsay in Criminal Proceedings*, November 2009, at para. 3. 20.

[3]　律政司诉 Lam Tat-ming （2000）3 HKCFAR 168, See The Law Reform Commission of Hong Kong, *Report on Hearsay in Criminal Proceedings*, November 2009, at para. 3. 23.

获得接纳，用以针对陈述者和联合计划或串谋的各方。

（3）现已死亡的人所曾作出的陈述（statements of persons now deceased）。本项普通法规则仅适用于以下三种情形：①濒临死亡时作出的声述（dying declarations）。如受害人在作出某项陈述或行动之时是死亡已成定局而生存无望的，则该项行动或陈述（不论是口头抑或书面）在被控谋杀或误杀的人接受审讯之时，可获接纳为证明受害人死因的证据。②执行职务时所作出的声述（declarations in the course of duty）。如某人基于本身职业、行业、业务或专业有职责作出一项口头或书面陈述，而其后此人死亡，则该项陈述可获接纳为证明其内容属实的证据。当某人非出于职责作出一项陈述，即便该人日后死亡，该项陈述也不可获接纳。③不利于所有权权益的声述（declarations against proprietary interest）。如某人就自知不利于自己的金钱上的利害关系或所有权权益的事实而作出一项陈述，则此人一旦死亡该项陈述即可在刑事法律程序中获接纳为该事实的证据。

（4）有关事实（res gestae）。该原则在邦德案（R. v. Bond）中有所阐述："某些行为与犯罪行为本身的过程紧密交缠，已成为其中一环相关情节的组成部分，如果在陪审团席前提出有关案情时把这些行为豁除，证据便会变得难以理解，故此关于这些行为的证据，是有必要获得接纳的。"[1]与濒临死亡时作出的声述不同，有关事实原则的适用范围并不局限于因后来死亡而未能于审讯时作证的人所作出的陈述。属于有关事实原则

---

〔1〕 See The Law Reform Commission of Hong Kong, *Report on Hearsay in Criminal Proceedings*, November 2009, at para. 3. 34.

范围之内的证据，不会单是因为声述者仍可在审讯进行之时出庭作证而不获准提出。[1]

（5）在公共文件中作出的陈述（statements made in public documents）。在一份公共文件中作出的陈述，若是由根据职责进行查讯或对于文件中所陈述、纪录或报告的事宜有亲身认识的公职人员[2]所作出，便可作为传闻证据规则的例外情况而获得接纳。该份文件必须备存于公众获准进入的地方。

（6）在先前的法律程序中作出的陈述（statements made in previous proceedings）。在刑事法律程序中，如证人因死亡、病重、精神错乱或因受对方阻挠以致不能作证，他在先前的法律程序中曾提供的证据，若符合某些条件[3]便可能会获得接纳。

（7）意见证据（opinion evidence）。证人在法庭上所表达的意见，有可能属于传闻证据性质，但不分青红皂白地把意见证据一概排除的做法并不切实可行。举例来说，证人可能会说由于天色光亮和天气良好，他能够清楚看到事件的细节，而"光亮"和"良好"两词便是意见的表达。如果严格遵从传闻

---

〔1〕 R. v. W. ［2003］EWCA Crim 1286，本案涉及一男子殴打其年迈母亲，控方选择不传召这位母亲出庭作证（尽管她可以出庭），而是选择使用她的有关事实陈述作为证据，理由是庭审时，这位母亲不但撤回原先陈述且转而支持被控男子。See The Law Reform Commission of Hong Kong, *Report on Hearsay in Criminal Proceedings*, November 2009, at para. 3. 37.

〔2〕 根据《释义及通则条例》（《香港法例》第 1 章）第 3 条，公职人员（public officer）的定义是任何在特区政府担任受薪职位的人，不论该职位属长设或临时性质。版本日期：2009 年 5 月 8 日。

〔3〕 这些条件包括：①证人已宣誓；②该名证人在先前法律程序中已被交叉盘问；③该名证人无法在以后的法律程序中出庭作证。

证据规则，也会禁止专家就别人告诉或教导他的事情或他本人通过另一来源（例如透过阅读其他原始材料或他人作品）而得知的事情发表意见。故此，如果证据是可靠和有力的话，普通法也准许意见证据作为传闻证据的例外情况而获得接纳。[1]

2. 传闻证据规则的法定例外规定

除上文所概述的各项传闻证据规则的主要普通法例外规定之外，香港法例中还有超过一百项法律条文订明各种将传闻证据规则应用于刑事法律程序时的成文法例外，这些法定例外主要见于《证据条例》（《香港法例》第8章），较为显著的有：

（1）书面供词[2]。《证据条例》第70、73条订有方案用已接纳未能于审讯时出任证人的人的书面供词。普通法为已身故者订有例外规定，而上述两项条文是这项例外规定的延伸。根据条例第70条[3]，一名属控方[4]未能在审讯时交出已作

---

〔1〕 香港法律改革委员会：《刑事法律程序中的传闻证据报告书》（摘要），2009年11月，第22段。

〔2〕 另一套与刑事法律程序相关的书面供词条文见于《刑事诉讼程序条例》（《香港法例》第221章）第79E条，适用于儿童及精神上无行为能力的人。对于儿童来说，其书面供词可获接纳只适用于性虐待罪行、残暴罪行或涉及袭击、伤害或恐吓某名儿童的罪行。此外，也有必要示明就这两类易受伤害证人而言，审讯将会无可避免地延误或面对全面审讯会危害证人的身体或精神健康。版本日期：1999年2月1日。

〔3〕 版本日期：1997年7月1日。

〔4〕 该条文仅适用于控方，而辩方则无对等条文。当辩方有类似该条所列情形不能在审讯时提供证人，且证人的供词又可能会有助于被控人脱罪时，该证供则不可获接纳。

为证人的人所作出的书面供词，如符合以下其中一项或以上的条件便须收取为证据[1]：（a）该人已去世；（b）该人不在香港；（c）向该人送达法律程序文件是不切实际的；（d）该人有病以致不能出行；（e）该人患有精神错乱；（f）该人因被控人所促使而未能出庭；（g）该人现居的国家禁止他离开，或该人拒绝离开该国；又或者（h）无法在该人于香港最后为人所知的居住地方寻获他。

条例第 73 条[2]订明，裁判官向病危和不能出行的人所录取的经宣誓的书面陈述，如符合某些条件便须获接纳为证据。与第 70 条不同的是，只要有一名病危的人是"能够和愿意提供关于可公诉罪行或被控可公诉罪行的人的具关键性资料"，控方或辩方即可引用。根据第 73 条取得的书面供词须获接纳为证据，"作为对被控的人有利或针对被控的人的证据"。

（2）业务纪录。《证据条例》第 22 条[3]订明，如符合指明的条件，载于文件内的陈述在任何刑事法律程序中，均须获接纳为其所载事实的表面证据，该条使得"载于一份属纪录或属纪录的一部分的文件内的陈述"可获接纳。该条亦放宽了普通法规则中关于接纳私人文件的严格规定。在普通法中，

---

[1] 该书面证词可获接纳的条件还包括：①该人曾在裁判官席前或可审理有关罪行的其他人员席前接受讯问；②该人在接受讯问前已作出如常的誓言；③该讯问是在被控的人面前录取；④该被控的人或其大律师或律师已有充分机会盘问该人；⑤如此录取的证据已转为文字纪录和向他宣读并且经由他及前述的裁判官或其他人员签署。

[2] 版本日期：1997 年 7 月 1 日。

[3] 版本日期：1997 年 6 月 30 日。

不单是必须交出文件的正本，还规定文件本身必须是由与案件有关联的一方或人士签立、接纳或在其他方面与该一方或该名人士有关。根据第 22 条，载于一份私人文件的陈述，如果该份文件是一份根据职责行事的人基于对该资料所涉及的事宜曾有或可合理地假定有亲身认识的人（不论他是否根据职责行事）所提供的资料而编制的纪录或是该纪录的一部分，该陈述便可获接纳，用以证明其内容属实的证据。

第 22（3）条涉及多重传闻。该条订明即使向陈述的编制人所提供的资料本身是传闻，陈述仍可根据第 22 条而获得接纳。不过，该条规定传达资料的链带中的每一个人，均必须是根据职责行事。对资料有亲身认识的原提供人，无须是根据职责行事。就第 22 条而言，原提供人对资料所涉及的事宜有亲身认识即已足够。

（3）电脑纪录。根据《证据条例》第 22A（1）[1]条，关于一份电脑制作文件内容的直接口头证据，如属可予接纳并且符合某些条件[2]，则该份文件会获准接纳为其内容的表面证据。如关于个别事实的直接口头证据在法律程序中属可予接纳，并且符合其他规定，则电脑证据也可根据第 22A

---

[1] 版本日期：1997 年 7 月 1 日。

[2] 第 22A（2）条所列明的条件是：（a）该计算机是用于为任何团体或个人所进行的活动而储存、处理或检索资料；（b）该陈述所载的资料是复制或得自在上述活动过程中输入计算机的数据的；及（c）在该计算机上上述活动过程中如上述般使用期间——（i）有适当措施施行以防止任何未经许可而干扰该计算机的行为；及（ii）该计算机运作正常，或即使该计算机并非运作正常，其运作不正常或停止运作的情况，不致影响该文件的制作或文件内容的准确性。

（3）条[1]而获得接纳。与第 22 条不同的是，该条对文件所载原始信息的提供者并不要求有处理信息的实际认识及经验，且对文件制作者也无职责要求。

（4）银行纪录[2]。《证据条例》第 20 条[3]订明，任何银行纪录内的记项或所纪录事宜的副本，只要符合第 20（1）（a）及（b）款[4]所订定的条件，便可获接纳为证据。此条亦适用于财政司司长根据条例第 19B（1）条[5]而指定的海

---

〔1〕 第 22A（3）条所列条件是：（b）经证明——（i）不能寻获任何在该段期间内在该计算机的运作或有关活动的管理方面身居要职的人（被控告该陈述所关乎的罪行的人除外）；或（ii）如寻获上述的人，也没有一个是愿意和能够就该段期间内该计算机的运作提供证据的。（c）该文件是根据对使用计算机为储存、处理或检索数据的方法有实际认识及经验的人的指示由该计算机制作的。（d）在该计算机制作该文件的时间，该计算机运作正常，或即使该计算机并非运作正常，其运作不正常或停止运作的情况，不致影响该文件的制作或文件内容的准确性。

〔2〕 根据《证据条例》（《香港法例》第 8 章）第 2 条释义，"银行"指藉宪章或根据或凭借任何条例或国会立法令设立而合法经营银行业务的任何法团、公司或社团，或任何在香港经营业务的外地银行公司；"银行纪录"包括在银行的通常业务中使用的任何文件或纪录；及任何如此使用的纪录，而该纪录是以可阅形式以外的其他形式备存，并能复制成可阅形式者。版本日期：1997 年 7 月 1 日。关于银行纪录，R. v. Law Ka-fu 案［1996］1 HKC333 指出，信用卡支付小票凭证符合《证据条例》第 20（1）(a)及(b)条所列条件，作为传闻证据的例外可获接纳。

〔3〕 版本日期：1997 年 7 月 1 日。

〔4〕 第 20（1)(a)及(b)条所列明的条件是：（a）经证明——（i）该记项或事宜是在通常业务运作中作出或纪录的；及（ii）该纪录是由有关银行保管或控制的。（b）除第 3 款另有规定外，已由曾对照该记项正本以审核该副本的人证明该副本经对照该记项正本予以审核并属正确，但藉任何摄影过程制成的副本则除外。

〔5〕 版本日期：1997 年 7 月 1 日。

外银行通常业务运作中所使用的文件或纪录。这些文件一经获得接纳，即为其纪录事宜的表面证据。

（5）公共文件。《证据条例》第18条[1]令公共文件的副本（有别于正本）可以提出作为证据，但在提供副本的文件的真确性方面设有一些保障措施。关于接纳以缩微胶卷或缩微胶片形式收载的公共文件的正片的法定传闻证据例外规定，见于条例第39条[2]。

（6）官方文件。《证据条例》第19条[3]订明，某些在法庭[4]或在立法会或立法会的任何委员会席前可收取为证据的指定文件，须获接纳为证据。

（7）其他显著的文件传闻证据例外规定。《证据条例》第19A[5]、19AA[6]、23[7]、25[8]、26[9]、27[10]、28[11]、

---

〔1〕 版本日期：1997年6月30日。

〔2〕 根据《证据条例》第39条规定，任何正片（不论有否放大）如看来是藉公共文件的胶卷制成，并看来是经由保管该胶卷的人或公职人员核证为藉公共文件的胶卷制成的正片，则在任何法庭席前的任何刑事法律程序中一经交出，无须再加证明，即须接纳为证据。版本日期：1997年6月30日。

〔3〕 版本日期：1997年6月30日。

〔4〕 根据《证据条例》第2条规定，法庭包括终审法院首席法官及任何其他法官，亦包括每名藉法律或经各方同意而有权聆听、收取与审查关乎或涉及任何诉讼、起诉或其他民事或刑事法律程序的证据或关乎提交仲裁的任何事宜或根据委任书命令须予研讯或调查的任何事宜的证据的裁判官、太平绅士、法院人员、专员、仲裁官或其他人。版本日期：1997年7月1日。

〔5〕 根据《证据条例》第19A条，任何外地文件，如经由政务司司长核准为他在与刑事法律程序相关的事宜中所收取者，即须在该等法律程序中无须再加证明而获接纳为该文件内所载事实的表面证据。版本日期：1997年7月1日。

〔6〕 《证据条例》第19AA条订明，任何文件如看来是具有行政长官或任何其他公职人员的准照、授权、认许、同意或权限，而该准照、授权、认许、同意或权限是展开检控所必须获得的，则直至相反证明成立为止，该文件须在

29〔1〕和29A条〔2〕分别就不同类型的文件传闻证据可接纳性订定条文。

（二）现时刑事诉讼传闻证据规则的缺陷

现时香港刑事法律程序中的传闻证据规则，由于例外规定的发展过程杂乱无章，造成了很多反常的后果，以致有证据价值的可靠证据被排除于审理法庭的考虑范围之外，对被控人及公众利益，确有可能造成不公。概括而言，该规则不足之处主要有：

<hr/>

任何法律程序中收取为证据，而无须就签名的真确性提出证明。版本日期：1997年6月30日。

〔7〕《证据条例》第23条准许在刑事法律程序中接纳香港天文台的纪录副本为证据，至于第24条及第24A条，则分别规定看来是天文钟及速度量度仪器的测试及准确性的纪录须获接纳为证据。版本日期：1997年7月1日。

〔8〕《证据条例》第25条准许接纳政府化验师就向他所交出的物品或物质而提供的证明书。版本日期：1997年6月30日。

〔9〕《证据条例》26条为接纳关于曝光软片的冲洗或放大的证明书订定条文。版本日期：1997年6月30日。

〔10〕根据《证据条例》第27条，一份以英文或中文以外的另一语文写成的文件的译本，如果已由终审法院首席法官根据第27（2）条所委任的人核证为准确译本，须在任何刑事法律程序中获接纳为证据。版本日期：1997年7月1日。

〔11〕《证据条例》第28条为接纳汽车的速度表、雷达装置及秤量装置的准确性、检查及维修的纪录订定条文。版本日期：1997年6月30日。

〔1〕根据《证据条例》第29条，凡任何条例准许或规定以普通或挂号邮递方式送达某文件或发出某通知书，则核证情况如此的证明书，须在法庭席前进行的刑事或民事法律程序中获接纳为其内容的表面证据而无须再加证明。该证明书一经交出，则直至相反证明成立为止，法庭会推定该证明书所载的关于投寄文件或通知书的详情属实。版本日期：1997年6月30日。

〔2〕《证据条例》第29A条准许在刑事或民事程序中，接纳一份以英文或中文以外的另一语文录成的纪录的经核证誉本。版本日期：1997年7月1日。

1. 可能有碍真相查明

该规则依据证据性质将证据排除，而不考虑证据是否可靠，因此一旦按普通标准使得有力而可靠的传闻证据遭到排除，可能有碍法庭查明案件事实真相。

以"隐含断言"为例，依据现时传闻证据规则，"传闻"不仅包括明示断言，亦包括隐含的断言，因此即便关于事实的隐含断言具有很强的真实性、可靠性，其仍属于传闻证据范围之列，法庭不得予以接纳。英国上议院在基利案[1]中的裁决，正好说明了这一点。在该案中，警方在被告人家中找到小量毒品和赃物后便将被告人逮捕。当警方在被告人家中之时，曾接获多人来电要求与被告人通话和获得供应毒品，而多名有意向被告人购买毒品的人也在这个时候亲自上门。基利被控管有毒品意图供应他人。控方提出关于有人来电和到访的证据（按作证的警务人员观察所得），作为证据以证明被告人在被发现管有毒品之时是有意图供应毒品的。上议院法官以大多数裁定证据作此用途会违反传闻证据规则。关于未获传召为证人的人曾说过些什么的证据（据称此证据可通过必然含义而断言一项相关事实确曾发生），以及关于断言同一项事实确曾发生的明示陈述的证据，两者之间其实并无分别：同样都是传闻证据并且不得予以接纳。香港上诉法庭在审理 R. v. Ng Kin-yee 案[2]中，"不情愿地"裁定法庭受英国上议院在基利案中的裁决所约束。这项裁决现时仍是法律，并将隐含的断言排除

---

[1] R. v. Kearley [1992] 2 AC 228 (HL).

[2] [1994] 2 HKCLR 1.

于法庭的考虑范围之内。[1]

然而，澳大利亚对此却持不同观点。南澳大利亚最高法院在审理法尔曼案（R. v. Fireman）中就认为，在侦查中吸毒者所打的电话与案件相关，他们对证明非法活动的存在以及被控人牵涉其中有证明价值。法庭认为："侦查及致电者的出价倾向于证明有交易活动。如果侦查或出价指向某一特定假设，则这些证据倾向于证明此假设条件下有交易活动。如果侦查或出价指向某一特定的人，则他们倾向于证明此人参与交易活动。这些证据的目的不是证明致电者所述的真实性，而是证明确有侦查或出价。"[2]

法律改革委员会还曾提及一案例，快乐儿童有限公司被控发行内含儿童淫秽、叛逆照片的杂志。在杂志封面内页印有一段陈述"由快乐儿童有限公司印刷，旺角，砵兰街 83 号 ABC 大厦 2003 室"。依据现行法律，警方不能将杂志封面内所印陈述作为该公司印刷杂志的证据。[3]

2. 可能破坏司法公正

所有刑事案件的审判都应避免将无辜者定罪，所有被控人均享有对刑事控罪作出全面回应和抗辩的基本权利。然而在刑事法律程序中严格适用传闻证据规则，不仅可能会破坏司法公

---

〔1〕 香港法律改革委员会：《刑事法律程序中的传闻证据报告书》（摘要），2009 年 11 月，第 10 段。

〔2〕 ［1989］46 A Crim R 150, at 153. See The Law Reform Commission of Hong Kong, *Report on Hearsay in Criminal Proceedings*, November 2009, at para. 4. 14.

〔3〕 译自法律改革委员会辖下刑事法律程序中的传闻证据小组委员会提供的个案，LC Paper No. CB（2）980/05-06（01）。

正，亦会导致将无辜者错误定罪。

斯帕克斯案（Sparks v. Regina）就是一个典型的例子。在此案中，受害人是一名 3 岁女童，因年纪太小而不能作证，但她在事发后不久曾告诉母亲猥亵玩她的是一名"有色男童"。被告人斯帕克斯是一名白种的美国空军上士，虽然女童的陈述本可令他脱罪，但却不获接纳。[1]布拉斯兰案（R. v. Blastland）是另一个典型案例。被控人被指控杀害了一名年幼男童，但有多名人士愿意作证，指出在杀人事件发生后不久曾有另一名被称为"M"的人告诉他们一名年幼男童遭人谋杀。当时的情况就是 M 对杀人事件知情，令人推断 M 本身就是杀人凶手。主审法官裁定，由于传召证人的目的是通过推断来证明触犯有关罪行者是 M 本人，有关证据属于传闻证据并且不得予以接纳，所以必须予以拒绝。[2]此案导致第三人供认被排除，剥夺被控人作出全面回应和抗辩的权利。依据现时英格兰法律，只要双方同意接受传闻陈述，即可解决布拉斯兰案中的问题。

法律改革委员会提及香港本地有一个与布拉斯兰案类似的案例，一名贩毒者同时又是长期精神上虐待妻子的丈夫，一天两人一同上街时，男子强迫妻子为其携带毒品。妻子被警察拦住，警方发现毒品。男子向警方坦白其妻是被迫携带毒品，是无罪的，有罪的是男子本人。这对夫妇分别聘请律师。男子自认有罪，坚称妻子无罪。终审法院最终认定丈夫使妻子免罪的

---

〔1〕 ［1964］AC 964（PC）. See The Law Reform Commission of Hong Kong, *Report on Hearsay in Criminal Proceedings*, November 2009, at para. 4. 20.

〔2〕 ［1986］AC 41. See The Law Reform Commission of Hong Kong, *Report on Hearsay in Criminal Proceedings*, November 2009, at para. 4. 21.

陈述不具有可采性。陪审团也不再能听到丈夫的陈述。[1]

3. 可能引起司法适用中的不便和困难

首先，传闻证据规则由基本原则和例外规则组成，而传闻证据规则的例外数量繁多，形式庞杂。在普通法传统下，法官根据个案中的公平正义要求，陆续创设了很多传闻证据规则的例外情形，但法官创设的例外数量过多，且缺乏系统性，导致传闻证据规则体系过于繁杂。尽管自 1964 年起传闻例外走上成文化进程，普通法的某些传闻例外被成文法吸收，但有些传闻证据仍只能根据普通法的传闻例外才具备可采性。目前，香港不仅有上百条法定例外，更有众多司法判例。因此在涉及传闻证据的问题上，法庭不能凭单一来源断定证据是否应予排除，而是必须在一大堆不同的法律条文和法庭裁决中寻找依据。

其次，香港证据条例中对刑事法律程序中的传闻证据并未进行明确界定，关于传闻证据法定例外的条文长期存在，且措辞难懂，令人不易理解，律师及法官难以适用。近年一些案件[2]也显示法官与律师在理解何谓传闻证据以及法定例外该如何适用时极易引起分歧。

再次，如果法官与律师都难以理解传闻证据规则，那么陪审团对传闻证据的理解、合理适用传闻证据指引的能力均受到

---

〔1〕 译自法律改革委员会辖下刑事法律程序中的传闻证据小组委员会提供的个案，LC Paper No. CB（2）980/05-06（01）。

〔2〕 律政司诉 Lui Kin-hong［1999］2 HKCFAR 510；Wong Wai-man & Others 诉香港特别行政区［2000］3 HKLRD 313（CFA）；香港特别行政区诉 or Suen-hong［2001］2 HKLRD 669（CA）. See The Law Reform Commission of Hong Kong, *Report on Hearsay in Criminal Proceedings*, November 2009, at para. 4. 34.

质疑。传闻证据规则的复杂性，极易导致陪审团错误使用这些证据。经常会有这样的情形出现，即陪审团会听到或接收到某一证据，但却会受到令人困惑的指引：该证据可以证明什么而不能证明其他内容。格里菲斯（Griffiths）勋爵曾在基利案中说到："……如果有人告诉不懂法律的人，刑事证据法甚至禁止他们考虑我们现时在此宗上诉案中所讨论的证据，他们大部分都会回答说'那么这法律便是笨蛋'。"[1]

最后，鉴于该规则的复杂性，其例外繁多、难以理解，因此证据是否可获接纳存在很大的不确定性，使得律师无法恰当地就可能出现的审讯结果向当事人提供意见。而在某些情况下，法庭要就法庭以外所作出的断言是否正被用作传闻证据这个问题作出裁断，情况也同样是模糊不清。在近期上诉案件裁决中，香港法庭指出英格兰的基利案的裁决备受批评，故此强烈建议通过立法对有关法律进行改革。

4. 部分内容有局限性

传闻证据规则的例外规定经常受到批评，被指不合乎逻辑、前后矛盾，部分例外更是欠缺灵活性，适用范围过窄。严格运用传闻证据规则所造成的各种荒谬情况，曾令威格莫尔将其称为"野蛮的原则"，举例来说：

（1）不利于权益的声述。在香港，这项例外规定只适用于不利于金钱上利害关系的声述以及不利于所有权权益的声述，并不适用于在刑事上不利于声述者的声述。加拿大最高法院在奥布赖恩案（R. v O'Brien）中，将这项例外规定的适用

---

［1］ ［1992］AC 228，AT 236-237. See The Law Reform Commission of Hong Kong, *Report on Hearsay in Criminal Proceedings*, November 2009, at para. 4. 31.

范围扩大到在刑事上不利于声述者的声述，法庭认为："在影响自己自由的事宜上，人会说真话的概率就像在影响自己钱财的事宜上一样。"[1]此理由合乎逻辑，可供香港借鉴。

（2）濒临死亡时所作出的声述。这项例外规定适用范围极其狭窄：首先，该例外仅适用于谋杀案件和误杀案件；其次，只有当死亡已成定局而生存无望的情况下所作陈述方可获接纳；再次，这类声述只可用以证明声述者的死因；最后，当受害人在濒临死亡时所作出的声述中指名道姓说出是谁袭击他，此声述便可获接纳，但如一名在死亡边缘的人在类似的声述中供认自己犯罪，此声述便不得予以接纳。这些限制并没有充足的支撑理由，显得较为不合理。

法律改革委员会曾提供一案例，该案中被害人莉莉（Lily）是一名年轻的在校女生，她在港铁上被侵犯。她告诉警察是"一名高个子中国人"所为。然而，她的朋友蜜蜜（Mimi）曾告诉警方莉莉记错了，应该是一名"矮个子洋人"所为。警方控告高个子的王先生。在开审前，蜜蜜不幸死于车祸。依据现行法律，王先生无法使用蜜蜜所作的重要陈述为其辩护。[2]

（3）有关事实。如一名未能出庭作证的人的自然和即时行为、意见或陈述与犯罪行为本身的过程紧密交缠，已成为其中一环相关证据的组成部分，则此行为、意见或陈述可获接纳

---

〔1〕 ［1977］35 CCC（2d）209，p. 214. See The Law Reform Commission of Hong Kong, *Report on Hearsay in Criminal Proceedings*, November 2009, p. 45.

〔2〕 译自法律改革委员会辖下刑事法律程序中的传闻证据小组委员会提供的个案，LC Paper No. CB（2）980/05-06（01）。

为证据。获接纳的证据不但可用作证明真相的证据，也可用作证明该人在事发时的思想状态或情绪状态的证据。虽然在这种情况之下，编造故事的机会可能甚微，但可能也会有其他质疑证据是否可靠的问题，因为在事发一刻所作出的陈述，有可能会是特别容易有所歪曲的（也许并非故意造成），原因是声述者和作证的证人均有可能因一时情绪激动而对事物的看法有偏差。此外，法庭也曾经裁定在法庭以外作出用以证明声述者的思想状态的陈述，不属于传闻证据定义的范围之内。这不但未有澄清此项例外规定的范围和理据，反而是使之更形成混乱。[1]

（4）反面断言（negative assersions）。英格兰法律委员会（English Law Commission）曾指出以下的不合乎逻辑之处："看来如果一项推断是基于一份文件而作出的，这项推断便是属于传闻证据，但如果一项推断是基于某份文件或记项不存在而作出的，这项推断却是属于直接证据"。[2]依据现行规则，基于纪录付之阙如而作出的反面推断，可获接纳为证据，但基于纪录而作出的正面推断，却不得接纳为证据。

（5）事发后迅速作出的投诉。关于事发后迅速作出投诉的证据，目前限定只可在性侵犯的案件中获准接纳，适用范围极其狭窄。

---

〔1〕 See The Law Reform Commission of Hong Kong, *Report on Hearsay in Criminal Proceedings*, November 2009, p. 46.

〔2〕 English Law Commission, *Evidence in Criminal Proceedings and Related Matters*（Consultation Paper No 138, 1995），at para. 2. 31. See The Law Reform Commission of Hong Kong, *Report on Hearsay in Criminal Proceedings*, November 2009, p. 46.

5. 内容未能与时俱进

在当今人口流动日益频繁、各种先进电子通讯日益发达的背景下，传闻证据规则内容却未与时并进。香港是商业与旅游业高度发达的地区，港民与内地及海外地区联系密切。然而，传闻证据规则并未因应世界各地人口流动日益频繁这个社会现实而作出任何调整，反而是迫使案中各方耗用重要的资源和时间把证人送返审判案件的司法管辖区。如果被控人没有相关资源，则其辩护证据之路将会丧失。

尽管香港现时法例允许特定情况下可以对境外证人采取视频连线方式作证，但其前提是联系到证人所在地，以及证人愿意合作。如其所在地无法确定或证人不愿意合作，那么即便在他离开审判案件的司法管辖区之前所作陈述，亦会作为传闻证据不予接纳。

现有的传闻证据法亦没有充分考虑到各种先进的通讯电子纪录方式。法改会曾提及一案例，该案中陈南给一名叫"兴王"呼机机主留言，让其偷辆能用快艇运往中国内地的汽车。兴王问如果是雷克萨斯是否可以，陈南回答"任何车都可以"。同一天晚上，一名叫唐兴王的男子在偷雷克萨斯时被抓，其身上携带呼机。在指控陈南教唆并取得摩托车赃物的庭审中，警方指证兴王的呼机上有一个电话号码，并且这个号码属于陈南。检方向法官提出由该电话号码推断陈南教唆兴王并取得赃物。依据现行法律，呼机上显示的电话号码属于传闻证据并且检方不能将之作为证据。[1]有一些通讯方式，例如已录音的

---

〔1〕 译自法律改革委员会辖下刑事法律程序中的传闻证据小组委员会提供的个案，LC Paper No. CB（2）980/05-06（01）。

电话交谈和讯息、录像和数码录像、电邮、网上咨询、即时讯息、移动设备的短讯服务，以及数码录音装备，由于用以反映讯息内容的媒体没有问题出现，是可与口头传闻证据区分的。

6. 可能导致审理耗时耗费

控辩双方对传闻证据是否适用、如何适用进行争辩，会耗费大量的时间和费用，既包括被控告人的费用，也包括法庭的费用。

随着人口流动的日益频繁，传闻证据规则对第一手证据的追求导致控辩双方为将证人带到法庭面前而消耗诸多人力、物力资源和时间。虽然目前香港法律允许在特定情况下接受国外证人的视频对话证据，但这建立在能找到该潜在证人和随时可以获得该潜在证人配合的前提之上。若无法找到该证人或证人不愿配合作证，则先前有关证据属于传闻，即使该证据是证人在离开香港司法管辖权之前制作的。

（三）发展趋势：法律改革委员会的改革建议

香港终审法院在王伟文案[1]裁决书中表示，立法是采取刑事法律程序中传闻证据规则改革的适当方式。2001年终审法院首席法官及律政司司长指示香港法律改革委员会，检讨香港规范刑事法律程序中传闻证据的法律，并研究和做出所需的改革建议。法改会随即成立小组委员会，详细研究了传闻证据规则及其例外背后的理论原理，参考目前普通法司法辖区对传闻证据规则的批评，并考虑这些批评是否符合香港实际。法改会考察了包括澳大利亚、加拿大、英国、新西兰、苏格兰和南

---

〔1〕 Wong Wai-man & Others 诉香港特别行政区案 ［2000］3 HKLRD 313（CFA）.

非的改革情况，最初提出 14 种不同的改革选择，在摒弃了两极化的建议：保持不变和全然接纳传闻证据、最佳可用证据、只接纳辩方的传闻证据的酌情决定权、宽松的接纳传闻证据酌情决定权这四种建议后，经过挑选、缩减，剩下三个主要方案"英国模式"、"美国模式"和"新西兰法律改革委员会模式"。在 2005 年 11 月 30 日法改会发布《刑事程序中的传闻证据咨询文件》，供社会公众考虑并向社会公众咨询，咨询文件建议采用改良版本的新西兰模式，法庭以盖然性权衡为准则，有接纳传闻的"必要性"和接纳的传闻有"可靠性"时，法庭应获得酌情决定权以接纳传闻证据。经过三个月的咨询期，至 2006 年 2 月 28 日，小组委员会共收到 39 份咨询回应。在审慎考虑这些回应后，法改会进一步完善香港刑事程序传闻证据规则改革的方案，并于 2009 年正式发布《刑事法律程序中的传闻证据报告书》。法改会汇集了多个普通法司法管辖区的最佳理念和实务，提出刑事法律程序中传闻证据规则改革模式，改革不仅应按照一套有原则、合乎逻辑及前后一致的规则和原则全面而有条理地进行，还应设定有效保障措施，以保障被控人的权利、确保审讯程序完整，避免接纳传闻证据可能造成的潜在不良后果。法改会发布一项改革的核心方案（core scheme），并建议将该方案作为整体采纳，使之成为改革香港刑事法律程序中传闻证据的主要工具。该核心方案共有 15 项提议，分述如下：

提议 1：传闻指符合以下说明的陈述：（a）由非属证人的人（声述者）作出；（b）在法律程序进行时作为证据而提出以证明其内容属实；及（c）属于书面、非书面或口头的通讯，用以作为所通讯事项的断言。

此项提议界定刑事法律程序中"传闻"的范围。其中（a）

及（b）项取自新西兰 2006 年《证据法令》（*Evidence Act*）的第 4 条[1]，（c）项使得传闻陈述包括书面与非书面，以及口头与非口头的通讯。此定义将证人在法庭之外所作的陈述排除于"传闻"一词的定义之外，据此，传闻不包括可在审讯程序中作证的证人以前所作出的陈述。

至于多重传闻，唯一可在核心方案之下获得接纳的情况，便是每一层传闻均能通过核心方案所订明的可接纳性测试。例如，证人 W 所作有关汽车颜色的证言，W 说："A 告诉我汽车是绿色的，因为唯一看到汽车的 B 是这么告诉 A 的。"如果该陈述可获接纳证明汽车是绿色的证据，则须满足两层传闻：一是 A 对 W 所述真实（即 B 确实告诉 A）；二是 B 对 A 所述真实（即 B 确实看到绿色汽车）。[2]

提议 2：除非根据这些提议的条款而获接纳，否则传闻证据不得在刑事法律程序中予以接纳。

此项提议中的"刑事法律程序"指现时适用普通法传闻证据规则的所有刑事法律程序（all proceedings that presently apply the common law exclusionary rule），包括庭审、预审、初级侦讯、交付审判程序。[3]现时不适用普通法传闻证据规则

---

　　[1]　Evidence Act 2006 (New Zealand) Part 1 s4, hearsay statement means a statement that— (a) was made by a person other than a witness; and (b) is offered in evidence at the proceeding to prove the truth of its contents.

　　[2]　See The Law Reform Commission of Hong Kong, *Report on Hearsay in Criminal Proceedings*, November 2009, at para. 9. 13.

　　[3]　英国 2003 年《刑事司法法》第 134 条第 1 款将"刑事诉讼程序"界定为适用严格的证据规则的刑事法律程序（criminal proceedings in relation to which the strict rules of evidence apply）。

的程序则不受法改会核心方案影响，这些程序包括保释聆讯、被控人死亡或潜逃时的没收聆讯、依据《贩毒（追讨得益）条例》（《香港法例》第 405 章）第 IVA 部进行的没收聆讯、民事藐视法庭程序。[1]

香港现时在量刑程序中是否适用传闻证据规则并不明确。由于陪审团并不参与量刑程序，因此裁决法官能接纳广泛的相关证据。已被定罪的被控人能尽快获得适当判刑对于被控人及社会公众都有益，因此量刑程序中的证据规则应尽可能便利。在马雪春案（香港特别行政区诉 Ma Suet-chun）案中，香港上诉法庭参考英国史密斯案（R. v. Patrick Smith）[2]以及加拿大加德纳案（R. v. Gardiner）[3]后认为，以加重刑罚为目的在决定罪行的普遍程度和/或罪行发生地点，可以考虑由警方提供的数据或其他信息，即便这些信息根据刑事证据规则可能不获接纳。简言之，法庭可依据传闻证据作加重判刑。[4]然而，量刑程序与决定是否有罪同样重要，如果检控方在此期间提出

---

〔1〕 See The Law Reform Commission of Hong Kong, *Report on Hearsay in Criminal Proceedings*, November 2009, at para. 9. 14.

〔2〕 (1988) 87 Cr App R. 393. 该案中法庭认为在串谋案判刑程序中，控方提出的传闻证据可获接纳，See The Law Reform Commission of Hong Kong, *Report on Hearsay in Criminal Proceedings*, November 2009, at para. 10. 92~10. 94.

〔3〕 (1982) 140 DLR (3d) 612. 该案中法庭认为控方在判刑时提出加重刑罚的传闻证据可获接纳，其证明标准是无合理疑点。See The Law Reform Commission of Hong Kong, *Report on Hearsay in Criminal Proceedings*, November 2009, at para. 10. 95.

〔4〕 [2001] 4 HKC 337 (CA). See The Law Reform Commission of Hong Kong, *Report on Hearsay in Criminal Proceedings*, November 2009, at para. 10. 90.

加重刑罚的因素可能会直接导致被控人刑期延长，因此对于这类加重情形应有更好的证据规则进行保障。故法改会建议，如香港就刑事诉讼程序中传闻证据规则制定新法例，则新法例也应特别述明在所有法庭上，在量刑阶段时任何有争议的事实争议点或加重刑罚的事宜，均必须由控方证明，并以无合理疑点为举证标准，即在控方依据传闻证据证明一项加重刑罚的因素时应适用修订的传闻证据规则。

提议3：除非另有订明，否则所有关于接纳传闻证据的旧有普通法规则（包括排除载有隐含断言的陈述的规则）均予废除。

该提议要求废止因"隐含的断言"属传闻证据而将之排除的普通法规则，结合提议1（c）对传闻范围的界定，隐含的断言即可获接纳，即因"隐含的断言"属传闻证据而将之排除的普通法规则应予废止。法改会提及，英国2003年《刑事司法法》第115（3）条[1]、美国《联邦证据规则》第801条[2]、新西兰2006年《证据法》第4条等对刑事法律程序中"传闻"一词进行界定的成文法中，都已将隐含的断言排除在外。此外，尽管加拿大传闻证据规则的改革采取司法判例

---

〔1〕 英国2003年《刑事司法法》第115（3）条规定，所陈述的事项是这样一种事项——如果（并且只有当）法院认为陈述人的目的或目的之一如下时，本章的规定才能适用：(a) 使别人相信该事项；或者 (b) 使别人以该事项与所陈述的相同为基础而行事，或者使某一机器以该事项与所陈述的相同为基础而运作。

〔2〕 美国《联邦证据规则》第801条规定，传闻是指不在审判或听审程序中作证的陈述人所为的，而被提出作为证明一方主张的事实为真实的证据的陈述。陈述包括言词或书面的叙述，或人的非言语的动作，而行为人有意以之为一项叙述。

方式进行，但其司法机构在审判中也大多忽略排除隐含断言的规则。

提议4：这些提议所载的内容，不影响令传闻证据可获接纳的现有法定条文的继续实施。

在《证据条例》（《香港法例》第8章）、《刑事诉讼程序条例》（《香港法例》第221章）及其他条例中都有传闻证据例外的法定条文，例如《证据条例》第8A部，规定如何在香港刑事法律程序中使用在其他司法管辖区取得的证据；《刑事诉讼程序条例》第3A部，为易受伤害证人作证制定了特别程序，这些现有条文并不会受法改会核心改革方案影响。

但《证据条例》（第8章）第79条[1]因范围过窄，欠缺合理逻辑，故法改会建议应废除该条。现时第79条规定，在任何谋杀或误杀的检控中，任何政府医生所作的任何医学摘录或报告，如看来是关于死者的，则一经证明该名政府医生的笔记以及他已死亡或不在香港，即可接纳为证据。法改会提及一案例，一名男子C在酒吧内被另一人D故意踢中胃部。C感到疼痛无比，并被带至酒吧附近的私人诊所由医生E检查。E检查C的伤情，并为C开处方药。E随后移民美国并再也找不到。几个月后，C死于一系列由踢伤导致的内脏破裂并发症。检方试图在控告D过失杀人罪行的审判中使用诊所报告以及E所开药物的记录。但依据现行法律，检方不能在审判中将之作为证据引用。如在E的医学报告记录着：医生E建议C（被踢中者）直接前往医院照X光但C拒绝，称现下感觉很好。

---

〔1〕 版本日期：1997年6月30日。

医生 E 还记录了 C 告诉 E，在 D 踢他之前先打了 D 的下巴。在审判中，D 试图使用这些报告以证明：①C 自己对接受适当医疗的拒绝；②自己是正当防卫。同样，依据现行法律医疗报告亦不能采用。[1]

结合该案可以看出，现行《证据条例》第 79 条的不合理处在于[2]：①该例外仅适用于谋杀或误杀案件；②例外仅局限于政府医生所作医学摘要或报告；③该名政府医生须死亡或不在香港，如果该名医生在香港且病重，则不属该条例外范围；④该条仅对检控方适用，而辩方则不适用。因此，法改会建议将该条废除，至于医学摘录或报告则应适用核心方案及其他法定例外，如《证据条例》第 22 条。

提议 5：关于下列证据的可接纳性的普通法规则，不受这些提议所影响[3]：（a）由被控人作出的承认、供认[4]及不利于权益的陈述；（b）于联合或共同计划或串谋过程中并且是为了推动联合或共同计划或串谋而作出的作为和声述；（c）专家意见证据；（d）申请保释时可获接纳的证据；（e）进行判刑时可获接纳的证据，但如控方是依据传闻证据来证明某项加重

---

〔1〕 译自法律改革委员会辖下刑事法律程序中的传闻证据小组委员会提供的个案，LC Paper No. CB（2）980/05-06（01）。

〔2〕 See The Law Reform Commission of Hong Kong, *Report on Hearsay in Criminal Proceedings*, November 2009, at para. 9. 39.

〔3〕 与英格兰 2003 年《刑事司法法》第 118（1）条相比，此项提议所列保留普通法中传闻证据的例外规则范围更为广泛，英格兰法令第 118（1）条保留了 8 项普通法规则，即公共信息、有关品格的声誉、声誉或者家族传统、既往事实、供述等、代理人的承认等、共同事业、专家证据。

〔4〕 检方须排除合理怀疑的证明该承认、供认是被控人自愿作出。

刑罚的因素，则属例外；（f）公开的资料；[1]（g）关于品格方面的名声；（h）信誉或家族传统；（i）有关事实[2]；及（j）代理人所作出的承认。

提议6：（a）如援引传闻证据所涉及的每一方均同意就进行该等法律程序而接纳传闻证据，则传闻证据须获接纳；[3]（b）根据此项提议而给予的同意，可在法庭许可之下，就所同意的目的而在该等法律程序中撤回。

提议7：根据提议4、5或6不获接纳的传闻证据，只在下列情况方可获得接纳：（a）法庭信纳声述者的身份已予确定；（b）声述者在法律程序中所提出的口头证据，就该项事宜而

---

〔1〕 英格兰2003年《刑事司法法》第118（1）条罗列了公开资料的范围：任何法令规则，根据该规则，在刑事诉讼中，（a）关于具有公共性质的事项的已发表作品（诸如史籍、科学著作、字典和地图），对于其中陈述的具有公共性质的事实，可以采纳为证据；（b）公共文件（诸如公共登记以及公共机构关于公益事项所做的报告）对于其中陈述的事实可以采纳为证据；（c）记录（诸如某些法院、条约、皇家授勋、赦免及委任的记录）对于其中陈述的事实，可以采纳为证据；（d）关于一个人的年龄、出生日期或者出生地点，可以由对该事项没有亲身感知的人提供证据。

〔2〕 英格兰2003年《刑事司法法》第118（1）条罗列了有关事实的范围：任何法令规则，根据该规则，在刑事诉讼中，一份陈述可以作为被陈述事项的证据，如果：（a）该陈述是一个人在情绪上受到某一事件的强烈刺激之下做出的，以至于可以忽略虚构或者歪曲的可能性；（b）该陈述是伴随某一行为作出的，该行为作为证据时，只有与该陈述一并予以考虑，才能给予正确的评价；（c）该陈述涉及一种身体感觉或者精神状态（诸如意图或者情绪）。

〔3〕 此提议的灵感来自南非的《证据法修订法令》（1988年第45号）（Law of Evidence Amendment Act 45 of 1988）第3（1）（a）条，原文为"each party against whom the evidence is to be adduced agrees to the admission thereof as evidence at such proceedings"。

言可获接纳；[1]（c）符合下文提议 8～12 所订明的（i）必要性的条件和（ii）可靠性门槛（threshold reliability）的条件；（d）法庭信纳传闻证据的证据价值，大于对法律程序的任何一方所能造成的损害。

此项提议使法庭获一般酌情决定权以接纳传闻证据，法改会建议此应作为刑事法律程序中接纳传闻证据的主要手段。传闻证据必须符合此项提议所列四项条件时，方可在一般酌情决定权下获得接纳。当法庭信纳传闻证据对法律程序的任何一方所能造成的损害大于其具有的证据价值时，法庭可排除该传闻证据。

提议 8：必要性的条件只在下列情况方得以符合：（a）声述者已死亡；（b）声述者在法律程序进行时基于年龄、身体状况或精神状况的缘故，不论是亲自抑或以任何其他合资格的方式[2]，均不适合作为证人；（c）声述者不在香港，而确保声述者会出庭并不合理地切实可行，又或者令声述者可以在场以任何其他合资格的方式[3]来接受询问及盘问并不合理地切实可行；（d）不能寻获声述者，并且证明已采取所有合理步骤

---

〔1〕 即关于证据本身的口头证供本身可获得接纳。

〔2〕《刑事诉讼程序条例》（《香港法例》第 221 章）第 3A 部为精神上无行为能力的人提供其他方式以获取其证词，如电视直播联系。

〔3〕 "以任何其他合资格的方式"（in any other competent manner）一语，现时是在用于 1995 年《刑事诉讼程序（苏格兰）法令》〔Criminal Procedure (Scotland) Act〕第 259（2）（b）条，原文为 "is named and otherwise sufficiently identified, but is outwith the United Kingdom and it is not reasonably practicable to secure his attendance at the trial or to obtain his evidence in any other competent manner"，该条参照苏格兰法律委员会第 149 号报告书《刑事法律程序中的传闻证据》（苏格兰）（1994 年 12 月）的建议订立。

来寻找声述者；或（e）声述者在他有权以可能导致自己入罪为理由而拒绝作证的情况中拒绝提供证据。

要符合必要性准则，声述者必须是确实无法就传闻证据提供证供而并非只是不愿意，只有当声述者符合提议所列五项条件之一或以上时，才符合必要性条件。与英国 2003 年《刑事司法法》第 116（2）（e）、（3）及（4）款不同的是，香港法改会并未将"在恐惧中的证人"（witness in fear）作为必要性条件之一。一方面，法庭无法判断证人在什么情形下属于恐惧；另一方面，在此种情况下交叉盘问该名证人显得更为必要。现时《刑事诉讼程序条例》（《香港法例》第 221 章）第 IIIA 部已就"在恐惧中的证人"借电视直播联系提供证据做出了规定，这也是获取该类证人证言的主要手段。

提议 9：如据称符合必要性的条件的情况，是由于提供陈述的一方或代该方行事的人的作为或疏忽所造成，必要性的条件即未能符合。

提议 10：证明必要性的条件已予符合的责任在于申请接纳传闻证据的一方。如由控方来举证，证明标准是无合理怀疑；如由辩方来举证，证明标准则是相对可能性的衡量。

提议 11：如有关情况能提供合理保证令人相信陈述是可靠的，可靠性门槛的条件即得以符合。[1]

提议 12：在决定可靠性门槛的条件是否已予符合时，法庭须考虑所有与陈述的表面可靠性相关的情况，包括：（a）陈述

---

〔1〕 此项提议以新西兰 2006 年《证据法令》第 18（1）（a）条为蓝本，该条规定"与传闻陈述相关的情况（circumstances relating to the statement）能够提供合理保证令人相信陈述是可靠的，可靠性门槛条件即得以符合"。

的性质和内容；（b）作出陈述时的情况；（c）任何涉及声述者是否诚实的情况；（d）任何涉及声述者的观察是否准确的情况；及（e）陈述是否有其他可获接纳的证据支持。

此项提议（a）~（d）参照新西兰 2006 年《证据法令》第 16（1）(a)~(d) 条[1]拟定，该提议不仅简单，且要求法庭只需考虑表面可靠性（apparent reliability）相关的情况，而无须评价陈述是否具有最终可靠性（ultimate reliablity）。至于（e），新西兰法令中并无类似规定，香港法改会建议法庭考虑传闻证据是否可靠的范围应有所扩大，包括考虑是否有支持证据存在（the presence of supporting evidence）在内的所有与陈述相关情形。

提议 13：法院规则须予订立，订明以下事项：有意根据提议 7 援引传闻证据的一方须发出通知书；如已妥为送达通知书而反通知书又未有送达，则证据须视为可获接纳；未有发出通知书即表示除非经法庭许可，否则证据不会获得接纳；如法庭已给予许可，则对事实作出裁决的审裁法庭可基于通知书未有发出而作出推断（如适用的话）；以及未有发出通知书可能会引致讼费。

根据此项提议，拟申请在酌情决定权之下接纳传闻证据的一方，须向法律程序的所有其他各方发出及时和足够的通知。

---

[1] Evidence Act 2006（New Zealand）Part 2 s16, interpretation（1）circumstances, in relation to a statement by a person who is not a witness, include—（a）the nature of the statement; and（b）the contents of the statement; and（c）the circumstances that relate to the making of the statement; and（d）any circumstances that relate to the veracity of the person.

尽管订立通知规则是法院的权限，但法律改革委员会建议，无论法院制定怎样的规则，都须体现以下原则[1]：①拟援引传闻证据的一方须提供足够的信息以确定声述者的身份，并给予对方足够的时间去调查，公平应对该传闻证据；②通知规则应对控方与辩方同时适用；③对未能遵守通知规则的后果予以订明，例如证据不会获得接纳、陪审团可作出合理推论、讼费承担等；④法院为司法公正对是否严格遵守通知规则有酌情权。

提议 14：如在任何法律程序中，传闻证据凭借这些提议而获得接纳，则：（a）任何证据，在假若声述者曾就陈述的主题作供便本会就他作为证人的可信性而可获接纳的情况下，须在该等法律程序中为此而可获接纳；及（b）可证明声述者曾作出与已获接纳的陈述不一致的陈述的证据，须为显示声述者自相矛盾而可获接纳。

此项提议是以 1995 年《刑事诉讼程序（苏格兰）法令》的第 259（4）（a）及（c）条[2]为蓝本拟定的，该提议使得关于声述者可信性与可靠性证据获接纳。通常情况下，在普通

---

〔1〕 See The Law Reform Commission Of Hong Kong, *Report On Hearsay In Criminal Proceedings*, November 2009, at para. 9. 82.

〔2〕 该条取自于苏格兰法律委员会第 149 号报告书《刑事法律程序中的传闻证据》（苏格兰）（1994 年 12 月）的建议。Criminal Procedure（Scotland）Act 1995, s259（4）（a）any evidence which, if that person had given evidence in connection with the subject matter of the statement, would have been admissible as relevant to his credibility as a witness shall be admissible for that purpose in those proceedings;（c）evidence tending to prove that that person, whether before or after making the statement, made in whatever manner some other statement which is inconsistent with it shall be admissible for the purpose of showing that he has contradicted himself.

法证据可接纳性规则中，关于声述者（并非证人）的可信性证据不会被接纳，因为严格来说声述者的可信性不会成为争议点。但依据此项提议，凡传闻证据是在酌情决定权之下获接纳的，与声述者的可信性相关。而假如声述者以证人身份作供应获得接纳的证据（包括其他不一致的陈述），应获接纳。

提议 15：（a）在传闻证据已根据核心方案提议 7 而获接纳的法律程序中，于控方的案件结束之时或之后的任何时间，如法庭经考虑提议 15（b）所列明的各项因素，认为虽然确有表面证据，但将传闻证据（根据这些提议的条款而获接纳者）所针对的被控人定罪并不稳妥，则可指示裁定该被控人无罪。（b）法庭在根据此项提议作出裁决时，须考虑：法律程序的性质；传闻证据的性质；传闻证据所具有的证据价值；传闻证据对于被控人的案的重要性；[1]及传闻证据一旦获得接纳便可能会对被控人造成的损害。[2]

---

〔1〕 （iv）项因素则是取自英格兰《2003 年刑事司法法》第 125（3）(b)(ii)条（"考虑它对于针对该人的案的重要性"），该条是根据英格兰法律委员会第 245 号报告书《刑事审判中的证据：传闻证据及相关问题》（1997 年 6 月）所载建议制定的。

〔2〕 此提议（b)(i)～(iii)及（v）是以南非的《证据法修订法令》（1988 年第 45 号）第 3（1)(c)条为蓝本，Law of Evidence Amendment Act 45 of 1988 section 3（1)(c) the court, having regard to- (i) the nature of the proceedings; (ii) the nature of the evidence; (iii) the purpose for which the evidence is tendered; (iv) the probative value of the evidence; (v) the reason why the evidence is not given by the person upon whose credibility the probative value of such evidence depends; (vi) any prejudice to a party which the admission of such evidence might entail; and (vii) any other factor which should in the opinion of the court be taken into account, is of the opinion that such evidence should be admitted in the interests of justice.

该提议使得主审法官获赋一项新权力，即如主审法官认为将被控人定罪并不稳妥，则即使确有表面证据针对被控人，主审法官仍可在控方的案件结束之时或之后的任何时间，指示对根据提议 7 所涉酌情决定权而获接纳的传闻证据所针对的被控人，作出无罪的裁决。在决定行使这项权力时，法官必须考虑法律程序的性质[1]、传闻证据的性质[2]、传闻证据所具有的证据价值、传闻证据对于针对被控人的案的重要性以及接纳传闻证据可能会对被控人造成的损害。与英国 2003 年《刑事司法法》不同的是，法改会并未将该酌情权局限于陪审团审理案件时使用，如是由职业法官独自审理案件，法庭依然可以行使此项权力，只要符合条款（b）所列条件，法官就有责任作出无罪的裁决。

根据法改会提出的上述核心方案，在刑事法律程序中传闻证据只能在以下四种情况其中之一时，方能获得接纳：

（1）如传闻证据属于予以保留的其中一项普通法例外规定的范围之内（提议 5）；

（2）如传闻证据属于现有的法定例外规定的范围之内，但《证据条例》（第 8 章）第 79 条除外，而该条是应予废除的

---

　〔1〕"法律程序的性质"要求主审法官考虑案件是由陪审团会审，抑或由职业法官独自审理。如由陪审团会审，则有害证据影响事实发现的风险更大，如由职业法官独自审理，则审查损害的能力更胜。See The Law Reform Commission of Hong Kong, *Report on Hearsay in Criminal Proceedings*, November 2009, at para. 9. 94.

　〔2〕"传闻证据的性质"要求法官评估传闻证据的形式、准确性、支持其真实的其他证据，以及可靠性。See The Law Reform Commission of Hong Kong, *Report on Hearsay in Criminal Proceedings*, November 2009, at para. 9. 94.

（提议 4）；

（3）经援引传闻证据所针对的各方同意（提议 6）；

（4）经由法庭行使其一般酌情决定权以接纳传闻证据（提议 7）。传闻证据必须符合五项条件方可在一般酌情决定权下获得接纳，这五项条件分别是：①法庭确信声述者的身份已予确定；②关于证据本身的口头证供本可获得接纳；③符合必要性条件；④符合可靠性门槛的准则；⑤传闻证据的证据价值必须大于对法律程序的任何一方所可能造成的损害。

除核心方案外，法改会也有就传闻证据的其他方面提出建议，包括是否接纳"银行纪录、业务纪录及电脑纪录"、"证人以前所作出的陈述"为证据等。

律政司刑事检控科对法改会报告书中所载建议中的绝大部分表示赞同，律政司于 2012 年 4 月咨询立法会司法及法律事务委员会，5 月举办小型讨论，就法改会报告书的建议和提议内容咨询香港大律师公会、香港律师会和司法机构代表。工作小组根据上述咨询的结果拟定了条例草案的工作草稿，律政司现正审议该工作草稿，以便征询法律专业团体、司法机构等的建议。律政司并计划在此后的立法年度将建议法例提交立法会。[1]

有鉴于法改会在香港法律改革中的推动作用，法改会《刑事法律程序中的传闻证据报告书》（下称《报告书》）所载部分改革建议可能会得到贯彻落实。

---

〔1〕 参见律政司、立法会司法及法律事务委员会、法律改革委员会的《刑事法律程序中的传闻证据报告书》［CB（2）1729/11-12（01）号文件］，2012 年 4 月 23 日。

（四）社会评价

虽然香港政府对刑事法律程序传闻证据规则改革十分重视，并进行了一系列的征求意见，但传闻证据规则的修改牵涉到证据法传统上固有的证人出庭作证、宣誓、接受交叉询问等内容，改革受到来自香港法律界的诸多质疑，阻力重重。《报告书》中单列一节"香港是例外吗"（Is Hong Kong Exceptional）专门探讨改革的必要性问题。在法改会小组委员会早期的会议上，律师会刑法和程序法委员会就认为没有必要进行改革，他们目前并未发现传闻证据的任何问题。同时，认为法律改革委员会在会议之初就应咨询律师界是否存在改革的必要性。

法律改革委员会《刑事法律程序中的传闻证据咨询文件》发布后，律师会刑法和程序法委员会发表法律意见，认为虽然委员会意识到目前法律确实存在不足，但不认为《报告书》提议的核心方案（必要性和可靠性标准，并赋予法官一定的酌定裁量权）中的基本改变具有正当理由或令人满意，对咨询文件提出了许多质疑，例如：刑事案件依靠传闻证据有损公正，在没有对陈述者交叉询问仅凭法官考虑一些因素后行使酌情决定权接纳传闻证据着实令人担忧，没有实际数据表明现有传闻证据规则导致相关司法不公等等，并建议应完整地保留现有的传闻证据规则，现有的特定例外应得到加强。[1]之后，该委员会就《报告书》内容向律政司提出法律意见书，反对接纳多重传闻，反对必要性条件的第3～5项条件，认为该三

---

〔1〕 The Law Society's criminal & procedure committee, Submissions on "Consultation Paper on Hearsay in Criminal Proceedings", http://www.hklawsoc.org.hk/pub_e/news/submissions/20060426.pdf，访问时间：2014 年 9 月 2 日。

项条件会成为陈述者作证与否的自由决定权。[1].

法律改革委员会对此予以回应：由于大多数案件都是治安法官在没有会同陪审团的情况下审理的，因此传闻证据规则的问题被低估了，香港社会不应等到真正出现司法不公，才采取措施。[2]

香港大律师公会认为，尽管香港进行了民事程序传闻法律的镜像变化，但这是香港首次考虑刑事程序传闻法律的主要变化。香港社会一直对刑事程序方面的法律的改变十分谨慎，或许对此最好的解释与其说是刑事领域职业者天生的保守性，不如说是意识到这个领域处理的是公民的自由问题。法律改革委员会的建议不是解决公民与公民之间的争端，而是公民与国家之间的争端，这就暗含着一种资源不平等。[3]并对改革的核心方案、暗示断言、改革保障、证明责任和标准、第三方供认、通知等方面提出质疑和修改建议。

四、结语

传闻证据规则在香港民事领域的终止，在刑事领域即将进行的改革，体现了传闻证据规则自由化的思想。在法庭审理

---

〔1〕 The Law Society's criminal & procedure committee, Submissions on "Consultation Paper on Hearsay in Criminal Proceedings", http://www. hklawsoc. org. hk/pub_ e/news/submissions/20110201b. pdf，访问时间：2014 年 9 月 2 日。

〔2〕 The Law Reform Commission of Hong Kong, *Hearsay in Criminal Proceedings Report*, November 2009, p. 36.

〔3〕 Hong Kong Bar Association, Comments on the LRC Consultation Paper on Hearsay in Criminal Proceedings, http://hkba. org/whatsnew/submission – position – papers/index. html，访问时间：2014 年 9 月 2 日。

中，审判者不应仅聆听最佳证据，而且更应尽可能多地接触具有逻辑相关性的证据。排除逻辑上具有相关性的证据并不能帮助法庭发现案件真实，因为真正的结论只有在考虑所有相关证据后才能得出。[1]因此对传闻证据首先考虑的不是排除，而是有条件地采纳，法庭对传闻证据的评价将更多的是考虑证据的可靠性及证明力，这无疑将增强审判者发现案件真实的能力，提高审判效率。

香港在传闻证据规则的变迁与改革中亦呈现出与其他普通法司法辖区相似之处：

1. 传闻证据规则趋于成文化，并逐步简化

英国迈尔斯案[2]中上诉法庭以 3:2 少数优势裁定，应由立法机构而非司法部门创设传闻证据的新例外。在布拉斯兰案[3]中，所有上诉法庭成员一致认为，应由立法机构创设传闻证据新例外。尽管加拿大最高法院在卡恩案中选择迈尔斯案中的少数人裁决，依然采取以司法判例形式创设传闻证据的新例外。但鉴于以往对传闻证据规则的批评主要集中在规则本身过于严格和欠缺弹性，以及规则的一些例外情况较为复杂、有欠清晰，香港当局决定对传闻证据规则成文化。澳大利亚高等法院在裁定班农案（Bannon v. R.）[4]中，布伦南（Brennan）法官认为，创设传闻证据的一项新例外需要对传闻证据规则的历史、目的及运作进行全面审视。香港终审法院在王伟文案中

---

〔1〕　See John Spenser, *Hearsay Evidence in Criminal Proceedings*, Hart Publishing, at para. 1. 23.

〔2〕　Myers v. DPP ［1965］AC 1001.

〔3〕　R. v. Blastland ［1986］AC 41.

〔4〕　(1995) 185 CLR 1.

认为对传闻证据规则的全面审视由法律改革委员会执行最为适宜。

法改会对分散在普通法与成文法例中传闻证据规则的庞杂规定进行全面审视，并提出一系列改革建议，立法机关通过修订既有法例贯彻法改会的大部分建议，对传闻证据规则重新规范。在规则成文化的过程中，当局不仅吸纳普通法判例的例外规定，亦将很多过时的、无意义的或者不协调的例外规定废除，进一步清理、简化了庞杂的传闻证据体系，增加了法律适用的确定性和统一性。同时，传闻证据规则的简化不仅有利于提高庭审效率，也有助于法官以简明易懂的方式对陪审团进行指导。

2. 民事、刑事法律程序分别适用

尽管部分普通法司法管辖区，诸如美国、新西兰、南非制定统一的证据法例，传闻证据规则对刑事、民事案件同等适用，但香港受英格兰、威尔士及苏格兰影响更甚，对民事、刑事法律程序分别适用不同的传闻证据规则。从香港民事证据的立法更迭来看，传闻证据规则在香港民事法律程序中经历了严格—宽松—取消的发展变化，传闻证据规则最终在民事法律领域归于消失。这主要是因为民事法庭一般倾向采取实用的做法，并只会在某项间接证据是案中关键的罕见证据的情况下，才依赖有关传闻证据的条文。

在刑事法律程序中，为防止法庭被误导，香港仍然适用传闻证据规则，即便是在法改会提出的改革建议中，虽然放宽了传闻证据规则的适用，进一步扩大可采纳的传闻证据范围，但该规则依然予以保留。一方面，刑事法律程序的证明责任与证明标准有别于民事法律程序，为避免可能导致的司法不公，排除传闻证据显得十分必要；另一方面，出于对被控人的人权保障，为避免被控人被无辜定罪、保障其抗辩的基本权利，在刑事领域保留排除传闻证据规则亦极为合理。根据《香港人权法案条例》（《香港法例》第383章）的相关规定，审判被控刑事罪过时，被告一律有权平等享受的最低限度之保障权利包括得亲自或间接诘问他造证人，并得声请法院传唤其证人在与他造证人同等条件下出庭作证。[1]

3. 法庭审讯中陪审制日渐式微

传闻证据规则的起源之一——陪审制在刑、民领域适用范围的不同，也进一步导致传闻证据规则在这两种领域不同的适用规则及改革走向。

在香港现今法庭审讯中，陪审团的适用范围越来越窄。陪审团最常用于刑事审讯中。原讼法庭中的所有刑事审讯都必须在陪审团参与的情况下进行。可以进行陪审团会审的罪行，通常具有以下特点：该罪行属法例上订明须于原讼法庭审讯的最严重罪行类别，或者犯罪者一旦被定罪便相当可能会被判处超过七年的监禁刑期，又或者为公众利益起见，该案件应由法官会同陪审团进行审讯。[2]

与之相对的，在香港，大部分民事案件只是由法官进行审讯，基本上已不再适用陪审团，可以在民事审讯中用上陪审团的情形十分有限。如就永久形式诽谤、短暂形式诽谤、恶意检

---

〔1〕 参见《香港人权法案条例》（《香港法例》第383章）第8条，版本日期：1997年6月30日。

〔2〕 香港法律改革委员会：《出任陪审员的准则报告》，2010年6月，第1.9段。

控、非法禁锢或诱奸提出诉讼，则有关的诉讼必须由陪审团会审，"但如法院认为审讯需长时间研究文件或账目或作科学或实地调查而不便与陪审团一起进行，则属例外。"[1]由此可见，民事审讯中适用陪审团的案件十分有限，法官还可以行使自由裁量权，拒绝使用陪审团。

4. 法官自由裁量权不断扩大

普通法中严格的传闻证据规则已经开始逐步放宽，加之立法机构不能穷尽所有传闻规则的例外，对于例外的创设不再由法律预先设定，而是赋予法官自由裁量权，在公平正义的原则下，由法官判断传闻证据能否被接纳。从当前普通法司法辖区改革趋势来看，法官的自由裁量权正在不断扩大。

在香港民事法律程序传闻证据规则的变迁中，在委员会的坚持下，法官获得赋予排除传闻证据的剩余酌情权。从法改会对刑事法律程序中传闻证据规则的改革建议看，法官获赋一般酌情权，即只要传闻证据符合五项条件便可获接纳；主审法官亦获赋作无罪判决的指示，即在传闻证据按法改会建议的新酌情决定权获得接纳的情况中，为了加强对被控人的保障，主审法官如在考虑多项因素（包括传闻证据的性质，以及传闻证据对于指控被控人的案的重要性等）后，认为定罪并不稳妥，主审法官应有权在控方指控完结之后的任何时间，指示作出被控人无罪的裁决。

---

[1] 《高等法院条例》（《香港法例》第 4 章）第 33A（1）条，版本日期：1997 年 7 月 1 日。

于台湾而言，在不断前行的"刑事诉讼法"改革潮流里，2003 年无疑是一个新纪元：从职权主义向改良式当事人主义转型。其中，"刑事诉讼法"修正的第 159 条以进一步落实当事人主义证据法则、保障被告的对质诘问权为理由，正式在立法上引入了传闻法则。从直接审理原则变为传闻法则，形式上似乎达到了诉讼结构调整的目的。但是，传闻法则在修法之初似乎就存在着种种问题：第 159 条规定本身带来的适用困惑；传闻法则理论自身存在的复杂性与争议性；以及台湾地区审判实务"习于依赖大量的侦查卷证作为法庭的证据"。台湾地区引入传闻法则已经十余年了，在这期间，传闻法则在台湾地区如何实践，施行的成效如何，出现了哪些问题，都值得结合理论与实践进行探索。

一、传闻法则引入的背景

从 1967 年修法到 2003 年正式将传闻法则纳入"刑事诉讼法"，台湾地区审判实务对于传闻法则的态度呈现出一个缓慢转变的态势。在 1967 年所修的"刑事诉讼法"中，最重要的就是第 159 条规定：“证人于审判外之陈述，除法律另有规定者外，不得作为证据。”对于本条规定的性质与意义，不论是从立法理由还是当时“最高法院”的态度来看，都被认为是直接审理原则的体现。学界普遍认为，台湾的刑事审判，只有直接审理原则，没有任何的传闻法则概念，第 159 条仅仅限制证人必须亲自到庭陈述，不得由书面材料代替，但不包括检察官所做的笔录。[1]但是在学界的解读中却有直接审理主义规定说、传闻法则规定说以及折中说三种看法。到了 20 世纪 80 年代末，事实审法院的第一、二审法官，开始把传闻法则的观念带入刑事审判中。[2]受此影响，到了 2003 年修法前夕，台湾“最高法院”也开始在裁判书中提及传闻法则，但是这些判决在一年几十万份的判决中仍属凤毛麟角。[3]直至 2003 年，为了落实 1999 年台湾地区司法改革会议所讨论的刑事诉讼制度变革，保障被告的对质诘问权实现实体真实，台湾地区才真正开始在立法上和司法上引入传闻法则。

二、现行法律规定的基本架构

2003 年 2 月 6 日台湾地区公布修正“刑事诉讼法”，“司法院”秉承于 1999 年 7 月 6 日至 8 日召开的司法改革会议所达成的“严谨证据法则”的共识，为了维护被告人的反诘问

---

[1] 叶建廷：“以台湾传闻法则之实践经验评析中国刑事诉讼法今年修正草案之证人出庭制度”，载《刑事法杂志》2011 年第 55 卷第 6 期。

[2] 此判决经当事人上诉后，台湾高等法院在 1999 年 6 月 22 日以该院 1999 年上易字第 1705 号判决驳回被告的上诉而得以生效。

[3] 叶建廷：“以台湾传闻法则之实践经验评析中国刑事诉讼法今年修正草案之证人出庭制度”，载《刑事法杂志》2011 年第 55 卷第 6 期。

权，同时应和改良式当事人主义的转型，正式在立法中引入了英美法系的传闻法则。修正后第 159 条第 1 项规定："被告以外之人于审判外之言词或书面陈述，除法律有规定者外，不得作为证据。"同时增设第 159 条第 2 项阐明传闻法则的适用范围，以及五项传闻例外。

如下表，为台湾地区传闻法则的法律框架：

类别			要件		法律后果
传闻证据	159 条所规定的传闻法则之例外	非传闻例外	无以下的情形		排除
		法官之讯问笔录	在法官（不包括外国法官）面前做出	1. 被告以外之人（包括证人、鉴定人、共同被告、共犯、被害人等）	不排除
		检察官之讯问笔录	1. 在检察官（不包括外国检察官）面前做出 2. 无显无不可信之情况		
		先前陈述不一致	1. 于检察事务官、司法警察官或司法警察调查中所为之陈述 2. 与审判中陈述不符 3. 之陈述具有较可信之特别情况 4. 证明犯罪事实存否所必要		
		传唤或询问不能	1. 于检察事务官、司法警察官或司法警察调查中所为之陈述 2. 存在四种传唤或询问不能的情形 3. 证明犯罪事实存在与否所必要 4. 具可信性之特别情况		
		特信性文书	1. 除显有不可信的情况外，公务员职务上制作或从事业		

续表

类别			要件		法律后果
传闻证据	159 条所规定的传闻法则之例外		务之人于业务上或通常业务过程所须制作的记录文书、证明文书 2. 其他于可信之特别情况下所制作的文书	2. 于审判外（包括准备程序以及言词辩论程序）的陈述（包括言词陈述也包括书面陈述）	排除
		同意文书	1. 不符合前四条之规定 2. 经当事人于审判程序同意作为证据 3. 法院审查陈述制作的情况认为适当的		
		鉴定报告	由审判长、受命法官或者检察官选任的鉴定人作出的鉴定报告或者由法官或者检察官嘱托医院、学校或者其他机关作出的书面鉴定报告		
	特别规定的传闻例外	"性侵害犯罪防治法"第 15 条第 2 项	依据特别规定需要限制被告诘问权		
		"儿童及少年性交易防治条例"第 10 条第 2 项			
		"家庭暴力防治法"第 28 条第 2 项			
		"组织犯罪防治条例"第 12 条			

类别	要件	法律后果
非传闻证据	不符合第 159 条第 1 项的规定	不排除
因程序不适用传闻法则	处于起诉审查程序，或证据保全程序，或令状审查程序，或简式审判程序，或简易判决处刑	不排除

三、传闻法则的实践统计

2003 年修法，传闻法则算是正式被纳入台湾地区的刑事司法制度之中，但是法律的移植并不是简单的拿来主义，新增的第 159 条规定本身甫一颁布就遭受了许多的批评和质疑，更何况台湾地区审判实务过去长年笼罩着职权主义的色彩，这些都预示着源自英美法系的传闻法则在台湾地区的本土化进程必定会且行且波折。在过去十余年中，台湾地区基层法院的判决最具体与真实地体现了传闻法则的实践状况；"最高法院"作出的一系列相关判决与判例对传闻法则实践中遇到的具体问题做出了实务界较为权威的回答；学界作为传闻法则实践的旁观者，发表的观点与意见则是对实务中具体问题的升华与总结。因此，对相关裁判文书与文献进行统计并结合分析，将有助于探究传闻法则在台湾地区本土化进程的原貌。

（一）统计概况

本文裁判书统计材料的收集主要是利用台湾地区"司法院"法学资料检索系统[1]所提供的公开查询法院裁判书的服务功能。通过输入关键词和限制条件（如下图 1），进行筛选

---

[1] http://jirs. judicial. gov. tw/FJUD/.

统计，并精选重要的裁判书进行分析。对文献材料的统计主要是利用月旦法学知识库所提供的文献检索功能进行统计，采用"滚雪球"式的文献收集法进行收集，即先在搜索栏中输入关键词"传闻法则"并限定条件"2003年之后"，获得一定数量的期刊文献及博硕士论文，再从既得文献的参考文献中收集符合条件的文献，从而逐渐扩大收集的文献总量。之后再通过人工筛选，精选所需要的文献。

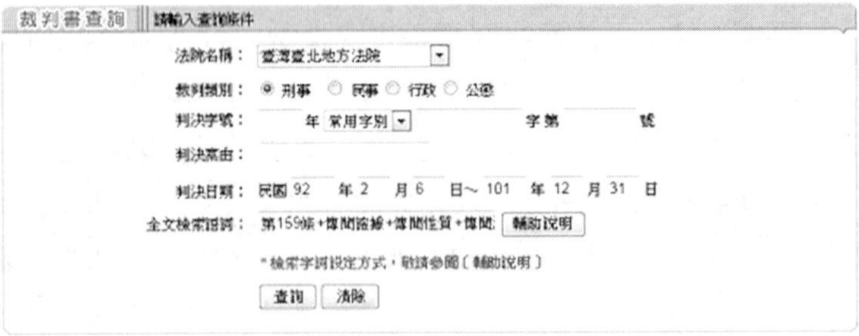

图 1

台湾地区司法审级制度采取的是"三审三级式"，第一、二审为事实审，第三审为法律审。其中，包含少年及家事法院在内有 22 所地方法院，由于金门、连江、澎湖地方法院以及高雄少年与家事法院每年案件数量较少，不具有代表性，因此未列入统计。而高等法院除了位于台北的高等法院之外还有 5 所分院，分别是台中分院、台南分院、高雄分院、花莲分院以及福建高等法院金门分院，但基于相同理由，没有将金门分院列入统计。

（二）地方法院

地方法院的裁判书能真实反映传闻法则在台湾地区的实践

情况，通过统计地方法院涉及传闻法则的裁判书，并计算其占该法院裁判书总量的百分比，制作和绘制相应的年度变化柱形图（如下图2）、各法院对照图（如下图3）以及涉及传闻例

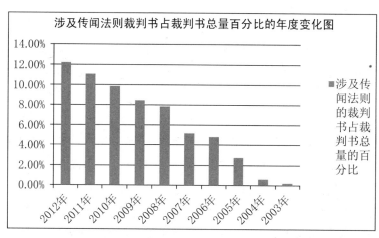

图 2

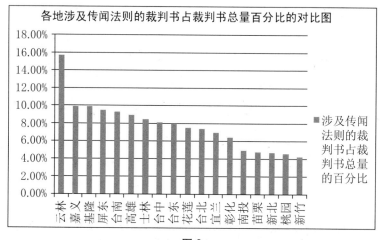

图 3

外判决书的对照表与对照图（如下图 4 与表 2），似乎能了解地方法院在实践中对待传闻法则的态度，从而在一定程度上反映修法十年来传闻法则在地方法院的实施状况。

1. 基本情况

台湾地区 2003 年"刑事诉讼法"生效于 2003 年 2 月 6 日，从 2003 年 2 月 6 日截至 2012 年 12 月 31 日，统计出台湾地区地方法院的裁判书总量为 2 045 040（份），此期间涉及传闻法则的裁判书有 148 739（份），其占裁判书总量的百分比约为 7.27%。从历年涉及传闻法则的裁判书占其总量的百分比来看，基本呈逐年上升趋势，并且在 2005、2006 年以及 2008 年增幅较为明显。同时，2003 年至 2012 年，台湾地区各地涉及传闻法则应用的案件占案件总量的百分比，图 2 所示，最高的是云林地方法院为 15.72%，最低的是新竹地方法院为 4.23%，平均值为 7.75%，可见传闻法则在不同法院之间的应用程度存在着一定的差异。

之前有大陆学者曾于 2007 年台湾地区"传闻法则理论与实践"的研讨会中提到，台湾很多地方特别是南部地区法院（除云林地区以外）对传闻法则出现了消极抵抗的态度。由此，特别将南台湾地区[1]地方法院的百分比情况与云林地方法院、台北地方法院以及新竹地方法院做了年度对照表，如下表 1。

---

〔1〕 就台湾南部的地区划分而言，没有特别明确的范围界定，通常是指云林地区以南的地区，包括嘉义地区、高雄地区、台南地区以及屏东地区。

表 1

部分地方法院涉及传闻法则裁判书占裁判书总量百分比对照表						
	云林	嘉义	台南	高雄	屏东	台北	新竹
2012 年	26.10%	14.65%	15.31%	12.65%	14.77%	9.58%	11.12%
2011 年	21.82%	12.67%	13.62%	13.72%	12.63%	11.75%	7.82%
2010 年	18.89%	12.12%	12.87%	11.75%	11.84%	13.11%	5.31%
2009 年	20.49%	15.42%	11.44%	8.93%	13.31%	9.32%	5.29%
2008 年	28.42%	14.46%	10.45%	7.64%	11.93%	9.02%	4.07%
2007 年	11.98%	8.21%	5.18%	8.29%	7.02%	5.01%	2.48%
2006 年	8.40%	6.27%	6.00%	10.04%	5.82%	4.32%	1.05%
2005 年	2.01%	3.34%	4.16%	6.89%	1.91%	2.45%	0.38%
2004 年	0.52%	0.68%	1.99%	0.76%	0.20%	0.68%	0.06%
2003 年	0.38%	0.07%	0.66%	0.16%	0.20%	0.30%	0.07%
总计	15.72%	9.91%	9.29%	8.94%	9.51%	7.41%	4.23%

其一，尽管不同地方法院的数据之间有差异，但是基本上都是逐年增长的趋势，包括数值最低的新竹地方法院。从2003～2007 年，即使是新竹法院，其涉及传闻法则裁判书占裁判书总量的百分比，也一直处于逐年上升的状态，因此，似乎不能简单得出地方法院有消极抵抗传闻法则应用的态度的结论。其二，南部各法院裁判书中涉及传闻法则的比例与台北地方法院同期数据基本持平，甚至还要更高。结合表 1 与图 2 来看，云林地方法院确实是传闻法则应用率最高的，但是和所有地方法院的情况作比较，南部地方法院的同期数据都较高，反而是一些中部地区包括新竹、桃园、苗栗、南投地区以及北部的新北地区，传闻法则在其地方法院裁判书中出现的频率相对

较低。因此似乎也不能得出"特别是南部地区对传闻法则消极抵抗"的结论。

2. 传闻例外

表 2

涉及传闻例外的判决书统计表					
传闻例外	第 159 条之一	第 159 条之二	第 159 条之三	第 159 条之四	第 159 条之五
数量	25 913	14 102	7312	40 418	93 468
占涉及传闻法则的判决书的比例	17.42%	9.48%	4.92%	27.17%	62.84%

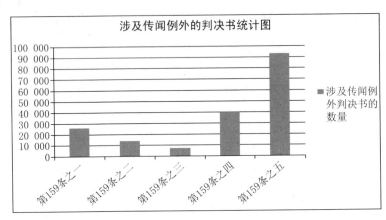

图 4

如上述图表所示，在台湾地区地方法院涉及传闻例外的判决书中，涉及第 159 条之五（即同意法则）的判决书的数量是最高的，同时其在涉及传闻法则的判决书中也占了 62.84% 的比例。可见当事人同意这一传闻例外在审判实践中被高度应用。而涉及第 159 条之一（审判外对法官作出的陈述与侦查中对检察官所作陈述）与第 159 条之四（特信性文书）的判决书在数量上也相对较多，明显高于第 159 条之二（先后不一致的陈述）与第 159 条之三（先前陈述更具可信性），一定程度上体现了这四项传闻例外在审判实践中应用程度的不同。

（三）高等法院

高等法院的裁判书能反映传闻法则在二审程序以及再审程序中的实践情况，同时其裁判书因所处的程序阶段不同而可以分为三类：因上诉作出的二审判决、再审判决以及发回重审作出的裁判书。因此，通过统计计算，绘制相应的年度变化柱形图（下图 5）、各法院对照图（下图 6）、涉及传闻法则的裁判书中三类判决的比例（下图 7）、涉及传闻例外的判决书数量统计表（如下表 3），能够在一定程度上帮助了解传闻法则及传闻例外在高等法院中适用的情况。

1. 基本情况

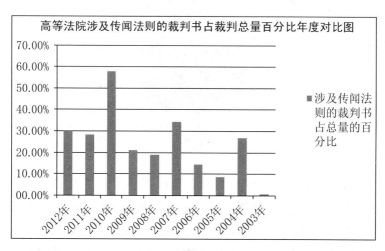

图 5

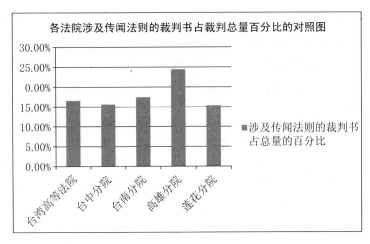

图6

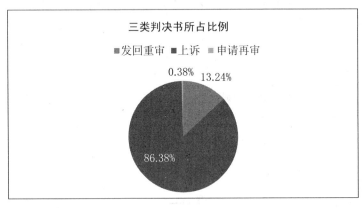

图7

从 2003 年 2 月 6 日到 2012 年 12 月 31 日，台湾地区高等法院的裁判书总量为 351 906（份），涉及传闻法则的裁判书有 62 265（份），其占裁判书总量的百分比约为 17.69%，比地方法院的数据高出一倍多。但就年度变化上而言，如图 5 所示，2003 年、2007 年、2010 年的数据明显高于后两年的数据，甚至为后两年数据的两倍，与整体的增长幅度明显不同。各个法院之间的情况则如图 6 所示，百分比最高的是高雄分院为 24.39%，最低的是花莲分院为 15.32%，最高值与最低值之间的差距较地方法院小。另外，涉及传闻法则的裁判书中，如图 7 所示，大多数为因上诉作出的二审判决，占 86.38%，而再审判决仅仅占 0.38%，几乎可以忽略不计。

　　2. 传闻例外

表 3

涉及传闻例外的判决书统计表					
传闻例外	第 159 条之一	第 159 条之二	第 159 条之三	第 159 条之四	第 159 条之五
数量	16 489	11 794	4760	25 961	50 849
占涉及传闻法则的判决书的比例	26.48%	18.94%	7.64%	41.69%	81.67%

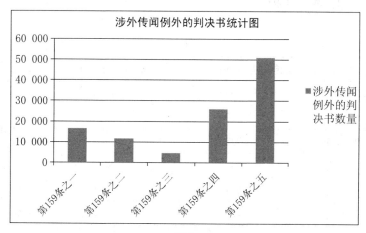

图 8

如上述图表所示，在高等法院涉及传闻例外的判决书的统计中出现了与地方法院相似的情况。依旧是当事人同意的例外即第 159 条之五的数量最高。其占涉及传闻法则的判决书的比例甚至比地方法院更高，达 81.67%。其次则是特信性文书的例外即第 159 条之四，而具有可信性的侦讯笔录的例外（第 159 条之二、第 159 条之三）所占的比例依旧不高。由此说明，在高等法院审判的案件中，大多数传闻证据都是通过第 159 条之五与第 159 条之四的适用而进入审判。

（四）"最高法院"

"最高法院"关于传闻法则的一系列判例和判决书代表着台湾地区实务界对于传闻法则问题的权威性观点。因此对于"最高法院"的裁判书除了采用文献回顾的方法进行分析归纳之外，统计涉及传闻法则裁判书的情况（如下表 4 所示）涉及传闻例外的裁判书的情况（如下表 5 与下图 9 所示），也能在一定程度上体现十余年来审判实务对传闻法则问题关注度的变化。

1. 基本情况

表 4

时间	涉及传闻法则的裁判书（份）	裁判书总量（份）	百分比
2012 年	505	8439	5.98%
2011 年	579	8987	6.44%
2010 年	722	9838	7.34%
2009 年	640	8072	7.93%
2008 年	531	7389	7.19%
2007 年	467	7566	6.17%

续表

时间	涉及传闻法则的裁判书（份）	裁判书总量（份）	百分比
2006 年	282	6960	4.05%
2005 年	200	6997	2.86%
2004 年	110	6832	1.61%
2003 年	31	6494	0.48%
总计	4067	77 574	5.24%

从 2003 年 2 月 6 日到 2012 年 12 月 31 日，台湾地区"最高法院"的裁判书总量为 77 574（份），涉及传闻法则的裁判书有 4067（份），其占裁判书总量的百分比约为 5.24%，而在 2009 年之前涉及传闻法则的裁判书占总数的百分比处于逐年上升的趋势，而 2010 年后则开始有所下降。由此或许说明，随着实践经验的丰富，实务界对于某些传闻法则适用问题达成了共识，因而在 2010 年之后"最高法院"关于传闻法则的判决书数量开始有所下降。

2. 传闻例外

表 5

涉及传闻例外的判决书统计表					
传闻例外	第 159 条之一	第 159 条之二	第 159 条之三	第 159 条之四	第 159 条之五
数量	1002	1850	803	628	1809
占涉及传闻法则的判决书的比例	24.64%	45.49%	19.74%	15.44%	44.48%

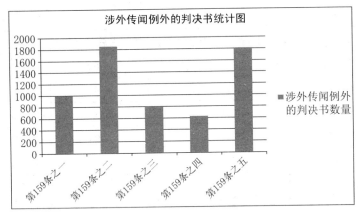

图9

由上述图表可知，关于传闻例外的判决书数量的统计在"最高法院"出现了与地方法院、高等法院基本不同的结果。"最高法院"的统计数据显示，从2003年至2012年，涉及第159条之二（先前不一致的例外）的判决书有1850份，超过涉及第159条之五（同意法则）的判决书成为第一位。同样与地方法院、高等法院形成对比的是涉及第159条之四（特信性文书）的判决书所占比例为五项传闻例外最低。这种差异在一定程度上反映了地方法院、高等法院在实践中认定传闻例外方面的不严谨，也反映了在基层审判实务中存在滥用第159条之五以及第159条之二的情况之嫌。

（五）相关文献归纳统计

统计台湾地区学界关于传闻法则的文献数量，在一定程度上有助于了解传闻法则在台湾地区实践中的受关注程度与发展程度。而对相关文献主题内容的统计则有助于总结传闻法则在台湾地区应用的过程中产生的焦点问题。本书采用"滚雪球"

的文献收集法在月旦法学知识库一共收集到 112 篇文献（主要是期刊文献），其时间分布情况则如表 6 与图 10 所示。同时根据对 112 篇文献的分析，得出台湾地区传闻法则实践过程中存在五个焦点问题：传闻证据的认定、对质诘问权与传闻例外的平衡（主要体现为检讯笔录的证据能力问题）、传闻例外可信性的标准问题、同意法则的适用以及传闻例外的扩张与具体证据的证据能力问题。涉及这五个问题的文献数量表，以及分布的时间段如下表 7 所示。另外，有的文献不涉及实践的部分因此没有列入该表格的统计。

1. 文献年代分布情况

表 6

传闻法则文献年代分布情况表									
年份	2003	2004	2005	2006	2007	2008	2009	2010	2011	2012
数量	18	14	10	13	17	5	6	9	11	9
比例（%）	16.07%	12.50%	8.93%	11.61%	15.18%	4.46%	5.36%	8.04%	9.82%	8.04%

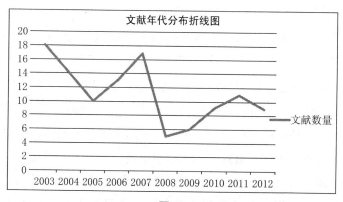

图 10

从上述图表中可以看出，学界关于传闻法则的发表文献数量呈现出分阶段波动的状态，其中2003年、2007年是传闻法则相关文献发表的两个高峰。结合文献的内容以及当年发生的事件来看，出现这样的情况似乎不难理解。首先，2003年修法传闻法则被正式引入台湾地区，学界结合域外立法和台湾地区之前的司法实践对新修订的传闻法则作了许多分析与评论，因此形成了关于传闻法则文献发表的高峰期。其次，2007年是传闻法则在台湾地区实施后的第五年，许多有关传闻法则实践情况与问题的研讨会在这一年召开，许多有关五年来实践情况的文献也在这一年发表，从而形成第二个高峰。

2. 关于焦点问题的文献分布情况

表7

传闻法则焦点问题相关文献数量分布表				
涉及的问题	传闻证据定义	对质诘问权	可信性标准	同意法则	传闻例外扩张与具体证据的证据能力
文献数量	10	30	16	13	21
文献发表时间	2003~2007	2004~2009	2004~2011	2003~2011	2010~2012

其一，由表7可知涉及传闻证据的定义问题的文章主要发表于2003年至2007年，即传闻法则引入不久的时候。其二，涉及对质诘问权与传闻例外关系的文献在数量上最高，说明在本土化进程中学界对这一问题给予了高度的关注。而从时间上看，2004年正好是"司法院"第582号解释出台的时间，由此可知这一问题开始受到关注与第582号解释的出台不无关

系。而 2004 年到 2009 年间，"最高法院"对这一问题作出了一系列判决，可能对相关文献的发表也产生了一定的影响。其三，从 2004 年到 2011 年都有涉及可信性标准的问题的文献发表，在 2009 年之后其相关文献主要聚焦于特信性文书认定的标准。其四，涉及同意法则的文献虽然不多，但是从 2003 年到 2011 年都有相关文献发表，时间跨度较大。其五，涉及传闻例外的扩张以及具体证据的证据能力问题的相关文献是在 2010 年之后才开始出现的，而涉及其他焦点问题的文献大多都是在 2010 年之前发表的，因此结合图 10 可以得出，近几年学界更为关注传闻例外的扩张以及具体证据的证据能力问题。

四、本土化进程中的问题

（一）传闻证据的定义问题

虽然台湾地区"刑事诉讼法"第 159 条第 1 项对传闻法则进行了原则性的规定，但是并未对传闻证据做明确的定义，仅仅规定了传闻证据的形式要件是"被告以外之人于审判外之言词或书面陈述"，但是缺乏关键的实质要件——"提出于法庭用来证明该陈述内容之真实性"。这就导致了实务操作特别是实务操作的初期，存在着对传闻证据的认知与传闻法则是否适用的误解和争议。常见的错误主要有两种：①将传闻证据误认为非传闻证据。例如侦查人员提出的职务报告属于典型的传闻证据，但是法院却以其亲身经历为由而认定其非传闻证据。[1] ②先笼统地将陈述认定为传闻证据，然后再通过从宽

---

〔1〕 台中地院 2004 年诉字第 277 号判决。

解释将其认定为特信性文书之例外而承认其证据能力。例如，提出搜查扣押笔录如果是为了证明搜查或者扣押的执行时间与过程如笔录内容所述，那么笔录就属于传闻证据，原则上没有证据能力；如果是为了证明当时有搜查扣押的行为和法庭出示的物证相符，则没有传闻陈述的风险，不是传闻证据，但是实务中法院面对笔录常常不对其性质进行判断而直接认为是传闻证据。[1]

面对法条中传闻证据定义的问题，有的学者提出第 159 条第 1 项的适用，不应受其文义限制，更不能望文生义认为凡被告以外的人于审判之外的陈述均为传闻证据；也不能认为凡被告以外之人于审判中之陈述均非传闻证据。[2] 同时台湾地区"最高法院"在 2004 年度台上字第 3360 号判决中采纳了美国联邦证据法有关传闻的定义，并加以阐释："传闻证据是指并非供述者本身亲眼目睹之证据，在公判程序中无法经由具结、反诘问与供述态度之观察等程序加以确认、验证，且大部分经由口头之方式由证人重复听闻而来，在性质上容易造成不正确传达的危险，原则上应予以排除适用。传闻证据须符合：①审判外陈述；②被告以外之人陈述；③举证一方引述该陈述之目的系用以证明该陈述所直接主张内容之真实性等三要件……"虽然"最高法院"的判决为传闻证据的定义进行了补充，且之后的审判实务中较少出现这方面的判断错误，但是"最高法院"判决的效力依旧有限，还是有待于立法自身的完善。

（二）对质诘问权的保障与第 159 条之一的冲突

2003 年修法中最惹人争议的部分就是第 159 条之一所规定

---

[1] 台湾高等法院 2004 年上诉字第 1436 号判决。

[2] 林永谋："传闻证据（上）"，载《司法周刊》2003 年总 1162 期。

的两项传闻例外，即对法官、检察官所作陈述的例外。第159
条之一为人所诟病的原因在于这两个例外不是通过宣誓的程序、
观察证人上下文的陈述以及表情举止这三个方面来降低证人在
审判外陈述的风险，而是通过陈述对谁作出判断。于是实务中
常常出现这样的情况：检察官只要主张侦查时对证人的询问，
而且全程连续录音录像，证人就可以不出庭接受交互诘问，法
官会当然地判定证言不属于显不可信的情况，笔录具有证据能
力。这就为笔录类的传闻证据开了很大的口子，可以跳过交互
诘问的程序，使得控方的证据似乎难以受到传闻法则的约束，
严重损害被告人的对质诘问权，有侵犯"宪法"权利之嫌。

1. 释字第582号解释的冲击以及"最高法院"意见的分歧

2004年7月23日，"司法院大法官"就"徐自强案"作
出了颇具轰动与争议效应的释字第582号解释，对第159条之
一形成了强烈冲击，以至学界一度有以"违宪"要求废除第
159条之一的呼声。[1]释字第582号解释首先从诉讼防御权和
正当程序的角度，将被告人的对质诘问权提升到了"宪法"
权利的高度。[2]接着引入了"证人产生理论"（production the-
ory）："为确保被告对证人之诘问权，证人于审判中，应依法
定程序，到场具结陈述，并接受被告之诘问，其陈述始得作为

---

〔1〕 台湾地区王兆鹏教授认为："所以，第582号解释之'证人产生'理
论，等于宣告现行'刑事诉讼法'第158条之一、之四规定'违宪'"。详见
（台）王兆鹏：《刑事诉讼讲义》，元照出版公司2003年版，第619页。

〔2〕 "'宪法'第16条保障人民之诉讼权，就刑事被告而言，包含其在诉
讼上应享有之防御权。刑事被告诘问证人之权利，即属该等权利之一，且属
'宪法'第8条第1项规定'非由法院依法定程序不得审问处罚'之正当法律
程序所保障之权利。"

认定被告犯罪事实之判断依据。"最后，解释甚至直接点出了第 159 条之一规定的传闻例外需要限制适用："被告以外之人（含证人、共同被告等）于审判外之陈述，依法律特别规定得作为证据者（'刑事诉讼法'第 159 条第 1 项参照），除客观上不能接受诘问者外，于审判中仍应依法践行诘问程序。"

虽然"最高法院"在释字第 582 号解释公布之初对其进行严厉抨击，但是自此对质诘问权似乎逐渐进入了"最高法院"的审判思维。如何处理第 159 条之一，"最高法院"内部产生了严重的分歧。多数派的意见基本上同意释字第 582 号解释关于"证人产生理论"与第 159 条之一限制适用的看法，同时又对第 159 条进行延伸解释："……故上述所说的被告以外之人于审判外向法官所为之陈述、于侦查中向检察官所为之陈述，实质上应解释为是指已经被告或其辩护人行使反对诘问的陈述。"[1]这种解释虽然抬高了第 159 条之一传闻例外的适用门槛，但是依旧难以解决第 159 条之一的"合宪性"与适用空间问题。而少数派的意见主要集中在"最高法院"第七庭，认为被告人的反对诘问权和传闻陈述证据能力取得要件并没有必然联系。[2]一方面，从立法理由出发肯定第 159 条之一可以作为法定传闻例外，是关于证据能力的法律规定；另一方面，为了解决被告人诘问权不能行使的缺憾提出了"补充说"，即采用体系解释的方法联系第 163 条第 1 项、第 167 条

---

[1] "最高法院"2005 年度台上字第 3728 号、第 5651 号判决。

[2] "诘问权是指诉讼上被告有在公判庭当面诘问证人，以求发现真实的权利，应认为被告对此有处分权，不能认为此权利是不可放弃的。这和证据能力是指符合法律所规定的证据适格，性质上并不相同。"

之七、第 196 条的规定，推导出除了被告明示放弃诘问权，或有类似第 159 条之三所列的客观障碍之外，法院都应当传唤该被告以外之陈述人到庭依法具结，给予被告或其辩护人诘问的机会。最后得出结论："审判外向法官，侦查中向检察官所为陈述，应属于未经完全调查的证据，而不是无证据能力，不容许作为证据。"[1]

2. 未决的问题

"最高法院"少数说通过巧妙解释第 163 条第 1 项"询问证人"的含义，再利用第 167 条之七询问证人"准用"诘问证人规定的方法，使被告及其辩护人获得"实质上"与诘问证人无异的保障，似乎解决了对质诘问权与第 159 条之一冲突的问题。但是，如何实质上保障被告人与其辩护人的对质诘问权，在实务中却出现了操作性问题。依据台湾地区"刑事诉讼法"第 248 条第 1 项的规定："讯问证人、鉴定人时，如被告在场者，被告得亲自诘问；诘问不当者，检察官得禁止之"。一方面，本条中似乎只有被告在场时才可诘问，而且被告似乎只能亲自诘问，但是被告本人通常是不具备诘问证人的能力的，如此就不能达到排除不真实证据的目的。另一方面，即使其辩护人可以诘问，但是其辩护人在侦查中无法阅卷，这就导致常常无法做到有一个实质上的对质诘问。于是，难题就到了法院：检察官主张已经对质诘问过，笔录具备证据能力，不需要再让证人出庭，而律师则主张没有进行过实质上的对质诘问，"宪法权利"未得到保障。而且，在实务中对于上述"最高法院"的分歧，哪种意见代表了"最高法院"一个多数

---

[1] "最高法院"2006 年台上字第 6675 号判决。

的见解，每一个地方法院的法官都有不同观点，因此实际上此冲突仍未解决。[1]

（三）"可信性"概念的适用

此次修法使用了一个新的概念，即"可信性之特别情况"来作为传闻例外适用的条件，但是这一规定在实践中应当如何操作，其可信性的判断途径与判断标准是什么，乃至这种"可信性"应当由谁来承担举证责任，都尚存疑问。同时，以可信性来判断传闻证据是否具备证据能力，在学界也存在着以证明力来判断证据能力之疑虑。

1. 证明能力与证明力的混淆问题

"法院办理刑事诉讼案件应行注意事项"第89条规定："所谓不可信之情况，法院应考量被告以外之人于陈述时的外在环境以及情况，例如陈述时的心理状况有无受到外力干扰，从而决定其陈述有无证据能力，而不是决定其有无证明力。"同时，"最高法院"2005年台上字第629号判决也指出："所谓'显有不可信性'、'相对特别可信性'与'绝对特别可信性'，是指陈述是否出于供述者之真意、有无违法取供的情况，所以应就侦查或调查笔录制作的原因、过程以及功能等来考察其信用性，据以判断该传闻证据是否有显不可信或有特别可信的情况而例外具有证据能力，并非对其陈述内容的证明力如何加以判断，二者之层次有别，不容混淆。"上述规定主要阐述了可信性的证明主要是针对陈述作出时的外部环境与陈述人的心理状况是否自然任意，而不是其内容真实可信的程度，

----

[1]　叶建廷："'传闻法则之理论与实践'研讨与谈大纲"，载《台湾法学杂志》2007年第5期。

属于证据能力上的证明，而非证明力上的证明。另外，对于举证责任的问题，如果要求被告证明其不可信则显不公平，主张使用传闻证据的检察官负举证的责任，说服法院陈述具有可信性保障的存在更有利于双方实力的平衡。

2. "可信性"的标准问题

在五项例外中，只有第 159 条之二所规定的可信性情况是"相对特别可信性"的情况（与审判中的陈述作对比），而其他例外所规定的可信性情况都属于"绝对特别可信性"的情况（独自判断其陈述有无可信性的特别情况）。[1]同时，从第159 条所规定的各例外要件来看，"绝对特别可信情况"的严格程度也是有差别的，由高到低，应当是第 159 条之四、第159 条之三、第 159 条之一第二项、第 159 条之一第一项。可见，对于"可信性"的判断完全依赖于自由心证容易造成混乱，在一定的划分标准上再由法官自由心证似乎更易于实际操作。虽然，相关法规与"最高法院"的裁判对上述问题进行了阐述，但是具体"可信"的判断标准依旧在审判实务中成为问题。

首先，就"相对可信性要件"的适用而言，最初地方法院与高级法院在实务中莫衷一是，总结而言一共有九种做法，例如案重初供、有无前科、是否与其他证据相符等。"最高法院"的判决也呈现出"外部条件说"[2]与"内部可信说"[3]

---

〔1〕 陈运财："传闻法则及其例外之实务运作问题检讨"，载《台湾法学杂志》2007 年第 94 期。

〔2〕 "最高法院"2005 年台上字第 629 号判决。

〔3〕 "最高法院"2004 年台上字第 4989 号判决、台中地方法院 2004 年诉字第 420 号判决经"最高法院"以 2004 年台上字第 5876 号判决确定。

两种做法。"外部条件说"认为应从侦查或者调查笔录制作的原因、过程及其功能上判断，而"内部可信说"则认为应与其他证据对比看是否符合真实情况来判断。虽然尚未形成定论，但是现在"最高法院"多数意见已经肯定实务中最常采用的"案重初供"的判断标准是错误的，认为这样"等同于直接容许证人在警询中的陈述为证据，剥夺被告在审判中诘问证人的权利……"[1]学界对于这项例外的判断多数倾向于外部条件说，因为内部可信说的观点似乎有将证明力与证据能力混淆之嫌。但是外部可信说却似乎有难以操作的风险，即何种外部情况才足以让法官明明有审判中的陈述而还要将审判外的不一致陈述纳入，目前实践中出现的主要是被告以外之人在案发之初就做出的陈述，被认为具有高度的可信性而允许进入审判。另外，学者们认为在采纳先前不一致的陈述的时候应当确保在审判期日时被告有当庭反对诘问的机会，才可以作为判决的基础。[2]但是这样是否过于严格仍待商榷。

其次，就"绝对特别可信情况"而言，在实务中，四项传闻例外的判断争议最多的似乎就是第 159 条之四的特信性文书的例外。因为标准的众说纷纭，实务中存在着许多不当的做法：①大幅容许实施刑事诉讼程序公务员调查或参与犯罪资料收集所制作的文书，在判决中却引用条文或一语带过，未说明理由；②因为和其他证据的内容相符，认为有证据能力；③在决定是否为特信性文书时和同意法则合并使用；④"显有不

---

〔1〕 "最高法院"2005 年台上字第 1785 号，第 6386 号判决。

〔2〕 叶建廷："'传闻法则之理论与实践'研讨与谈大纲"，载《台湾法学杂志》2007 年第 5 期。

可信的情况"举证责任归于被告及辩护人。[1]特别是对于公务人员所作文书的"特信性"，在"最高法院"内部就存在着"法条文义说"与"立法理由说"的分歧。"立法理由说"采纳立法理由中的定义认为："对于具有高度特别可信之文书如公务文书等，在兼具公示性、例行性以及机械性、良心性及制裁性等原则下，虽属传闻证据，例外容许作为证据使用……应注意该文书的制作，是否是在例行性的公务或业务过程中，基于观察或者发现而当场记录的。"[2]"法条文义说"则认为只要是法条所说的"公务员职务上制作的证明、记录文书"即可。[3]在2006年之后，"最高法院"似乎有向"立法理由说"靠拢的趋势。但是作为"可信性"要求应当最严格的传闻例外，"法条文义说"的判定标准过于宽泛，特别是针对刑事案件的勘验等针对个案的行为，若也认为是传闻例外，则难免有损于被告人的对质诘问权。

最后，就警询笔录的可信性而言，由于第159条之三规定的警询笔录是陈述人不能到庭接受诘问或者拒绝作证的情况，因此虽然这种文书的"可信性"证明标准可能不会达到特信性文书的高度，但是由于审判中证人无法接受诘问，采纳审判外的警询笔录的"可信性"要求也就相应较高。基本上从学者的意见来看，认为应重视陈述的时间，例如犯罪后被害人当场向警察所作的立即回答的内容，或者案发后目击者马上至派

---

〔1〕 陈运财："传闻法则及其例外之实务运作问题检讨"，载《台湾法学杂志》2007年第94期。

〔2〕 "最高法院"2005年台上字第1361号判决。

〔3〕 "最高法院"2005年台上字第2224号判决，"最高法院"2005年台上字第2384号判决。

出所陈述的内容，则被认为是在一个较无其他影响原观察及认知内容因素掺杂的情形下所作的供述。[1]在这一条的适用汇总，审判实践中常见的一个倾向则是较为关注"传唤不能"事由是否存在，而对于"可信性"的说明却没有详细说理，这实际上是值得质疑的。

（四）同意法则的例外适用

从台湾地区"司法院"网站收集的法院判决来看，在审判实践中适用最多的传闻例外，既不是上述争议最多的特信性文书的例外，也不是与"大法官"解释相冲突的第 159 条之一，而是被告人同意的例外。第 159 条之五，不论是第 1 项还是第 2 项，其实际运用都非常广泛。因为传闻证据即使不符合前四项例外所规定的条件，但是只要当事人同意，法院认为适当就可以作为证据进入审判。甚至依据第 159 条之五第 2 项的规定，当事人在调查证据时明知传闻证据，只要未在辩论终结前未声明异议就视为同意。

1. 问题的提出

虽然在立法上同意法则似乎是所有传闻例外中最没有争议性的，但是与同意法则适用广泛相对比的是，全台湾地区第一审的辩护率，就目前统计而言，只有 14%。[2]这就意味着在第一审审判实践中有 86%的被告人在面对传闻证据的时候，是否作同意是由其自己做决定的。但是，连许多法律专业者都

---

〔1〕 叶建廷："'传闻法则之理论与实践'研讨与谈大纲"，载《台湾法学杂志》2007 年第 5 期。

〔2〕 叶建廷："'传闻法则之理论与实践'研讨与谈大纲"，载《台湾法学杂志》2007 年第 5 期。

可能弄错的传闻法则，作为没有接受过法律专业教育的被告在没有辩护律师的帮助下，如何能够正确地行使自己的同意权？因此在同意法则下，如何保障没有辩护人的被告人的诉讼权利就成了问题。而在实务过程中这一点所引发的问题则表现为：同意传闻证据的效力后可否再起争执，或者说同意之后是否还可以撤回？

2. 同意是否允许撤回

对于当事人同意后能否撤回该同意的问题，台湾地区法律并没有明文规定。不过，"司法院"颁布的"法院办理刑事诉讼案件应行注意事项"第 93 条规定："基于诉讼程序的安定性、确实性要求，如果当事人已经明示同意，且同意的意思表示又没有瑕疵，就不宜准许当事人撤回同意，但若尚未进行该证据的调查、他造当事人未异议、法院认为适当，则不在此限。"但是从审判结果上看，审判实务中遇到要求撤回同意时，大多采取肯定的做法，主要是因为实务中认为台湾地区第二审采取复审制度，二审法院对卷内资料应当重新调查，对证据能力的认定也不受第一审判决的限制。[1] 所以，即使传闻证据在第一审中已经因为当事人的同意而例外取得证据能力，在第二审重新调查证据的时候，当事人如果有异议，二审法院应当重新认定证据能力。如果当事人可以在第二审撤回同意，理论上应当准许当事人在原审后续程序中撤回同意，避免程序的浪费。

是否允许同意的撤回从法理上似乎涉及以下几个问题：

---

〔1〕 吴巡龙："同意传闻作为证据后再争执"，载《台湾法学杂志》2010年第 161 期。

①证据能力是否可以由当事人决定；②同意的程序法性质；③诉讼程序是否可以撤回。首先，证据能力可否由当事人决定的问题。参照美国与德国有关证据的规定，虽然当事人对证据调查程序有决定权，但是当事人的合意依旧不能完全决定证据是否有证据能力，还是需要法官的裁量决定。而在台湾地区，虽然立法理由中说明"此种同意制度系根据当事人的意思而使本来不得作为证据之传闻证据成为证据之制度"，但是之后还是补充"尚非采彻底当事人进行主义，所以法院如果认为该证据欠缺适当性时，仍可予以斟酌而不采为证据。"由此可见，台湾地区当事人合意也不能完全决定证据的证据能力。既如此，证据能力不能完全由当事人决定，那么同意就不能轻易地撤回，需要经过法官自由心证判断。其次，就同意的程序法性质而言，台湾地区传闻法则借鉴于日本，在日本对于同意的程序法性质有两种说法："反对诘问权放弃说"与"证据能力取得说"。前者认为，当事人同意之后就不可以再要求证人到庭接受询问，争执证据的证明力；后者认为，赋予传闻书面证据能力并不等于诘问权的丧失，仍可主张诘问。日本学界多采取前者而实务界多采取后者，从日本实务的经验来看，学界认为应当取前者的原因为：在实务中采后者导致了很多被告人轻易地同意了侦查笔录的证据能力，导致庭审时审查的重心变成大量的侦查笔录而不是证人证言；相对的前者则能让被告人更谨慎地行使同意权。[1]但是在这种做法下，如何弥补在缺少辩护人的情况下被告人同意的瑕疵就成为新问题。最后，就诉

---

〔1〕 （台）王兆鹏等：《传闻法则：理论与实践》，元照出版社2004年版，第55页。

讼程序法理而言，当事人的意思表示对外发生法律效力后，原则上并没有不可撤回的道理，尤其台湾地区"刑事诉讼法"对于告诉、起诉、自诉、上诉都容许撤回，对于证据法则的同意，并无特别限制的理由。[1]但是，撤回完全由当事人决定的话就容易引起程序的不明确与不迅速，为了程序的安定性与确定性，对当事人同意的撤回进行限制是有其合理理由的。综合上述三个方面来看，需要在被告人权利保护与诉讼程序安定性的价值中需求一个平衡点。

另外，还有拟制同意的撤回问题。"司法院"颁布的"法院办理刑事诉讼案件应行注意事项"第93条对于撤回同意的规定似乎仅限于"明示同意"的情况下，即只限于"刑事诉讼法"第159条之五的第1项，那么对于依据"刑事诉讼法"第159条之五第2项规定而进入审判的传闻证据，被告人是否可以要求撤回同意？有的学者认为，从同意效力的源泉来判断，应当是不可以撤销的。[2]因为法条既然明文规定"视为同意"，就是拟制同意的意思，同意的效力来自于法律的直接规定而不是当事人的意思表示，因此不可以撤销。而日本认为，"默示同意"就和"明示同意"一样作为当事人的意思表示，就会有撤回同意的问题。由于"法院办理刑事诉讼案件应行注意事项"第93条只限定于明示同意，似乎更倾向于第2项不可以撤回的意见，否则都是意思表示为何特别突出"明

〔1〕 何赖杰："传闻法则之同意"，载《月旦法学杂志》2004年第114期。

〔2〕 何赖杰："传闻法则之同意"，载《月旦法学杂志》2004年第114期。

示同意"。

综合上述几方面来看，武断地推断不可撤回或者可以撤回都是不恰当的，而需要在被告人权利保护与诉讼程序安定性的价值中需求一个平衡点，即同意撤回的标准。

3. 同意撤回的条件与程序

就同意撤回的标准问题，法律没有明文规定，而"司法院"颁布的"法院办理刑事诉讼案件应行注意事项"第93条则提出了允许同意的例外：①尚未进行该证据的调查；②他造当事人未异议；③法院认为适当。这一标准在"最高法院"2010年度台上字第717号判决中得到认可。这三项例外中，具有争议的是法院认为适当这一例外。由于其标准未明确直接交给法官自由心证，似乎难以操作又将问题转回了原点，有失公平性与可预测性，需要进一步细化。在同意法则的适用过程中，对被告方不利的因素主要在于，被告可能在不清楚传闻法则内容与同意的后果的前提下做出同意的决定，损害其对质诘问权。因此，反向而言，如果被告人了解这一后果或者有辩护律师，那么就代表着其意思表示是其自由意志与理智的结果，那么就不存在同意撤销的前提。所以，有学者就建议这项例外应当带有以下两个标准：①被告于原审有律师辩护；②法院已履行告知义务。符合这两条件中任意一项的，不允许同意撤回。[1]但是，由于法官应当居中裁判，那么法院的告知应当包括什么内容，应当经过哪种程序就需要进一步的分析。

同意撤回的程序问题也可以表述为当事人可否以上诉的方

----

[1] 吴巡龙："同意传闻作为证据后再争执"，载《台湾法学杂志》2010年第161期。

式来救济。有学者认为，即使法庭辩论再进行或者不同审级，也不影响同意的效力。[1]也有学者认为，如果同意的意思表示有瑕疵，当事人当然可以上诉救济，但是如果当事人于第一审审判程序中就知道该瑕疵，则应于第一审程序内主张，否则就该瑕疵当事人不能以第二审程序救济。如果同意的意思表示并没有瑕疵，则不应允许当事人于第二审做不同主张，当事人也不能在第二审程序撤回第一审程序的同意。[2]对于这一点台湾地区高等法院 2005 年上诉缉字第四号判决中也对此进行了阐释："……除非该当事人的同意具有非任意性或错误之情形，否则不应允许当事人撤回同意，同理当事人于下级审的同意的效力及于上级审，该当事人不能于上级审争执该传闻证据的证据能力。"因此，是否能够以上诉方式救济的关键，在于当事人的意思表示是否有瑕疵。当事人是受胁迫或者欺骗而同意的情况当然属于意思表示有瑕疵，但这种情况相对少见，更多的是当事人因为不清楚传闻证据的内涵与同意的后果的意思表示瑕疵。出于对被告人对质诘问权的保护，对于这种瑕疵，只要符合没有辩护律师的条件，似乎还是应当允许上诉救济。

（五）传闻例外的扩张

相比较美国《联邦证据法》，一方面，用列举的方式规定 27 种传闻例外；另一方面，规定概括性要件作为弥补。台湾地区现行"刑事诉讼法"第 159 条规定的五项传闻例外是远

---

〔1〕 王铭勇："传闻法则与同意（下）"，载《司法周刊》2003 年第 1141 期。

〔2〕 何赖杰："传闻法则之同意"，载《月旦法学杂志》2004 年第 114 期。

远不足的。从第 159 条规定的五项传闻例外来看，台湾地区"刑事诉讼法"规定的传闻例外范围有着两方面的限制：①对人的限制，即仅限于对法官、检察官、检察事务官或者司法警察做出的陈述；②对事的限制，依据第 159 条之三的规定，"具有可信的特别情况"无法作证的情形仅限于四种，即死亡的、身心障碍导致记忆丧失或无法陈述的、滞留国外或住所不明无法传唤或传唤不到的、到庭后无正当理由拒绝陈述的。而美国联邦证据法中规定的许多其他例外情形，例如陈述人当场印象、惊骇表述以及临终遗言等都没有纳入第 159 条规定的例外中。同时，台湾地区传闻法则的规定借鉴于日本《刑事诉讼法》第 321 条，但日本的规定属于例示性规定而不是限制性规定，只要与法条中情况相当也符合不能陈述的要件。

1. 实务中传闻例外增多

台湾地区传闻例外立法上存在缺失，就可能造成一些有助于发现案件真实的庭外陈述被排除在外，这不仅不利于真实的发现，而且对被害人来说也是一种不公平。对此，在近几年台湾地区实务中已经在不断增加传闻例外。目前实务中传闻例外范围拓宽主要也分为两个方面，即对事的方面与对人的方面。

第一，就对事的方面而言，虽然"最高法院"在判决中认定的是特殊的情况符合传闻例外，但是也提出了衡量是否符合传闻例外的具体标准，即"可信性"与"必要性"。例如"最高法院"2008 年度台上字第 2768 号判决就提出参考日本《刑事诉讼法》第 321 条第 1 项的立法，同时说明："……传闻陈述经证明具有可信的特别情况，且为证明犯罪事实的存在所必要的，就宜解释为例外，赋予其证据能力。"

第二，就对人的方面而言，就是在实务中，先前陈述这项传闻例外已经不限于向法官、检察官、检察事务官或者司法警察作出的陈述。例如"最高法院"台上字第 3378 号判决提出："……虽然传闻证据的证据能力应当予以排除，但是原陈述者若有死亡、因故长期丧失记忆能力、滞留国外、所在不明或拒绝陈述等不能或不为陈述的情形，导致客观上无法命其到庭接受诘问，且其所为的'传闻证据'、'传闻书面'复具备特别可信性及证明犯罪事实存否所不可或缺的必要性严格条件时，现行法虽没有明文规定其属于传闻例外，但为发现真实来维护司法正义，依据与第 159 条之三立法时相同的法律，应当例外作为证据。"同时，对于台湾地区以外地方的司法警官所做的笔录，台湾地区实务界也不是简单地否定其证据能力，而是依据传闻法则的精神以及相关的司法协作规定进行判断。[1]

2. "可信性"与"必要性"的解释

虽然"最高法院"为了使一些关键的证据免于排除于法庭之外，对于传闻例外的适用设置了"可信性"与"必要性"的标准，但是存在疑虑的是"可信性"与"必要性"的标准应当如何判断？显然，如果直接交由法官自由心证，不免会导致实务操作中的混乱难以统一。对于此，台湾地区"最高法院"2009 年度台上字第 7015 号判决认为："'绝对的特别可信情况'是指陈述时的外部客观情况值得信用保证者而言，解释上可以参考外国立法例上构成传闻例外的规定，例如当场印象的立即陈述，相信自己即将死亡所作的陈述以及违反自己利益的陈述等进行考量，与第 159 条之二规定的'相对的特别可

信情况'，需要比较审判中与审判外调查时陈述的外部状况，判断何者更为可信的情况不同，更与供述证据以具备任意性的要件才能作为证据的情形无关。同时，'使用证据的必要性'是指就具体个案案情及相关证据进行判断，其主要待证事实的存在或者不存在，已经无法再从同一供述者取得与先前相同的陈述内容，即使以其他证据替代也无法达到同一目的的情形。"虽然"最高法院"的这种做法暂时缓解了立法缺陷给司法实务带来的困扰，但是这种做法似乎缺乏立法上的正当性，即传闻法则本身属于原则性的规定，而现在的实务做法相当于在法律之外参考外国法，突破立法在实务中创造传闻例外，这似乎难以在合法性上得到认可。因此，立法本身的问题似乎还是应当由立法来解决，或者参照日本《刑事诉讼法》第321条的规定将第159条之三解释为例示性的规定似乎有助于问题的解决。

五、结语

传闻法则并不是一个完美的法则，不过这犹如刑事诉讼制度的设计一样，很难求得完美；传闻例外的规定，也不是一个放诸四海皆准、明确且便于操作的法则，然而与其蕴含的心证自律精神及程序权保障的价值相比，重新的学习及耐心的摸索，是值得且必要的承担。就台湾地区传闻法则缓步扎根的过程来说，台湾地区"刑事诉讼法"有关传闻法则与例外的规定，可以说处于"过犹不及"的状态。就"过"而言，法条对于在法官、检察官面前的陈述，以及警询笔录等侦查笔录进入审判程序的门槛似乎较低，而就"不及"而言，相比较于美国传闻法则具体规定的 27 项例外与概括性规定例外的情况来说，实际上很多具有较高证据价值的传闻证据尚被排除在法律承认之外。因此需要参考美国、日本的立法，真正实现传闻法则应有的排除虚伪证据、保障被告人对质诘问权的作用。

后 记

十年前，我出版了《传闻证据规则及其在中国刑事诉讼中的运用》一书，对英美法系传闻证据规则的来龙去脉以及内容进行了一番较为细致、系统的梳理和分析。近十年来，这一古老的证据规则有了很大的发展和变化。2012年，我国《刑事诉讼法》进行了第二次修改，亮点之一是对证人出庭作证制度作出修改与完善，以保障被告人的质证权，彰显程序正义。十八届四中全会通过的《中共中央关于全面推进依法治国若干重大问题的决定》，提出了"推进以审判为中心的诉讼制度改革"，而庭审实质化无疑是"审判为中心"的具体落实和体现。传闻证据规则与庭审实质化是高度契合的。有鉴于此，本书将视角置于域外广阔的法律发展背景之下，对一些代表性国家和地区传闻证据规则的改革和发展变化情况进行分析、评价。在本书中，作者选取了具有典型意义的英国、美国、加拿大、日本等国家和中国香港、台湾等地区进行研究，分专题介绍了这些国家和地区近年来传闻证据规则的新发展，目的是为在我国确立传闻证据规则提供一些路径和方向上的参考和借鉴。本书系教育部人文社会科学研究项目"传闻证据规则的理论与实践"的最终成果，在写作过程中，作者曾赴其中一些国家和地区进行访问、考察，力求为此书收集一些最新的、第一手的资料。作为项目参加人，郑旭副教授、鲁杨副教授、初殿清副教授积极参与了本项目的调研和写作。此外，刘慧博士、倪润博士、程衍博士，以及卢莹、陈伊文、徐天然、胡逸恬、罗宇等同学也有所贡献。在此一并感谢他们！同时感谢叶扬博士作为秘书负责本书的统稿工作。当然，由于传闻证据规则的不断发展和变化，对传闻证据规则的研究仍有待深入。本书在写作过程中难免有错误疏漏之处，恳请读者批评指正。

刘 玫

2017 年 3 月

图书在版编目（ＣＩＰ）数据

传闻证据规则的理论与实践/刘玫等著.—北京：中国政法大学出版社，2017.7

ISBN 978-7-5620-6979-9

Ⅰ.①传…　Ⅱ.①刘…　Ⅲ.①刑事诉讼－证据－研究－中国　Ⅳ.①D925.213.4

中国版本图书馆CIP数据核字(2017)第161874号

出　版　者	中国政法大学出版社
地　　　址	北京市海淀区西土城路 25 号
邮寄地址	北京 100088 信箱 8034 分箱　邮编 100088
网　　　址	http://www.cuplpress.com（网络实名：中国政法大学出版社)
电　　　话	010-58908291(编辑部)　58908334(邮购部)
承　　　印	固安华明印业有限公司
开　　　本	880mm×1230mm　1/32
印　　　张	9.375
字　　　数	220 千字
版　　　次	2017 年 7 月第 1 版
印　　　次	2017 年 7 月第 1 次印刷
定　　　价	42.00 元